Nous sommes tous disciples !

Le livre écrit par David E. Bjork tisse les fils de l'apologétique biblique et du jugement prophétique pour montrer comment l'ecclésia en tant qu'institution a perverti la notion du discipolat. Il s'agit d'une affirmation que ceux qui suivent le Christ sont appelés à apprendre tout au long de leur vie, et d'une assertion que ceux qui les accompagnent doivent les équiper fidèlement pour leur cheminement quotidien dans la foi et le témoignage. Lisez-le avec un esprit ouvert !

William R. O'Brien
Missionnaire en Indonésie pendant 10 ans,
Directeur fondateur du Global Center,
Samford University's Beeson Divinity School, Alabama, États-Unis

Le livre du Dr David E. Bjork, intitulé *Nous sommes tous disciples !* a une place essentielle dans la bibliothèque de tous les chrétiens qui désirent une compréhension plus claire de l'appel de Jésus à « faire de toutes les nations des disciples » un aspect naturel de leur vie quotidienne au 21e siècle. Il n'a pas écrit un livre « pragmatique » qui s'ajoute aux autres qui proposent des stratégies conventionnelles. Il s'agit plutôt d'un appel lancé aux chrétiens à prendre au sérieux la notion du discipolat en approfondissant leur propre relation avec Dieu (Père, Fils et Esprit Saint), et en se rendant disponible et intentionnel dans l'accompagnement d'autres disciples dans un pèlerinage qui mène à une relation à Dieu et aux autres plus profonde, plus riche, et plus fructueuse. Les lecteurs de toutes communautés de foi seront renouvelés intellectuellement et spirituellement, et ils seront équipés pour partager l'amour et la vérité de Jésus avec un monde qui en a désespérément besoin.

Dr Thomas Jones
Chef du département Histoire, Études Internationales et Sciences Sociales,
Taylor University, Indiana, États-Unis

Dans ce livre, Dr Bjork s'appuie sur une recherche et une étude biblique attentives pour montrer comment l'Église contemporaine a permis aux soucis institutionnels à prendre le dessus sur la mission primaire qui consiste à multiplier les disciples de Jésus selon l'impératif missionnaire de Matthieu

28.18-20. Les principes qu'il partage sont bien plus que de la simple théorie, Dr Bjork les pratique depuis plus de quarante ans.

David Mann
Directeur de World Partners

À partir de la richesse de ses années d'expérience dans le ministère en Europe, Afrique, et Amérique du Nord, David E. Bjork a écrit un livre honnête avec un regard courageux sur la tâche la plus fondamentale que Christ a donné à l'Église – faire des disciples. J'aime ce livre parce que Bjork est disposé à mettre en question – avec calme, charité, et force – beaucoup des pratiques et suppositions qui sont largement admises dans le mouvement évangélique. Par exemple, l'un des mensonges les plus pernicieux et persuasifs auquel croit l'Église évangélique contemporaine est l'ancienne dichotomie entre le clergé et les laïcs. Mais Bjork présente un argument puissant et persuasif, basé sur les Écritures, que le ministère n'est pas réservé aux « élites », qui sont « à plein-temps » dans l'église. Au contraire, toutes les vocations sont saintes et tous les croyants devraient être engagés dans le ministère. Les exemples personnels et marquants que partage Bjork à partir de ses années riches en expérience vous plairont. Si l'on suit le modèle décrit si adroitement dans ce livre, l'Église sera transformée. Les convertis seront réellement formés comme disciples de Jésus et équipés pour en former d'autres. Les pasteurs ainsi que les laïcs seront stimulés et actifs. L'Église grandira en se focalisant sur sa tâche principale, la formation des disciples. Les croyants feront l'expérience d'une vie plus vitale et féconde en Christ. Lisez ce livre et soyez transformés.

Dr Daryl McCarthy
Vice-Président de Academic Programs and Strategy,
European Leadership Forum

Ce livre tire sa source de la patiente observation par son auteur pendant son riche parcours missionnaire du drame qui caractérise l'Église sur les trois continents américain, européen et africain. Avec un courage digne des prophètes d'un autre temps, le professeur Bjork dénonce l'interprétation réductrice de l'ordre missionnaire dans le paradigme Évangélisation-Église-Évangélisation. Comme corollaire, la centralité du discipolat a été perdue de vue par l'Église qui s'atèle désormais à faire des membres plutôt que des disciples de Christ. L'auteur y perçoit la cause sous-jacente de l'immaturité et du manque de transformation qui paralysent l'Église devenue institution. Ce faisant, il plaide pour la restauration du discipolat au coeur de la mission chrétienne car il y voit la condition sine qua non du recouvrement de la pertinence de l'Église dans le monde.

Écrit dans un style simple et coloré, ce livre à la fois éminemment pratique et profondément biblique suggère des pistes concrètes pour aider l'Église à se réapproprier la formation des disciples comme axe principal de son ministère. Il aborde avec une dextérité peu ordinaire des questions souvent controversées comme la démonisation des chrétiens et invoque l'expérience de mission de praticiens aguerris pour apporter des perspectives propres à susciter un réveil spirituel personnel et à rejeter toute complaisance qui entretiendrait la médiocrité chrétienne. C'est un livre à lire et étudier à tout prix.

Dr Michel Kenmogne
Directeur Associé Wycliffe Global Alliance
Région Afrique

Nous sommes tous disciples !

Participer à la mission de Dieu

David E. Bjork

GLOBAL LIBRARY

© David E. Bjork, 2015

Publié 2015 par Langham Global Library,
Une marque de Langham Creative Projects

Langham Partnership
PO Box 296, Carlisle, Cumbria CA3 9WZ, UK
www.langham.org

ISBNs:
978-1-78368-040-5 Print
978-1-78368-042-9 Mobi
978-1-78368-041-2 ePub
978-1-78368-043-6 PDF

Tous droits réservés. La reproduction, la transmission ou la saisie informatique du présent ouvrage, en totalité ou en partie, sous quelque forme ou par quelque procédé que ce soit, électronique, mécanique, photographique est interdite sans l'autorisation préalable de l'éditeur ou de la Copyright Licensing Agency.

Sauf indication contraire, les citations bibliques sont tirées de la Bible version Segond 21 Copyright © 2007 Société Biblique de Genève. Reproduit avec aimable autorisation. Tous droits réservés ; et la version Louis Segond 1910.

British Library Cataloguing in Publication Data

Bjork, David E. author.
  Nous sommes tous disciples! : participer a la mission de
Dieu.
  1. Christian life--Africa. 2. Christian life--United
States. 3. Christian life--France. 4. Glory of God.
5. Missions.
I. Title
248.4-dc23

ISBN-13: 9781783680405

Langham Partnership soutient activement le dialogue théologique et le droit d'un chercheur de publier mais ne soutient pas nécessairement les opinions et avis avancés, et les travaux référencés dans cette publication ni ne garantit sa conformité grammaticale et technique. Langham Partnership se dégage de toute responsabilité auprès de personnes ou biens en conséquence de la lecture, utilisation ou interprétation de son contenu publié.

Cover & Book Design: projectluz.com

À tous ceux et celles qui m'ont accompagnés à la suite de Jésus, chacun à leur manière :

À Diane, ma femme et meilleure amie ;

À mes parents, David et Lois ;

À Dean et Dorothy Truog, Aral et Irene Dyksman, Paul et Beth Ronka, Len et Diana Sunukjian, Bill St Cyr, Ben et Mary-Jean Jennings, Dave Imbach, Gordon Mollett.

TABLE DES MATIÈRES

Remerciements		xiii
1	Introduction	1
2	Notre stratégie d'implantation d'églises produit-elle des disciples ?	11
3	Est-ce que Jésus veut vraiment que nous fassions des disciples ?	39
4	À quoi ressemble un disciple de Jésus ?	55
5	La voie de la transformation	73
6	Deux objections majeures	93
7	Le disciple de Jésus et la gloire de Dieu	115
8	Comment initier et poursuivre un accompagnement à la suite de Jésus	133
9	Le disciple de Jésus, le démon et la délivrance	155
10	Le disciple de Jésus et l'*ecclésia*	173
11	Comment aider les membres d'une *ecclésia* existante à faire des disciples de Jésus	193
12	Le disciple de Jésus et l'unité	211
Bibliographie		231
Index des références bibliques		243

Remerciements

C'est avec beaucoup de reconnaissance que je veux remercier mon « Fils dans la foi », Alain Germain, pour l'aide précieuse qu'il m'a apportée dans la rédaction de ce livre. Il m'a aidé à préciser ma pensée et à mieux m'exprimer dans sa langue maternelle.

Vivian Doub et Claire Moore de *Langham Partnership* ont œuvré pour l'aboutissement de ce projet. Elles représentent pour moi le meilleur exemple d'une maison d'édition qui est au service de l'œuvre de Dieu dans le monde majoritaire.

1

Introduction

Il y a quelques semaines, un séminariste m'a présenté son projet de recherche qui commence par ces mots : « La mission première de l'Église en général, et de notre Église en particulier, c'est l'évangélisation. » Parmi ceux qui, aujourd'hui, se réclament de Jésus-Christ, bon nombre seraient d'accord avec ce séminariste. Pour ces personnes, le mot « évangélisation » résume toute la mission de l'Église (Congrégation pour la doctrine de la foi, 2014). Parce que Jésus-Christ est l'unique médiateur, porteur de salut pour l'humanité tout entière :

> Il est toujours de première urgence de récolter des âmes par l'évangélisation. Le destin des hommes et des nations est sans cesse en train d'être décidé. Chaque génération joue un rôle stratégique. Nous ne sommes pas responsables des générations antérieures, et nous ne pouvons pas porter l'entière responsabilité pour celles à venir ; mais nous sommes face à la génération actuelle. Dieu nous tiendra responsables pour la façon dont nous assumons nos responsabilités face à notre époque (Cory 1977, 102)[1].

Tout en reconnaissant que l'évangélisation de ceux qui ne connaissent pas Christ doit être notre préoccupation majeure, peut-on réduire la mission du peuple de Dieu au schéma : *Évangélisation – Église – Évangélisation* ? Certes on commence par l'évangélisation à travers laquelle des hommes et des femmes sont conduits à accepter Jésus-Christ comme Seigneur et Sauveur. Ensuite, on fait de ces convertis les membres d'une église locale. Et, finalement, on les inclut dans le processus de l'évangélisation des autres par leur témoignage et leur participation dans des campagnes d'évangélisation

---

1. Toutes les citations tirées de publications anglaises ont été traduites en français par l'auteur.

organisées par l'église. Quand il a donné le mandat missionnaire, est-ce à cela que Jésus-Christ pensait ?

> Tout pouvoir m'a été donné dans le ciel et sur la terre. Allez [donc], faites de toutes les nations des disciples, baptisez-les au nom du Père, du Fils et du Saint-Esprit et enseignez-leur à mettre en pratique tout ce que je vous ai prescrit. Et moi, je suis avec vous tous les jours, jusqu'à la fin du monde (Mt 28.18-20).

Ce schéma : *Évangélisation – Église – Évangélisation*, tend à faire de l'implantation d'églises le centre de la mission. « L'implantation d'église est un moyen par lequel les convertis peuvent être conservés, édifiés et formés pour devenir des témoins. De ce fait, l'implantation d'église est, dans son essence, l'exécution de l'ordre divin » (Kapitao, s.d.).

Selon cette vision, chaque chrétien est censé devenir « un gagneur d'âmes » et l'évangélisation est considérée comme la raison d'être de l'Église, « qui doit augmenter numériquement ou cesser d'exister » (Phalippou 2005, 87). Le but de l'évangélisation devient donc le salut des âmes et la croissance de l'Église.

Dans ce livre, je vais mettre en question beaucoup de nos compréhensions et de nos pratiques missionnaires fondées sur ce schéma. Je vais suggérer que ce modèle missionnaire manque de fondement biblique, qu'il sous-estime le rôle ecclésial des laïcs[2], institutionnalise la reproduction spirituelle, et légitime la superficialité et la médiocrité chrétiennes.

Le discipolat[3] est-il donc réservé à des super chrétiens ?

Le mot « disciple » apparaît 269 fois dans le Nouveau Testament. Le mot « chrétien » s'y trouve seulement trois fois. Il a été introduit précisément en référence à des disciples qui, dans leur contexte, ne pouvaient plus être

---

2. Je sais que le mot « laïc » est souvent employé pour désigner ce qui est indépendant, voire opposé à toute confession religieuse. Dans ce livre, j'utilise le mot de façon plus anglo-saxonne pour différencier simplement les hommes et les femmes croyants des personnes formées au pastorat dans les institutions de l'Église. Je reviens longuement sur la définition et le rôle du laïc au chapitre 11.

3. *Discipolat* est un mot largement utilisé pour désigner la vie d'un disciple de Jésus. Ce terme n'est pas une expression biblique, mais la plupart des chrétiens emploient le mot discipolat pour indiquer le processus continuel de suivre Jésus. C'est dans ce sens que j'utilise ce mot dans ce livre.

considérés comme une secte juive. Michael Wilkins, professeur de Nouveau Testament à *Talbot School of Theology*, décrit ainsi la notion de disciple :

> Dans les Évangiles, le mot « disciple » est le terme le plus souvent utilisé pour désigner ceux qui suivent Jésus, et qui sont appelés par l'Église naissante « croyants », « frères/sœurs », « adeptes de la Voie », ou « saints » (Wilkins 1992, 40).

Autrement dit, le Nouveau Testament est un livre qui parle des disciples, est écrit par des disciples, et pour les disciples de Jésus-Christ. Mais ce qui est important, ce n'est pas le choix des mots. Ce qui compte, c'est l'attachement à Jésus et l'expérience de toute la vie à travers laquelle des personnes imparfaites sont transformées à son image. Il s'agit d'un pèlerinage qui commence par la nouvelle naissance, passe ensuite par l'enfance et l'adolescence spirituelles, pour parvenir enfin à la maturité et à la reproduction spirituelle. Il ne s'agit pas d'un style de vie réservé aux élites ou à des athlètes spirituels de haut niveau. Dans le Nouveau Testament, le disciple est le croyant de base. C'est « Monsieur ou Madame tout le monde », qui suit Jésus et se laisse refaçonner par lui.

Des disciples qui n'en sont pas

Depuis plusieurs décennies, les Églises occidentales n'ont pas fait du discipolat une condition pour appartenir à leurs communautés. L'on n'a pas besoin d'être un disciple de Jésus ou même de vouloir devenir un disciple de Jésus. Cela n'exclut pas la personne de la communauté de foi. De même, on peut être né de nouveau, baptisé, et devenir un membre de la communauté, sans montrer des signes de croissance dans le discipolat. Les Églises évangéliques et pentecôtistes américaines, par exemple, n'exigent pas qu'une personne montre une ressemblance au Christ dans sa pensée, dans son esprit, et dans son enseignement, avant d'être admise parmi les fidèles de l'assemblée locale. Bill Hull écrit que dans leur grande majorité, les évangéliques américains croient qu'il n'est pas vraiment nécessaire de suivre l'enseignement de Jésus. Si Jésus est nécessaire pour le salut, suivre son exemple n'est réservé qu'à quelques-uns (Hull 2010, 11). Autant dire qu'au niveau institutionnel, le discipolat est largement facultatif.

Cela n'est pas un secret. La meilleure littérature au sujet du discipolat dit expressément, ou assume implicitement que le croyant peut ne pas être un disciple – même après avoir passé toute sa vie au sein d'une communauté de foi. Un livre bien connu dans le monde anglophone, *The Lost Art of Disciple Making*, présente la vie chrétienne sur trois niveaux : le converti, le disciple, et l'ouvrier (Eims 1980). Il faut suivre un processus pour aider quelqu'un à passer d'un état à un autre. L'évangélisation produit des convertis, l'instruction dans les bases de la foi produit des disciples, et une formation plus poussée produit des ouvriers. Les disciples et les ouvriers, affirme-t-on, peuvent renouveler le processus à travers l'évangélisation, tandis que seuls les ouvriers peuvent faire des disciples à travers l'instruction.

Ce portrait de la vie dans une communauté de foi est fidèle à la pratique américaine dans son ensemble. Notre expérience en France et au Cameroun nous laisse croire qu'il en est de même ailleurs. Mais ce modèle ne rend-il pas le discipolat facultatif ? C'est clairement le cas. D'ailleurs il n'est pas évident que le disciple choisisse de devenir un ouvrier. Un très grand nombre de convertis choisissent donc quel type de croyant ils veulent devenir selon les choix qui leur sont proposés : ils choisissent de ne pas devenir – ou tout du moins ils ne choisissent pas de devenir – des disciples de Jésus-Christ. Cela explique que les églises sont remplies soit de disciples qui ne sont pas de « réels » disciples, soit de « disciples peu disciplinés » (Willard 1988, 258). La plupart des problèmes rencontrés dans les communautés de foi viennent du fait que les fidèles n'ont pas vraiment décidé de suivre Jésus-Christ.

Quand j'étais jeune, dans les milieux évangéliques américains, le message qui était proclamé haut et fort était le plus souvent : « Venez à Jésus tel que vous êtes. Recevez de lui le don du pardon de vos péchés par la foi. Cela ne vous coûte rien, c'est un cadeau gratuit de sa grâce. Vous n'avez rien à perdre et tout à gagner. Il sauvera votre âme et vous préparera une place au ciel. » Le seul problème avec ce message, c'est qu'il se focalise sur Jésus comme Sauveur et laisse dans l'obscurité le fait qu'il est aussi Seigneur. L'idée derrière ce message était que l'on pouvait présenter Jésus de cette façon afin de sauver le plus grand nombre d'âmes. Plus tard on introduirait la notion de sa Seigneurie. Suite à cette annonce tronquée de l'Évangile, on assiste à la prolifération de fidèles convaincus d'être « nés de nouveau » mais sans aucun désir de ressembler vraiment à Jésus.

Un modèle défectueux de notre mission

Un modèle différent fut institué par l'impératif missionnaire que Jésus laissa à ceux qui s'étaient mis à sa suite. Le premier but qu'il fixa pour cette communauté de foi naissante a été d'utiliser son pouvoir et son autorité pour faire de toutes les nations des disciples (Mt 28.18-19). Et ayant fait des disciples, ceux-ci devaient être baptisés au nom du Père, du Fils, et du Saint-Esprit. On devait aussi leur enseigner à mettre en pratique tout ce que Jésus avait enseigné. La première communauté de fidèles a suivi ce modèle – et le résultat fut remarquable.

Mais sous l'influence des forces historiques, ce modèle a été remplacé par : « Faites des convertis (au Christ et à une pratique ecclésiale particulière) et baptisez-les pour qu'ils deviennent des membres de cette église. » Dans le chapitre suivant, nous allons examiner en détail comment s'est produit ce processus de substitution du modèle que Jésus a laissé pour notre modèle actuel, et pourquoi cela est vraiment tragique pour la communauté chrétienne en Occident, et dans les pays émergents. Mais je veux d'ores et déjà souligner le fait que notre façon actuelle de comprendre ce que Christ attend de nous ne produit qu'un petit nombre de personnes qui deviennent réellement ses disciples. Et pourtant, faire des disciples devrait être au cœur de notre tâche. Il va sans dire que si nous n'avons pas fait de nos convertis des disciples, il leur est impossible d'apprendre aux autres comment vivre selon l'enseignement et l'exemple de Jésus.

Certes, nous faisons beaucoup de bonnes choses au nom du Christ. Par exemple, en son nom, nous évangélisons les âmes. C'est aussi en son nom que nous soignons des malades, chassons des esprits impurs, et éduquons des gens illettrés. Au nom de Jésus, nous implantons des églises et dépensons des milliards de dollars pour bâtir des édifices et mettre en place des moyens de communication. Pour accomplir ce que nous percevons comme étant la tâche qu'il nous a confiée, nous formons des pasteurs, des évangélistes et des missionnaires dans nos écoles bibliques et dans nos séminaires. En fait, nous sommes très actifs, faisons toute sorte de choses pour accomplir ce que nous croyons être notre mission. Cependant, j'annoncerai au chapitre trois que la chose la plus importante que nous ayons à faire, c'est notre mission *telle qu'elle est décrite par Jésus*. Je vais aussi avancer l'argument que Jésus a été très spécifique lorsqu'il nous a expliqué ce qu'il attendait de nous. Je suggérerai enfin que cette mission est à la fois ingénieuse et stratégique.

La quasi-totalité des pasteurs que je connais est d'accord pour dire que le discipolat, ou la formation spirituelle, est l'œuvre primaire de l'Église. Mais comme nous n'avons pas tous la même définition du disciple, nos réponses divergent quant au but de nos activités. Par exemple, pour certains croyants, la maturité spirituelle vient avec la connaissance biblique. Si telle est notre optique, il est important que les fidèles connaissent la Bible d'un bout à l'autre. Dans d'autres communautés de foi, le disciple est avant tout celui qui a le souci des âmes. Dans ces milieux, le disciple est donc celui qui invite régulièrement à l'église ses amis, ses voisins, et les membres non-sauvés de sa famille pour qu'ils puissent entendre parler de Jésus et se convertir. À leurs yeux, le plus important c'est de faire en sorte que les gens entrent dans l'église pour entendre la Bonne Nouvelle. Une autre spiritualité chrétienne perçoit le disciple dans des termes beaucoup plus communautaristes. Les fidèles marqués par cette vision estiment que le disciple est celui qui partage sa vie avec les autres à travers des relations réelles et profondes. Selon cette optique, le discipolat est une question de bonté, de justice, et de lutte au nom de Jésus contre les iniquités présentes dans la culture. Pour d'autres, le disciple c'est celui qui est compatissant et tolérant envers tous ceux qu'il rencontre. Et pour d'autres encore, le disciple est marqué par la sanctification et la droiture. Il s'écarte du péché et se sépare du monde. Et pour beaucoup de fidèles aujourd'hui, un disciple de Jésus est avant tout un adorateur. L'adoration et la louange de Dieu sont au cœur de sa vie. Nous voyons qu'en fait, chaque communauté de foi chrétienne forme des disciples selon sa vision de ce qu'elle considère comme important. Au chapitre quatre, je vais présenter le point de vue que nous n'avons pourtant pas reçu un appel à faire des disciples qui nous ressemblent, selon notre tradition ecclésiale ou notre spiritualité. Quand Jésus-Christ a donné l'impératif missionnaire, ce n'était pas pour que les catholiques fassent des catholiques, les baptistes des baptistes, les évangéliques des évangéliques, les pentecôtistes des pentecôtistes, et ainsi de suite. Jésus envoie les catholiques faire des disciples de Jésus, les baptistes et les autres de même. Pour cette raison, dans ce chapitre nous verrons à quoi ressemble un disciple de Jésus en dehors de nos interprétations particulières.

En fait, on peut avancer que dans nos communautés de foi, quelle que soit notre tradition ecclésiale, la profondeur et la maturité spirituelles brillent par leur absence. Le défi que doivent relever les chrétiens, quelle que soit leur race, leur sexe, leur éducation, leur statut social ou économique, c'est de vivre enfin le message évangélique comme ils devraient le faire. Force est de constater que, malgré toutes nos activités, la multiplication de nos réunions, et le raffinement de nos stratégies, les vies de beaucoup de nos fidèles ne sont pas profondément transformées. Au chapitre cinq, je m'appuierai sur une étude qui a été menée pendant de nombreuses années auprès des fidèles de plusieurs milliers de communautés chrétiennes pour décrire les conditions qui favorisent une transformation spirituelle profonde.

Certaines personnes estiment avoir de bonnes raisons de croire que nous ne sommes pas appelés à faire des disciples de Jésus. Elles reconnaissent le fait que Jésus faisait des disciples, mais ne voient ce modèle ni dans les Actes des Apôtres ni dans les épîtres. À leurs yeux, la venue de l'Esprit Saint et la naissance de l'Église ont remplacé le modèle de disciple par celui du « croyant », « pratiquant », « fidèle », « membre », « baptisé », « saint », « frère et sœur », etc. Voilà donc une première objection majeure à l'affirmation que nous sommes appelés à faire des disciples de Jésus : Paul (et les autres apôtres) n'aurait pas cherché à faire des disciples de Jésus, mais à fonder des communautés de foi. D'autres personnes encore affirment que nous ne pouvons pas faire des disciples de Jésus, et que les tentatives dans ce sens conduisent à des abus spirituels. Elles citent en exemple des gens qui poussent à l'extrême certains principes bibliques, allant jusqu'à demander à leurs « disciples » d'être soumis, (comme des « brebis » à leur « berger »), et exiger d'eux qu'ils reçoivent l'approbation de leur « conducteur » pour toutes les décisions importantes de leur vie. Au chapitre six, je répondrai à ces objections. Je commencerai par répondre à la question : L'apôtre Paul, était-il lui-même un disciple de Jésus ? Faisait-il des disciples de Jésus ? Puis, j'affirmerai que nous pouvons faire des disciples de Jésus sans tomber dans les travers de l'abus spirituel, et je suggérerai enfin quelques indices qui nous avertissent que la relation d'accompagnement spirituel est en train de prendre une mauvaise direction.

Si l'on faisait un sondage pour demander aux chrétiens quel est le plus grand but du croyant, beaucoup répondraient : « Il faut vivre pour la gloire de Dieu. » Et je leur donnerai raison. Puisque le plus grand but du croyant est de vivre pour la gloire de Dieu, et que Jésus nous envoie faire des disciples de toutes les nations, je considère qu'il existe un lien entre la gloire de Dieu et l'action de faire des disciples de Jésus-Christ. Jésus lui-même a souligné ce lien lorsqu'il a affirmé : « Ce qui manifeste la gloire de mon Père, c'est que vous portiez beaucoup de fruit. Vous serez alors vraiment mes disciples » (Jn 15.8). Au chapitre sept, j'examinerai ce que signifie précisément « glorifier Dieu », et je montrerai pourquoi l'action de faire des disciples de Jésus est la meilleure façon de rendre gloire à notre Père céleste.

Parfois nous pensons que pour faire des disciples de Jésus, il faut que tout le monde passe par le même parcours, que chacun expérimente la même chose que les autres. Malheureusement, nous cherchons une méthode ou une stratégie qui a fait ses preuves dans un milieu ecclésial, et nous tentons de l'appliquer telle quelle dans notre situation. Mais en ce qui concerne la formation des disciples de Jésus, on peut dire que cette façon de procéder ne fonctionne pas ! C'est peut-être pour cette raison que la Bible ne nous donne pas de détails précis sur comment le faire. Il n'existe pas une sorte de « quatre lois spirituelles » pour la formation d'un disciple de Jésus. Au lieu de cela, le texte biblique nous offre des métaphores organiques qui décrivent la croissance spirituelle qui est au cœur de cette démarche, telles la semence et la moisson (Jn 4.37 ; 2 Co 9.6), planter et arroser (1 Co 3.6), grandir (1 P 2.2 ; 2 P 3.18) et porter du fruit (Mt 7.17-20 ; Jn 15.1-16 ; Ga 5.22). Au chapitre huit, je n'essaierai donc pas de vous donner une démarche à suivre. Je vous suggérerai par contre des idées sur la façon dont vous pouvez commencer et entretenir, en synergie avec l'Esprit Saint, l'accompagnement individuel et personnel de quelqu'un qui se trouve face à l'enseignement de Jésus, dans une position de vulnérabilité et d'ouverture.

Dans l'accompagnement personnel à la suite de Jésus, nous voulons amener la personne que nous accompagnons à examiner comment faire de Jésus-Christ le Seigneur de chaque aspect de sa vie. Mais dans ce processus, il nous arrive d'avoir des blocages, des moments où la personne que l'on accompagne n'arrive pas à avancer pour une raison qu'elle a elle-même du mal à comprendre. Ces blocages sont parfois l'œuvre des puissances démoniaques. Reconnaître et traiter ces obstacles à la transformation spirituelle, ce sera le sujet du chapitre neuf.

Certaines communautés de foi insistent davantage sur l'évangélisation des non-chrétiens que sur l'accompagnement personnel dans le discipolat. Nous rencontrons ce phénomène un peu partout en Afrique, mais il faut dire qu'il marquait déjà le mouvement évangélique nord-américain. Au cours de la Première Consultation Internationale sur le Discipolat, John R. W. Stott signala « le paradoxe étrange et perturbant » de la situation chrétienne contemporaine. Il a fait cette observation sous forme de mise en garde : « Nous avons expérimenté une croissance énorme du nombre de nos fidèles sans avoir connu une croissance correspondante dans le discipolat. Un discipolat superficiel ne saurait plaire à Dieu » (cité dans Houston 1999, 28). Mais l'expansion rapide des communautés de foi n'est pas la seule force qui agit contre l'accompagnement dans le discipolat.

L'un des plus grands obstacles au discipolat est l'institutionnalisation des communautés de foi. Les mouvements qui visent la formation des disciples de Jésus doivent faire très attention, sinon l'institutionnalisation viendra freiner leur progression. C. S. Lewis dit : « Il existe dans chaque église quelque chose qui, tôt ou tard, milite contre le but pour lequel elle existe. Nous devons travailler avec toutes nos forces, par la grâce de Dieu, à garder l'Église sur le chemin de la mission originelle qu'elle a reçue du Christ » (Vaus 2004, 167). Lewis met en garde contre l'institutionnalisation.

Bon nombre de réveils spirituels ont commencé comme des mouvements dans lesquels on cherchait à faire des disciples de Jésus-Christ. Dans ce chapitre, j'examinerai la légitimité de ces mouvements et les tensions qu'ils ont rencontrées en luttant contre les forces d'institutionnalisation.

Dans un sens, nous pouvons dire que chaque communauté de foi produit des disciples, parce que le mot « disciple » veut dire « apprenti » ou « élève ». Chaque communauté de foi forme ses membres selon sa vision de ce qui est important. Chaque communauté de foi produit des disciples selon sa définition du discipolat. Le problème est que la vision dominante dévalue le rôle des laïcs, et surestime la place du clergé, des « professionnels » dans la multiplication des disciples de Jésus. Voilà pourquoi au chapitre onze, j'aborderai la question de la relation entre le clergé et les laïcs dans la communauté de foi institutionnalisée. Et je proposerai quelques pistes pour introduire la vision et les pratiques d'accompagnement dans le discipolat dans les milieux ecclésiaux qui ont perdu cette optique.

Jésus dit que l'on devrait pouvoir nous reconnaître comme ses disciples par l'amour que nous avons les uns pour les autres (Jn 13.34-35). Plus tard, l'apôtre Paul présentera l'union des disciples avec Christ comme étant le fondement de leur union les uns avec les autres : « Christ est-il divisé ? » demande l'apôtre, « Paul a-t-il été crucifié pour vous ou est-ce au nom de Paul que vous avez été baptisés ? » (1 Co 1.13). La réponse à ces questions est clairement : Non ! Jésus-Christ n'est pas divisé ! Et nos prédécesseurs spirituels, notre tradition ecclésiale, et nos expériences particulières ne sont pas la source de notre salut. En dépit de ce que nous pourrions croire, nous n'avons pas été baptisés au nom d'un héritage chrétien particulier. Dans le dernier chapitre, je poserai la question de savoir si nous pouvons reconnaître légitimement la présence de disciples de Jésus dans les milieux religieux qui ne partagent pas notre spiritualité ou même toutes nos croyances ? Et si tel est le cas, quelle relation devrions-nous chercher à avoir avec ces disciples de Jésus qui ne nous ressemblent pas ?

Remarque

À la fin de chaque chapitre vous trouverez quelques questions de réflexion pouvant vous aider à réfléchir personnellement sur ce que vous aurez lu. Pour profiter au maximum de ce livre, prenez le temps d'y répondre.

Questions de réflexion

1. Comment définissez-vous un disciple de Jésus ? Quels sont ses principales caractéristiques ?

2. À partir de la définition que vous venez d'élaborer, demandez-vous pourquoi l'assemblée chrétienne que vous fréquentez réussit, ou ne réussit pas, à faire davantage de disciples de Jésus ?

2

Notre stratégie d'implantation d'églises produit-elle des disciples ?

Le discipolat et la notion de faire des disciples sont très à la mode dans les milieux chrétiens de nos jours[1]. Mais, sur le chemin qui mena la notion du discipolat à cette notoriété, il me semble que nous avons oublié de nous demander si nous sommes réellement en train de faire des disciples. Il y a des raisons convaincantes pour en douter ! À vrai dire, un regard rapide sur l'état de l'Église dans le monde révélerait que, d'une façon ou d'une autre, *nous avons vidé cet impératif missionnaire de son essence.* Trois endroits où j'ai vécu et œuvré pour le Christ : les États-Unis d'Amérique, la France, et le Cameroun illustreront mes propos.

Selon une étude menée en 2009 par le *Barna Group*, malgré le fait que la plupart des Américains se disent chrétiens et affirment connaître le contenu de la Bible, moins d'un sur dix parmi eux démontre une telle connaissance dans sa vie quotidienne (Barna, s.d.). Cela étant, ce n'est pas étonnant que les évangéliques aux États-Unis, en dépit de leurs grandes églises comme *Willow Creek*[2], leurs campagnes d'évangélisation, leurs experts de la croissance

---

1. Une recherche "Google" sur Internet du mot « *discipling* » a produit 137 000 résultats, « *disciplemakers* » (faiseurs de disciples) a produit 78 800 résultats, et le mot « *discipleship* » (discipolat) a produit 10 400 000 résultats (16 décembre 2011).
2. *Willow Creek* est à la fois une église et une organisation. La *Willow Creek Community Church* près de Chicago a été fondée en 1975 par Bill Hybels avec l'aide de Gilbert Bilézikian. Cette grande église se caractérise par deux grandes valeurs : favoriser des relations authentiques durables par un réseau de petits groupes, et rendre l'Évangile accessible à ceux qui n'ont aucun lien avec une église. La *Willow Creek Association* rassemble plus de 10 000 églises (de 35 pays différents représentant plus de 90 dénominations) qui cherchent à innover

de l'Église, leurs diplômes, leurs émissions de radio et de télévision, leurs ressources matérielles, et j'en passe – connaissent un des plus bas taux de croissance au monde (Mandryk 2010, 916) ! En réalité, les chrétiens américains sont en train de quitter l'Église au point où la non-pratique devient l'expérience religieuse de la majorité des Américains (Dempsey 1997). Cet exode massif des chrétiens nord-américains de l'Église poussa, en 2006, Josh McDowell et Dave Bellis à publier un livre avec un titre-choc : *The Last Christian Generation* (la dernière génération chrétienne)[3]. Dans ce livre McDowell explique que le titre du livre n'a pas été choisi pour faire du sensationnalisme, mais parce qu'il a l'impression que si quelque chose n'est pas fait immédiatement pour changer l'état spirituel des enfants des chrétiens aux États-Unis, leurs parents seront la dernière génération chrétienne dans ce pays (McDowell 2006, 11). Il « tire cette sonnette d'alarme » à cause du constat qu'entre 69 et 94 pour cent des adolescents chrétiens américains abandonnent l'Église après le lycée, et que très peu nombreux sont ceux d'entre eux qui y retournent.

En France, où j'ai œuvré pendant trente ans comme missionnaire, la scène religieuse illustre l'évolution qui a eu lieu partout en Europe depuis plusieurs décennies. En 1986, 81 pour cent des Français âgés de plus de 15 ans s'identifiaient comme « catholiques ». Ce chiffre baissa à 69 pour cent en 2001 (Mermet 2001, 280). En 2002 seulement 7 pour cent des adultes français (âgés d'au moins 18 ans) pratiquaient régulièrement leur foi et 44 pour cent des adultes français qui s'identifiaient comme catholiques affirmaient qu'ils n'assistaient jamais à la messe[4]. Dans une étude menée en 2003, où l'on posait aux Français les mêmes questions qui leur furent posées dix ans plus tôt, tous les indicateurs de croyances chrétiennes étaient en baisse[5]. Selon ce sondage, moins de Français croyaient en l'existence de Dieu et affirmaient les croyances fondamentales du christianisme qu'auparavant. Ils

---

pour communiquer l'Évangile à leur manière dans leur contexte spécifique.

3. Voir aussi Ron D. DEMPSEY, *Faith Outside the Walls : Why People Don't Come and Why the Church Must Listen,* Macon, Smyth & Helwys Publishing, 1997; et Alan JAMIESON, *A Churchless Faith: Faith Journeys Beyond the Churches,* Londres: SPCK, 2002.

4. Il est vrai que le nombre total des protestants évangéliques est passé de 0,4 pour cent de la population en France en 2004 à 0,8 pour cent en 2012, mais les tendances générales que nous signalons n'ont pas changé. En ligne : http://www.crosswalk.com/news/religion-today/what-nobody-is-saying-about-france.html?utm_source=Crosswalk_Daily_Update&utm_medium=email&utm_campaign=04/10/2012

5. Selon un sondage téléphonique d'un groupe représentatif de 1000 adultes français, mené par CSA le 21 mars 2003 dont les résultats furent publiés dans un article qui apparut dans "Le Monde", le 17 avril 2003, signé Xavier TERNISIEN.

fréquentaient moins les églises, priaient moins, et moins nombreux furent ceux qui affirmaient que la foi chrétienne joue un rôle majeur dans leur vie par rapport à ce qui fut le cas dix ans plus tôt.

Aujourd'hui, je me trouve au Cameroun, où, bien que l'Église croît rapidement depuis quelques décennies, les observateurs affirment que le nominalisme chrétien[6] est un plus grand problème que dans la majorité des autres pays d'Afrique (Mandryk 2010, 191). En fait, toute l'Afrique subsaharienne est clairement l'une des régions les plus religieuses du monde. Au Cameroun, en particulier, environ neuf personnes sur dix affirment que la religion occupe une place *très importante* dans leur vie (Pew Foundation, 2011). En même temps, un nombre important de ceux qui affirment être profondément engagés envers le christianisme incluent également des pratiques de religions traditionnelles africaines dans leur vie de tous les jours. Au Cameroun en particulier, presque la moitié des personnes interrogées croient que les sacrifices aux ancêtres et aux esprits peuvent les protéger du mal[7]. Un pourcentage important de chrétiens camerounais affirme aussi croire au pouvoir de protection des gris-gris (talismans ou amulettes). De nombreuses personnes déclarent également consulter des guérisseurs traditionnels lorsqu'un membre de la famille tombe malade et un pourcentage important d'entre eux gardent chez eux des objets sacrés, tels que des crânes et des peaux d'animaux, et participent à des cérémonies en l'honneur de leurs ancêtres. Le fait que les églises sont plus tournées vers la conversion des non-croyants que vers la formation des disciples a produit des croyants qui sont souvent superficiels, ignorants des Écritures saintes, syncrétistes, tribaux et insensibles à l'importance de la mission chrétienne (Grebe 1997, 67-75). Bref, les Églises du Cameroun reflètent les mêmes sortes

---

6. L'expression « nominalisme chrétien » s'applique lorsqu'il y a un grand nombre d'individus qui, pour une raison ou une autre veulent être connus comme chrétiens (malgré le fait qu'ils ont perdu le contact avec l'Église), ne croient pas dans les croyances fondamentales du christianisme, mènent des vies qui sont incompatibles avec les valeurs du Royaume de Dieu, ou ne maintiennent pas une relation vivante avec le Seigneur parce qu'ils négligent les moyens de sa grâce qu'il a mis à notre disposition pour notre soutenance spirituelle (Gibbs 1994, 15).

7. Tels sont les principaux constats qui découlent de plus de 25,000 entretiens en face-à-face, menés pour le compte du Forum sur la Religion et la Vie publique du centre de recherche Pew, dans plus de 60 langues ou dialectes à travers 19 pays d'Afrique subsaharienne, de décembre 2008 à avril 2009.

d'imperfections que nous trouvons dans les Églises occidentales qui les engendrèrent[8].

Ces portraits rapidement tracés de l'Église aux États-Unis, en France et au Cameroun, révèlent les symptômes d'une maladie qui atteint des proportions pandémiques. Nous avons obéi à l'impératif missionnaire donné par Christ d'aller partout dans le monde, mais nous avons été peu efficaces dans la formation de disciples. Nous avons évangélisé et fait des convertis. Nous avons baptisé et fait des membres d'églises. Nous avons fondé des écoles et des institutions de formation biblique ou théologique et produit des pasteurs et des prêtres. Nous avons établi des hôpitaux et des orphelinats et soigné des nécessiteux. Nous avons formé des missionnaires et équipé des ouvriers pour l'implantation d'églises nouvelles. Mais lorsque nous regardons le fruit de toute cette activité, la question qui demeure est la suivante : Où sont les disciples ? Car si nous étions en train d'engendrer des personnes qui s'attachent à la personne et à l'enseignement du Christ pour suivre son exemple en lui vouant une fidélité exclusive, l'Église aurait-elle les caractéristiques que nous lui trouvons aux États-Unis, en France, et au Cameroun ?

Depuis plus d'un siècle, il est largement admis que l'impératif missionnaire le plus définitif pour l'Église se trouve dans l'ordre missionnaire que le Christ ressuscité donna à ses disciples : « Allez, faites de toutes les nations des disciples » (Mt 28.18-20). Malheureusement, nous avons compris que nous devions aller partout dans le monde implanter des églises (Bjork 1997, 56-69), avec la conviction que ces églises feront des disciples. Mais ce n'est pas cela ce que le Christ a dit ! Il nous a spécifiquement donné le mandat de faire des disciples, et il a explicitement promis qu'il bâtira son Église (Mt 16.18). Notre tâche missionnaire est de faciliter la rencontre avec le Christ et d'accompagner ceux qui se détournent du péché dans leur attachement à sa personne et à son enseignement. Le but, c'est que ces individus soient remplis de la connaissance de sa volonté, en toute intelligence spirituelle, pour marcher d'une manière digne du Seigneur et lui être agréable, portant des fruits en toutes sortes de bonnes œuvres et croissant par la connaissance de Dieu (Col 1.9-10). C'est cela l'objectif de la mission que le Christ confia à ses disciples (et donc à nous), et c'est à lui de bâtir son Église.

---

8. Nous reconnaissons que le christianisme africain moderne est largement le fruit des initiatives africaines, et non pas des Occidentaux (cf. Walls 1996, 85-89). Nous maintenons cependant que les modèles ecclésiologiques et missiologiques d'Occident continuent à influencer ce qui se vit sur le continent africain.

Le fait que nous avons renversé les rôles (en cherchant à implanter des églises dans l'espoir qu'elles produiront des disciples) est, à mon avis, une des raisons principales pour lesquelles nous ne sommes pas en train d'atteindre notre monde pour le Christ. Beaucoup de mécompréhensions de notre mission associées à cette mauvaise interprétation de notre tâche nous empêchent, en réalité, de faire ce pour quoi le Christ nous envoie dans le monde. Il y a une quarantaine d'années, j'ai lu une exposition d'Éphésiens 4.11-13 qui m'a profondément marqué. Cette étude montrait que ce texte biblique enseigne que Dieu a donné des leaders remplis de l'Esprit Saint à son Église avec le seul but de faire des disciples (en servant de modèles, de mentors, de coaches, d'entraîneurs) de son peuple, afin que les chrétiens « ordinaires » fassent son œuvre dans le monde. S'il est vrai que la communication de la foi chrétienne est primairement l'œuvre des laïcs qui sont remplis de l'Esprit Saint, et que les leaders chrétiens ne servent principalement qu'à faciliter, fortifier et encadrer des hommes et des femmes laïcs dans cette tâche, nous devons revoir beaucoup de notre pratique ecclésiale. Car, en fait, les laïcs sont trop souvent pris pour « de simples éclaireurs qui, après être revenus du "monde extérieur" avec des témoignages oculaires et peut-être quelques grappes de raisin, font leur rapport à la "base opérationnelle" » (Bosch 1995, 631). Notre modèle ecclésial ignore le fait qu'ils sont la base opérationnelle à partir de laquelle s'effectue la mission de Dieu dans notre monde. En réalité, ce ne sont pas *eux* qui doivent « accompagner » les personnes chargées de « ministères spécialisés » pour la mission de *ces derniers* dans le monde. Ce sont, au contraire, les *chargés de ministères* qui doivent accompagner les laïcs, le peuple de Dieu (Hoekendijk 1967, 350).

Je suis convaincu, d'autre part, que le fait de fonder des églises qui ramènent tout au culte dominical avec sa professionnalisation du témoignage du peuple de Dieu, a largement tu la communication chrétienne des laïcs[9].

---

9. Rick Wood, l'éditeur de la revue *Mission Frontiers : The News and Issues Journal from the US Center for World Mission* (July-August 2012) affirme que les modèles populaires de vivre l'Église sont un problème global ! Il écrit : « Si je pouvais dire une chose à ceux qui cherchent à planter l'Église, ce serait ceci, "S'il vous plaît, ne suivez pas notre exemple populaire dans l'Ouest de faire l'église". Nous avons échoué lamentablement à préparer les gens dans nos églises à être des faiseurs de disciples [...] Nous avons échoué lamentablement à leur transmettre la vision biblique de l'impératif missionnaire ». Un peu plus loin, il revient sur l'idée que ce que nous faisons dans la plupart de nos églises est inefficace dans la formation des croyants en vue de l'œuvre chrétienne dans le monde. Et il écrit : « Si la majorité des pasteurs continue à viser la croissance du nombre de personnes qui assistent à leurs cultes, plutôt que de les équiper pour être des faiseurs de disciples, nous continuerons à voir les signes de stagnation que nous voyons dans l'Église occidentale. Le but doit être que chaque croyant soit actif, formé et équipé à être un faiseur de disciples. »

Car, il est indéniable que malgré la redécouverte de la notion de « sacerdoce universel des fidèles » de Luther, et la mise en valeur de l'apostolat des laïcs depuis Vatican II, la conception dominante demeure celle d'un ministère chrétien monopolisé par des hommes consacrés à cet effet. Malgré le fait que Jésus de Nazareth a rompu avec toute la tradition juive en choisissant ses disciples non pas dans la classe sacerdotale, mais parmi les pêcheurs, les collecteurs d'impôts et leurs pareils ; et en dépit du fait que les Églises pauliniennes ne sont pas appelées « synagogues », mais simplement des rassemblements (cf. 1 Co 11.17-18, 20, 33, 34 ; 14.23, 26) et que dans celles-ci qui avaient lieu principalement dans des maisons privées – durant près de dix-neuf siècles, et en somme dans toutes les traditions ecclésiales – le ministère a été compris presque exclusivement en fonction de ministres consacrés (Bosch 1995, 626).

De plus, la notion du ministre placé au centre de l'Église et doté d'une autorité considérable[10] fait que l'Église est largement comprise comme une société strictement sacrée dirigée par un « personnel de maison », avec le prêtre ou le ministre, installé dans une position privilégiée et centrale (Burrows 1981, 61, 74). Les résultats d'une telle vision de l'Église sont évidents partout. Récemment, par exemple, nous avons assisté au culte dans une nouvelle église protestante qui célébrait leur treizième semaine d'existence. Cette communauté d'environ soixante-dix membres (enfants compris), loue une salle de culte pour trois cents dollars par mois. Et le pasteur s'est engagé à faire des émissions d'évangélisation à la radio locale (ce qui coûtera cent dollars par mois), même si les fidèles ne donnent qu'environ cent vingt dollars par mois. Toutes ces activités du culte (avec deux pasteurs, un groupe de jeunes, un coordinateur de prière, une chorale, etc.) sont organisées avant même qu'il y ait une communauté assez grande pour avoir besoin de ces structures. Le pasteur « visionnaire », qui a « implanté » cette église semble raisonner plus dans une logique centrée sur lui-même, et son rôle dans la communauté, que sur les besoins actuels de ses ouailles. Il faut dire qu'ici, au Cameroun, il n'est pas exceptionnel de trouver des pasteurs qui certifient qu'ils ont reçu une vision de Dieu et que les fidèles n'ont qu'à s'intégrer dans cette vision en se soumettant à leur autorité. Ces pasteurs se prennent souvent pour des prophètes, et affirment que ceux qui entrent dans leurs

---

10. Du point de vue protestant, cette notion s'est nettement répercutée dans les trois ministères de pasteur, ancien et diacre.

projets entrent aussi dans leurs « récompenses » de prophètes (cf. Mt 10.41)[11]. Nous avons entendu des pasteurs gronder publiquement leurs fidèles qui n'assistaient pas régulièrement aux réunions qu'ils avaient organisées, en disant : « Vous décevez votre pasteur » ; ou en affirmant que s'ils n'obéissent pas à leur pasteur ils commettent un péché.

Selon l'Évangile selon St Marc, Jésus établit douze personnes qui vinrent après lui, « pour *les avoir avec lui* et pour les envoyer . . . » (Mc 3.13-15, c'est moi qui souligne). Un regard lucide sur la condition de l'Église nous convainc que l'on ne fait pas suffisamment de disciples à travers les activités cultuelles de nos communautés. L'on ne fait pas des disciples dans une salle de classe, ou dans une institution biblique, ou pendant un stage de formation. Car cela ne se fait pas sans passer beaucoup de temps ensemble, en tête à tête, dans un partage de vie à vie. Dans quel contexte ceux qui suivent le Christ peuvent-ils entrer dans ces relations profondes et intimes qui leur permettent d'apprendre les uns des autres comment suivre le Christ dans tous les domaines de leur existence ? Je soupçonne qu'en réalité nous, (missionnaires, pasteurs et autres responsables ecclésiales), cherchons davantage à recruter des laïcs comme membres de nos communautés ecclésiales afin qu'ils soutiennent les structures, programmes, et activités de l'église, que dans le dessein de les former comme des disciples du Christ qui sont équipés et relâchés pour évangéliser et accompagner d'autres dans le discipolat chrétien. Quelque part nous avons remplacé l'Église qui disait, « Je vais vers vous » par celle qui dit « Venez à moi ».

Il y a quelques décennies, le missionnaire vétéran Bob Evans avait ceci à dire au sujet de l'importance de faire des disciples :

> Le discipolat à l'intérieur, et surtout à l'extérieur de l'institution *(de l'Église)* devrait avoir lieu à tous les niveaux. La question que l'on devrait poser au missionnaire est, « Où sont tes disciples ? » (Smeeton 1980, 216)

Je suis missionnaire depuis plus de 40 ans. Mais je dois admettre que j'ai du mal à promouvoir les missions telles que nous les faisons depuis un siècle. Croyons-nous réellement que les gens seront prêts à prier, à soutenir de leurs dons, et à donner leur vie pour une mission chrétienne qui est largement vidée

---

11. Dans un traité écrit faisant appel aux dons pour soutenir la jeune église que nous avons visitée, l'on promet que si vous donnez dix dollars par mois pour aider ce projet, Dieu (1) transformera toutes vos défaites anciennes en victoire, (2) vous donnera une vision surnaturelle vous permettant de surmonter des limites naturelles, et (3) manifestera de façon nouvelle et surprenante sa puissance dans votre vie.

de son essence ? Qui veut passer le restant de sa vie à implanter des églises et à promouvoir des programmes qui ne produisent pas la transformation profonde des vies qui constitue l'objectif du discipolat ? Honnêtement, je suis étonné que nous soyons tellement engagés dans nos activités ecclésiales et missiologiques que nous refusons de poser la question : « Où sont nos disciples ? »

En décembre 2010, Rick Wood, l'éditeur du journal *Missions Frontiers* a écrit :

> Le petit secret sale des missions chrétiennes est que nous envoyons partout dans le monde des missionnaires qui n'ont pas montré qu'ils savent comment faire des disciples. La plupart d'entre eux n'a pas participé à des modèles efficaces du discipolat chez eux. Mais nous les envoyons ailleurs dans l'espoir que le fait de traverser des frontières culturelles les transformera en des faiseurs de disciple productifs. Cela n'est qu'une illusion et cela doit changer. (Wood 2010)

Sommes-nous prêts à remettre en question le paradigme missiologique qui domine notre réflexion et qui façonne notre approche depuis plus d'un siècle ? Allons-nous continuer à consacrer nos efforts sur l'implantation d'églises dans l'espoir que, contrairement à l'expérience des autres, celles-ci seront efficaces dans la formation de disciples du Christ ? Si nous continuons à faire ce que nous avons toujours fait, nous continuerons à obtenir ce que nous avons toujours obtenu. Ce n'est pas en prolongeant ce que nous avons toujours fait, mais avec plus d'ardeur, ou en employant des moyens supérieurs, que nous obtiendrons des résultats différents. Et si nous, missionnaires de l'Occident, ne sommes pas prêts à faire le travail nécessaire pour remettre le discipolat au centre de nos préoccupations missiologiques et notre ecclésiologie, comment pouvons-nous espérer que nos églises sœurs de l'hémisphère sud le fassent ?

Le *financement* de la mission

Nous venons de voir comment, dans l'accomplissement de leurs desseins, les missionnaires occidentaux transmettent leur ecclésiologie quasiment telle quelle aux Églises chrétiennes en train de croître ailleurs dans le monde. Un des problèmes majeurs avec cette diffusion de leur modèle ecclésial est le fait que celui-ci ne se base pas sur la formation des laïcs disciples du Christ qui produisent d'autres laïcs disciples du Christ faiseurs de laïcs disciples du Christ. Au contraire, le modèle imposé aux autres comme étant le seul modèle légitime et admissible est celui dans lequel le prêtre ou le pasteur demeure le pivot de l'église, et où le culte reste le sommet de sa vie. Maintenant, nous allons voir une deuxième difficulté qui découle du fait que les églises des « champs de mission » sont organisées sur le modèle des églises en Occident, où, pourtant, l'histoire et les structures socio-économiques sont totalement différentes. Les résultats de cette disparité se révèlent souvent catastrophiques.

En Occident, pendant les deux derniers siècles, il y a eu une explosion sans précédente des missionnaires à plein temps, entièrement financés par les dons des autres. Cela a été possible grâce à deux facteurs uniques : le colonialisme et l'industrialisation de l'Occident. Grâce au colonialisme, trois éléments importants furent ajoutés à l'expansion missionnaire : 1) l'accès aux champs de mission, 2) un moyen d'échange de devises, et 3) une stabilité relative nécessaire à la proclamation de l'Évangile. L'industrialisation ajoute également un élément indispensable – l'augmentation de la productivité humaine qui fournit aux gens des moyens financiers dont ils n'ont plus besoin pour leur propre survie. Cela veut dire qu'ils peuvent consacrer une partie de ces biens pour financer les missions s'ils veulent bien. Cela n'était pas le cas avant le début du XXe siècle. Jusqu'à ce moment-là, la grande majorité des missionnaires chrétiens devaient travailler d'une manière ou d'une autre pour financer leur mission (Borthwick 2012, 172).

Dans l'*Evangelical Missions Quarterly*, Donald K. Smith, professeur de Western Seminary, écrit que :

> Historiquement, les missions occidentales commencèrent lorsque ces pays n'étaient pas affluents. Les Moraves durent travailler afin de subvenir à leurs propres besoins partout où ils allèrent, en se vendant même comme des esclaves afin d'atteindre les esclaves dans les îles des Caraïbes. Pendant de nombreuses années William Carey ne reçut aucun soutien financier en Inde, mais travailla à plusieurs métiers afin de soutenir son œuvre de traduction de la Bible. Sa façon de vivre différencia à peine de celle qu'il avait lorsqu'il fut cordonnier en Angleterre. En fait, c'est uniquement pendant le siècle dernier que les missionnaires ont cru qu'ils devaient être entièrement financés par les dons des chrétiens chez eux. (Smith 1999)

Entre l'époque de William Carey (1761-1834) qui fut le « pionnier des missions contemporaines » et l'émergence des « *faith missions*[12] » avec J. Hudson Taylor (1832-1905) le missionnaire « typique » fut un homme d'un arrière plan humble et modeste : artisan, ouvrier et fermier (Walls 1996, 171-172). Ce furent des gens habitués à travailler de leurs mains pour subvenir à leurs besoins. Mais pendant les 100 dernières années, « les missionnaires à plein-temps », soutenus par les dons des autres, sont tellement devenus la norme et la référence que c'est cette façon de financer l'œuvre apostolique qui est devenue la définition du mot « missionnaire » (Smith 1999)[13].

Cependant, il faut bien comprendre que le monde marqué par le colonialisme et l'industrialisation est fini. Avec la chute du mur de Berlin en 1989, le dernier empire colonial, l'Union Soviétique, s'effondra. Cela étant, de nouveaux pays apparurent. Les empires qui offraient aux missionnaires un accès aux gens sont partis à tout jamais. Au lieu de cela, le nationalisme définit l'ère nouvelle. Et il n'est pas surprenant que ces nations nouvelles ne veuillent pas qu'une société étrangère leur impose sa culture, son système économique ou sa religion. De plus, très souvent elles ne peuvent pas concevoir le christianisme autrement que comme une religion étrangère qui menace leur culture. Pour ces raisons, il y a un nombre important de pays qui n'offrent pas de visas ou de cartes de séjour à des missionnaires chrétiens.

Aujourd'hui plus de 80% de la population mondiale vit dans des pays qui ne donnent pas de visas à des missionnaires traditionnels. Mais ils accueillent des missionnaires qui exercent des métiers et dont les compétences sont reconnues et recherchées (Siemens 1999). Pourquoi en est-il ainsi ? Parce que ces nations veulent se développer, et elles savent que, pour cela, elles ont désespérément besoin d'aide. Et quel est le plus grand besoin physique de ces nations ? Le développement des entreprises, aucun autre développement durable n'est possible sans cela. Sans un développement économique basé

---

12. Le commencement des missions fondées sur la foi ou « *faith mission* », qui consistent à envoyer des missionnaires sans salaire fixe laissant Dieu par les prières reçues pourvoir à leurs besoins à travers des supporteurs, a eu un grand impact sur les Églises évangéliques jusqu'à ce jour.

13. « Le "faiseur de tentes" est un autre modèle biblique. Hélas, il est très peu soutenu par l'Église ou, plutôt, l'Église ne prend pas la peine d'organiser ses ressources humaines en fonction de cette donne. Bien des pasteurs supporteraient mieux leur charge pastorale en travaillant, par exemple à mi-temps en entreprise. On pourrait alors engager un pasteur supplémentaire [...] » Henri BACHER, « Sur la vie de l'Église : le chantier des finances », 2008. Consulté sur http://www.lafree.ch/details.php/fr/reflexion_vie_d_eglise.html?idelement=663

sur la création d'entreprises et de micro-entreprises, ces pays n'échapperont pas au cycle interminable de dépendance des autres nations.

Deux autres traits caractérisent la nouvelle situation mondiale. Tout d'abord, il y a un consensus grandissant que les économies libres, sont meilleures que les économies contrôlées, et qu'un gouvernement par et pour le peuple est meilleur qu'un gouvernement totalitaire. En second lieu, ces forces se combinent avec les technologies nouvelles de communication et de transport pour nourrir l'échange international des biens et des services.

Et que deviennent les missions dans tout cela ? La porte reste ouverte aujourd'hui pour les missions, mais ce n'est pas la même porte qu'autrefois. Il s'agit d'une porte ouverte pour ceux qui sont prêts à travailler pour subvenir à leurs propres besoins et ceux de la mission (comme l'ont fait depuis toujours la grande majorité des missionnaires chrétiens). La porte ouverte aux missionnaires vocationnels (« à plein temps ») s'est largement fermée, et chaque jour elle se ferme davantage[14]. Mais les nations accueillent, et même recherchent, des gens qualifiés qui peuvent aider à leur développement.

En réalité, comme nous avons déjà observé, le modèle utilisé par les missionnaires occidentaux et largement adopté par les églises dans l'hémisphère sud, vise l'évangélisation et la prolifération des églises, mais accorde au discipolat des laïcs une importance moindre. De la même façon, ce modèle promeut la formation, le déploiement et le soutien financier des pasteurs et missionnaires vocationnels (« à plein temps ») et sous-estime le rôle des « laïcs missionnaires » qui font l'œuvre du ministère chrétien tout en travaillant de leurs mains pour subvenir à leurs propres besoins.

Les fondements bibliques d'une mission laïque[15]

L'on trouve dans l'Écriture beaucoup d'exemples dans lesquels Dieu appelle des hommes à le servir à l'étranger sans renoncer à leur emploi séculier.

---

14. Il y a une vingtaine d'années déjà, Kennon Callahan osait affirmer que le temps des ministres chrétiens professionnels est fini. Kennon CALLAHAN, *Effective Church Leadership*, San Francisco, Harper-Collins, 1990.

15. Le mot « Laïc » ne figure pas dans le Nouveau Testament, bien qu'il ait des appuis bibliques. Les expressions du Nouveau Testament désignent toutes une communauté qui, elle-même, se définit par sa référence à Dieu (au Christ) : Église (*ecclesia*) de Dieu ou du Christ, peuple (*laos*) de Dieu, corps (*sôma*) du Christ, les membres de cette communauté sont nommés : appelés (*klètoi*), saints (*hagioi*), disciples (*mathètai*), mais surtout frères, fraternité (*adelphoi, adelphotès*). Le mot « laïc » (*laïkos*) est très rare chez les chrétiens avant

Abraham, par exemple, est resté un éleveur de bétail toute sa vie[16]. Joseph et Daniel étaient des fonctionnaires dévoués. Néhémie était un gouverneur. La reine Esther, la servante de Naman et beaucoup d'autres, ont été utilisés hors de leur pays par Dieu au cours de leur travail habituel (Nunn 2007, 8).

De même, dans l'Église primitive, la propagation du message chrétien s'est faite primairement à travers une mission laïque, lorsque les « chrétiens anonymes » communiquaient leur foi au hasard des voyages et rencontres occasionnés par la persécution (Daniel-Rops 1965, 100-101). « Ceux qui avaient été dispersés allaient de lieu en lieu et annonçaient la bonne nouvelle de la parole » (Ac 8.4). Ce texte souligne le fait que dès ses débuts le christianisme fut un mouvement missionnaire laïc. Ce furent des laïcs chrétiens qui suivirent la plaine costale jusqu'en Phénicie, traversèrent la mer jusqu'à Chypre, ou allèrent vers le Nord jusqu'à Antioche (Ac 11.19-21). Ces laïcs anonymes évangélisèrent autant que le firent les apôtres. Et ce sont eux qui prirent l'initiative révolutionnaire de communiquer l'Évangile aux Grecs qui n'avaient aucun lien avec le judaïsme, et ne cherchaient pas à développer la mission grecque à partir d'Antioche (Green 2001, 208). Cette action missionnaire des laïcs anonymes se faisait « naturellement » :

> Ils furent éparpillés et éloignés de leur base à Jérusalem. Partout où ils allaient ils partageaient la bonne nouvelle qui leur apportait la joie, la liberté, et une vie nouvelle. Ce n'était sûrement pas à travers la prédication formelle, mais dans les causeries informelles avec les amis et les fréquentations dans les maisons et les échoppes de vin, en se promenant, au travail et au marché. Ils partirent partout, murmurant l'Évangile ; ils le firent naturellement, avec enthousiasme, *et avec la conviction qu'ont ceux qui ne sont pas rémunérés pour dire ce genre de choses. Par conséquent, ils furent pris au sérieux, et le mouvement se développa* (Green 2001, 208-209, c'est moi qui souligne).

L'Écriture nous donne aussi de nombreux exemples d'hommes et femmes pieux utilisés par le Seigneur au cours de leur emploi séculier. Lydie

---

le IIIe siècle. Mais après cette période s'est dégagée l'idée que les laïcs jouent surtout un rôle terrestre et temporel, par opposition aux *ministres* (1 Co 4.1 ; 6.4), *présidents* (Rm 12.8 ; 1 Th 5.12), *pasteurs* (Ep 4.11), *higoumènes* (Hé 13.7, 17, 24), *presbytres* (Tt 1.5), *docteurs* (Ac 13.1 ; 1 Co 12.28), *épiscopes* (Ac 20.28) (Congar 1962).

16. Cf. Genèse 12.5 : « Abram prit Saraï, sa femme [...] avec tous les biens qu'ils possédaient et les serviteurs qu'ils avaient acquis [...] Ils partirent pour aller dans le pays de Canaan » ; Genèse 13.2 : « Abram était très riche en troupeaux, en argent et en or ».

(Ac 16.14) était une marchande de pourpre, Zénas (Tt 3.13) un docteur de la loi, Éraste (Rm 16.23) un administrateur de la ville, et Priscilla et Aquilas faiseurs de tentes. Luc était l'un des collaborateurs estimés de Paul, et également un médecin.

Il y a un nombre croissant de missionnaires occidentaux qui deviennent des « faiseurs de tentes » tout d'abord afin d'accéder aux personnes qui vivent dans des pays qui sont fermés à la présence des missionnaires chrétiens « traditionnels ». Cette situation produit parfois des tensions et pose des questions éthiques. Car dans certains cas les missionnaires voient leur travail « séculier » comme le simple moyen d'accéder aux gens qu'ils veulent atteindre avec l'Évangile, tandis que leur « vrai travail » (caché aux yeux des autorités officielles) est l'évangélisation des âmes et l'implantation d'églises. Autrement dit, le travail séculier est vu comme le moyen d'accomplir quelque chose d'autre. Je suggère que l'adoption d'un paradigme missionnaire centré sur la formation de disciples faiseurs de disciples (à la place du paradigme missionnaire centré sur l'implantation des églises et la professionnalisation du clergé) pourrait diminuer cette tension.

Cette façon d'utiliser des rôles séculiers afin d'obtenir un accès aux gens que nous voulons atteindre pour Christ est compréhensible à la lumière des transformations historiques. Façonnée par le colonialisme, l'industrialisation, et la spécialisation, la mission vocationnelle, soutenue par les dons des chrétiens, est devenue le paradigme dominant pour les missions aujourd'hui. Lorsque les pays commencèrent à fermer leurs frontières à des missionnaires de ce type, dans notre désir et notre engagement à « faire de toutes les nations des disciples », nous avons simplement ajouté des rôles séculiers à ce profil de missionnaire à plein-temps, afin d'obtenir des visas. Souvent ce processus s'est fait sans une réflexion théologique sérieuse sur le modèle de l'apôtre Paul qui était « faiseur de tente[17] ».

Par conséquent, les missionnaires occidentaux sont passés à côté de la puissance et du génie de l'exemple de Paul. L'apôtre Paul ne faisait pas des

---

17. Daniel-Rops précise : « Le métier qu'on lui verra pratiquer au cours de sa vie missionnaire, pour "subvenir de ses mains à ses besoins", était-il celui de son père ? Un *skenopoios*, un *tabernacularius*, cela pouvait être soit un tailleur de tentes, de toute façon un homme de métier assez humble, de cordoir ou de ciseaux. Cela semble trop modeste pour la situation de la famille, et l'on s'est demandé si Saul n'aurait pas adopté ce métier précisément après la rupture avec les siens, au lendemain de sa conversion. Mais il ne faut pas perdre de vue qu'en Israël le travail manuel s'alliait normalement à la vie de l'intelligence, et que les plus célèbres docteurs de la Loi avaient gagné leur pain quotidien en faisant des vêtements ou en tournant des sauces » (Daniel-Rops 1965, II, 60).

tentes dans le but de gagner un accès aux gens non atteints de l'Évangile. En fait, cela ne figurait sûrement pas dans ses pensées, car en tant que citoyen Romain, il pouvait aller où il voulait. Mais l'apôtre trouvait d'autres bénéfices tellement convaincants qu'il choisit délibérément de travailler pour gagner sa vie, plutôt que de recevoir des dons des autres pour financer sa mission.

L'apôtre Paul travaillait-il pour financer sa mission par choix, ou par nécessité ?

Tout d'abord, nous devons voir si, en fait, l'apôtre Paul a délibérément choisi de travailler pour gagner sa vie plutôt que de recevoir des dons des autres pour financer sa mission. Il s'agit là d'une question capitale. Vous êtes peut-être de l'opinion que Paul recevait les dons financiers quand il le pouvait, et qu'il travaillait de ses mains lorsque ces dons venaient à manquer. Mais le témoignage du Nouveau Testament suggère autre chose. Le Nouveau Testament affirme spécifiquement que l'apôtre Paul travaillait en Galatie, à Corinthe, à Thessalonique, et à Éphèse (1 Th 2.9 ; 2 Th 3.7-8 ; Ac 20.31-35 ; 1 Co 4.12 ; 9.6 [fait référence au ministère de Paul avec Barnabas qui eut lieu en Galatie]).

Le texte clé est le chapitre 9 de la première épître aux Corinthiens qui fut écrite de la ville d'Éphèse pendant le troisième voyage missionnaire de l'apôtre. Dans ce texte Paul défend son apostolat devant les Judaïsants qui se sont livrés à une campagne de dénigrement. Ils ont fait de Paul un apôtre de second ordre, puisqu'il travaillait pour financer son ministère et ne vivait pas des dons des autres[18]. L'apôtre, en défendant l'authenticité de sa mission, développe les arguments les plus convaincants de toute la Bible pour affirmer le droit qu'ont les apôtres et autres ministres du Christ de vivre des dons des autres. Puis, il affirme par trois fois qu'il n'avait pas usé de ce droit et qu'il n'en userait pas (versets 12, 15, 18).

---

18. Il est intéressant de noter que même les prêtres juifs, à l'époque de Jésus devaient travailler de leurs mains pour subvenir à leurs besoins : « Au nombre de sept mille deux cents, ils se répartissaient en 24 sections. Tout le service de chacune de ces sections revenait deux fois l'an pour une semaine. De plus, l'ensemble des prêtres se trouvait réunis pour les trois fêtes de pèlerinage. Le reste du temps, ils résidaient chez eux, travaillaient pour subvenir à leurs besoins et à ceux de leurs familles. Certains d'entre eux apprenaient à lire et devenaient scribes ; mais la plupart exerçaient des petits métiers d'artisanat, de commerce ou bien encore travaillaient la terre. Leurs revenus étaient minimes. Durant leurs semaines de service, ils avaient droit à la part réservée aux prêtres sur les sacrifices. Ils percevaient aussi la dîme. Le reste de leurs revenus provenait du travail de leurs mains dès qu'ils rentraient chez eux » (Beaude 1983, 53-55).

Il est important de noter que c'est pendant le séjour de Paul à Éphèse, lors de son troisième voyage missionnaire qu'il faut placer cette lettre. L'affirmation qu'il n'avait pas usé du « droit de ne point travailler » couvre donc la majeure partie des années de son ministère. Cela nous fait croire que sa pratique « normale » fut de travailler de ses mains pour subvenir à ses besoins. De plus, Barnabas est associé à Paul dans ce choix (verset 6). Mais Barnabas n'avait pas collaboré avec Paul depuis leur séparation pendant son premier voyage missionnaire (cf. Ac 15.32-41). Apparemment Barnabas avait continué à travailler pour financer lui-même son ministère après leur désaccord.

Paul développe davantage sa logique lorsqu'il est forcé, une fois de plus, à défendre son apostolat dans 2 Corinthiens. Il raisonne qu'au lieu d'affaiblir son apostolat, le fait qu'il travailla pour couvrir lui-même ses frais et qu'il pouvait ainsi annoncer « gratuitement » l'Évangile, témoignait de l'authenticité de son apostolat par contraste aux faux apôtres dont les mobiles furent pollués. Le prix qu'il payait, en ne recevant pas un salaire des églises montrait la grande valeur qu'il accordait à ceux qu'il gagnait pour Christ. Parce qu'il les aimait comme un père, il voulait les prendre en charge, au lieu d'être à leur charge (2 Co 11.7-11 ; 12.14-16). L'apôtre affirme qu'il a agi, et qu'il continuera à agir de la sorte (11.12).

Le seul texte qui semble contredire l'observation que Paul choisit, comme principe de ministère, de ne jamais dépendre des églises, et que sa pratique habituelle fut de travailler pour n'être à la charge de personne, se trouve au milieu de sa défense en 2 Corinthiens. Il dit : « J'ai dépouillé d'autres Églises, en recevant d'elles un salaire, pour vous servir [...] car les frères venus de Macédoine ont pourvu à ce qui me manquait » (11.8-9). Mais ce texte n'affaiblit pas notre conclusion. Tout d'abord, notre interprétation de ce texte doit tenir compte de l'argumentation plus grande de 1 Corinthiens 9 et 2 Corinthiens 11 pour éviter d'imposer à l'apôtre une contradiction. En second lieu, le texte est une hyperbole délibérée. Paul emploie une exagération afin de faire honte aux Corinthiens. Troisièmement, l'épître aux Philippiens clarifie ce texte en affirmant qu'« aucune Église n'entra en compte avec moi pour ce qu'elle donnait et recevait ; vous fûtes les seuls à le faire » (4.15-16). Cela, ils l'ont fait une fois ou deux pendant le séjour de l'apôtre à Thessalonique, et peut-être une fois quand il fut à Corinthe. Nous pouvons en conclure que l'Église de Philippes fut la seule à envoyer de l'argent pour aider l'apôtre Paul, et cela seulement à deux ou trois reprises.

Finalement, l'apôtre n'aurait pas à défendre le fait qu'il ne recevait pas un soutien des églises si ce n'était pas sa façon habituelle d'agir.

Le Nouveau Testament nous fournit d'autres informations sur la pratique de l'apôtre Paul. Tout d'abord, combien d'heures travailla-t-il ? Dans 2 Thessaloniciens 3.8 nous lisons : « Nous n'avons mangé gratuitement le pain de personne ; mais, dans le travail et dans la peine, nous avons été nuit et jour à l'œuvre, pour n'être à la charge d'aucun de vous ». Ici l'apôtre explique qu'il travailla le matin et l'après-midi, autrement dit, « à plein temps[19] ».

En second lieu, cette pratique fut tellement importante aux yeux de l'apôtre qu'il paya lui-même ses repas au lieu de profiter de l'hospitalité des autres (2 Th 3.8). Troisièmement, les coéquipiers de Paul firent comme l'apôtre. Selon 2 Thessaloniciens 3.7-9, Silvain et Timothée travaillèrent aussi. Huit fois dans ces versets l'apôtre emploie la première personne du pluriel « nous » :

> Vous savez vous-même comment il faut nous imiter, car nous n'avons pas vécu parmi vous dans le désordre. Nous n'avons mangé gratuitement le pain de personne ; mais dans le travail et dans la peine, nous avons été nuit et jour à l'œuvre, pour n'être à charge d'aucun de vous. Ce n'est pas que nous n'en ayons pas le droit, mais nous avons voulu vous donner en nous-mêmes un modèle à imiter (2 Th 3.7-9 ; voir aussi 2 Th 1.1 et 1 Th 2.9).

Une lecture attentive des textes du Nouveau Testament révèle que l'apôtre Paul choisit délibérément de travailler pour soutenir son ministère plutôt que de vivre des dons des autres. De plus, ses explications nous apprennent qu'il agissait de la sorte pour des raisons précises.

---

19. Mais la description d'Actes 18.2-4 montre aussi la difficulté de cette option : Paul, du coup, ne pouvait donner qu'une petite partie de son temps à la prédication de l'Évangile, ne prêchant que le jour du sabbat, puisqu'il était au travail à fabriquer des tentes les six autres jours de la semaine, pour gagner sa vie. L'arrivée du soutien qui lui permet d'annoncer l'Évangile à plein temps est justement l'un des accents que Luc donne au v.5 : « Mais quand Silas et Timothée furent arrivés de la Macédoine, il [Paul] se donna tout entier à la parole ». Ce n'est pas uniquement l'arrivée du reste de son équipe qui était important, mais surtout parce qu'ils apportaient avec eux le soutien de l'Église de Philippes – permettant à Paul d'arrêter de travailler, pour se consacrer entièrement à l'implantation d'une église (voir Ph 4.15-19 ; 2 Co 11.8-9).

La 1ʳᵉ raison : Pour rendre l'Évangile qu'il proclamait crédible

La première raison pour laquelle Paul choisit de travailler pour soutenir son ministère plutôt que de vivre des dons des autres est expliquée dans 1 Corinthiens 9.12 : « [. . .] afin de ne pas créer d'obstacle à l'Évangile de Christ. » À quel obstacle l'apôtre fait-il référence ici ? Il renvoie à l'obstacle de la méfiance par rapport à son message. Si Paul gagnait sa vie en prêchant Christ, les gens se seraient méfiés de son message parce qu'ils auraient douté de ses mobiles. Mais personne ne pouvait dire que Paul prêchait pour gagner sa vie ! Personne ne pouvait dire « Paul, tu fais des convertis, et tu fondes des églises parce que cela augmente son salaire », ni « Paul, tu fais des convertis, et tu fondes des églises parce que c'est ton travail ». Pendant cette scène touchante où Paul prend congé des anciens de l'Église d'Éphèse, Paul termine ses admonitions générales en soulignant son exemple et en le recommandant aux responsables de l'Église :

> Je n'ai désiré ni l'argent, ni l'or, ni les vêtements de personne. Vous savez vous-mêmes que ces mains ont pourvu à mes besoins et à ceux des personnes qui étaient avec moi. Je vous ai montré de toutes manières que c'est en travaillant ainsi qu'il faut soutenir les faibles, et se rappeler les paroles du Seigneur, qui a dit lui-même : Il y a plus de bonheur à donner qu'à recevoir (Ac 20.33-35).

L'obstacle de la méfiance est toujours là aujourd'hui. Les gens savent que l'argent est important, et ils se méfient souvent de nos motivations à annoncer l'Évangile. Lorsque nous étions missionnaires en France, les gens cherchaient à savoir, comment nous arrivions à financer notre mission sans un emploi « normal ». Et ici en Afrique cette question n'est pas moins importante. Depuis notre arrivée au Cameroun, nous avons eu des chrétiens et des non chrétiens qui nous ont expliqué que devenir pasteur est un bon moyen de gagner sa vie. Il y a quelques semaines, par exemple, nous avons eu la visite d'un fils de pasteur qui disait qu'il envisageait de gagner sa vie un jour soit comme fonctionnaire, soit comme ambassadeur, soit comme pasteur. Pour lui, être pasteur n'est pas autant une question d'appel reçu de l'Esprit, qu'un moyen de gagner sa vie. Je pense aussi aux paroles de l'agent immobilier qui nous a aidé dans notre installation à Yaoundé. Cet homme, qui ne manifeste pas les signes d'une relation vivante et personnelle avec Christ, nous a expliqué qu'il pense un jour commencer une église et devenir pasteur pour financer sa retraite. Tout le monde ici sait qu'avec un micro, et assez d'enthousiasme, n'importe qui peut attirer une foule et commencer une église dans son salon, c'est vu comme une façon de gagner sa vie parmi tant d'autres.

La 2ᵉ raison : Afin de s'identifier avec les autres

Dans 1 Corinthiens 9, l'apôtre Paul dit que bien qu'il fut libre à l'égard de tous, il se rendit le serviteur de tous[20] afin de gagner le plus grand nombre. Paul appliquait ce principe à toutes les situations dans lesquelles il se trouvait, contextualisant l'Évangile pour les Juifs et pour ceux qui craignaient Dieu (Ac 13.16-41), pour les philosophes païens Grecs à Athènes (Ac 17.16-34), et pour les dirigeants politiques (Ac 24-26). Mais dans ce texte où Paul énonce ce principe, il l'emploie pour expliquer pourquoi il travaillait de ses mains et n'usait pas de son « droit de prédicateur de l'Évangile ». Il le faisait, expliqua-t-il, pour devenir « tout à tous, afin d'en sauver de toute manière quelques-uns » (1 Co 9.22).

Parce que le travail est tellement central à la vie humaine[21], le fait de travailler pour gagner sa vie est une des façons des plus profondes de s'identifier avec les autres[22]. L'apôtre Paul se mettait au niveau des autres. Il partageait leurs joies et leurs luttes. Il dépendait réellement de ce qu'il gagnait de ses mains. Il connaissait la fatigue à la fin d'une journée de travail ; il devait gérer les difficultés avec des clients et les questions éthiques liées au travail. Personne ne pouvait dire : « Paul, tu ne comprends pas ma fatigue ou les pressions que je dois affronter au travail. »

L'Évangile nous appelle à une conversion de tout notre être, à une transformation de tous les aspects de notre existence. Cela prend du temps.

---

20. Le mot « Métier » vient du latin « *ministerium* » (service). Tout métier est un ministère, un service. En tant que service des hommes et de Dieu, le travail garde sa valeur, même accompli dans des conditions pénibles et inintéressantes. Le service grandit l'homme. Nous sommes tous à temps plein pour le Seigneur. Dans son épître aux Colossiens, Paul écrit : « Et quoi que vous fassiez, en parole ou en œuvre, faites tout au nom du Seigneur Jésus, en rendant par lui des actions de grâces à Dieu le Père. » (Col 3.17)

21. Il offre entre autres, la possibilité de se réaliser par la mise en œuvre des facultés de la personne, la chance d'une intégration sociale au-delà du cercle des parents et des amis et celle d'avoir une activité utile à la société.

22. Nous devons noter ici l'exemple dans les années 1970 des expériences de « pasteurs-ouvriers » dans le protestantisme français, motivés autant par la volonté de partager la vie ouvrière que par le souci d'économiser les faibles ressources financières de la mission. Nous pouvons citer aussi la Mission de France avec ses « prêtres ouvriers » dans le monde catholique.

Peu nombreux sont ceux qui se convertissent après avoir entendu l'Évangile pour la première fois (Singlehurst 1995, 36). La majorité d'entre eux doivent faire tout un cheminement leur permettant de voir la crédibilité de l'Évangile, reconnaître la Seigneurie de Jésus-Christ et son autorité sur leur vie, avouer leur culpabilité devant Dieu et recevoir son offre gracieuse du pardon (Hunter 1992, 76-77 ; Flinn 1999, 54 ; Engel et Norton 1982, 44-45). Finalement, les gens doivent se soumettre au règne du Christ et apprendre à se laisser transformer par son Esprit. C'est le chemin du Discipolat qui est au cœur du mandat missionnaire.

C'est pour cela que l'identification avec les gens est tellement importante. La communication de l'Évangile commence par son authentification à travers notre vie (Park 2005, 156-157 ; Posterski 1989, 32 ; Aldrich 1981). Les non-chrétiens doivent rencontrer la réalité de l'Évangile à travers la vie des chrétiens qui démontrent sa validité par leur intégrité, leur service, leur charité, leur joie, et leur attachement à Christ (Stone 2007, 259 ; Pippert 1979). Sur leur lieu du travail, les chrétiens sont constamment observés par les autres. Le missionnaire qui travaille pour gagner sa vie a l'occasion d'incarner l'Évangile jour après jour (Hunsberger 2008, 71). Malgré notre fascination avec l'évangélisation de masses, et nos tentatives d'évangéliser à travers les activités formelles de l'Église comme l'école du dimanche, le porte-à-porte, la distribution de la littérature chrétienne, les petits groupes d'étude biblique, les émissions de la radio et de la télévision, et le culte dominical, le fait est que l'Évangile progresse en suivant les réseaux relationnels à travers les amitiés, les rapports avec les collègues et les relations familiales (Webber 2001, 75 ; 2003, 58). Ce n'est que très exceptionnellement qu'une personne se convertisse en assistant à une réunion d'évangélisation, ou en ayant reçu une Bible ou un traité chrétien, ou en suivant une émission à la télévision, en dehors d'une relation significative avec un chrétien. Quasiment tous ceux qui se convertissent lors d'une campagne d'évangélisation s'y trouvent grâce à un ami chrétien.

Le missionnaire qui, comme l'apôtre Paul, travaille dans un emploi séculier pour gagner sa vie entre dans des relations « naturelles » et prolongées avec les gens. Ce sont ces relations-là qui sont le contexte dans lequel le message de Christ peut être rendu crédible aux yeux des non chrétiens. Même dans un environnement de non-croyance, ou d'hostilité à l'Église, les gens peuvent cheminer vers le Christ si nous développons des relations réelles et profondes avec eux. De plus, les disciples du Christ, missionnaires laïcs, peuvent pénétrer tous les secteurs de la société humaine.

La 3ᵉ raison : Pour établir un modèle du discipolat et du témoignage chrétien

La troisième raison pour laquelle Paul choisit de travailler pour soutenir son ministère plutôt que de vivre des dons des autres était pour établir un modèle du discipolat et du témoignage chrétien.

   a. Pour établir un modèle du discipolat qui touche à l'ensemble de la vie.

   Même si le mot « disciple » ne se trouve pas dans les écrits de l'apôtre Paul, il est indéniable qu'il modelait le discipolat pour tous les domaines de la vie de ses convertis. En fait, il explique qu'il cherchait délibérément à être un modèle pour les autres, et il les exhorte à suivre son exemple : « Soyez tous mes imitateurs, frères, et portez les regards sur ceux qui marchent selon le modèle que vous avez en nous » (Ph 3.17). « Soyez mes imitateurs, comme je le suis moi-même de Christ » (1 Co 11.1). Notez bien ce que l'apôtre souhaitait que les autres imitent dans son comportement : une conduite digne de l'Évangile de Christ (cf. Ph 1.27-30) ; le renoncement à tout ce qui empêche une vraie connaissance de Christ (3.7-10) ; le choix en toute chose de ne pas chercher son propre avantage, mais celui du plus grand nombre, afin qu'ils soient sauvés (cf. 1 Co 10.31–11.1).

   b. Pour établir un modèle du discipolat dans le travail.

   Paul écrit aux Thessaloniciens que « dans le travail et dans la peine », lui et ses compagnons avaient été « nuit et jour à l'œuvre, pour n'être à la charge d'aucun de vous. Ce n'est pas que nous n'en ayons le droit », explique-t-il, « mais nous avons voulu vous donner en nous-mêmes un modèle à imiter » (2 Th 3.8-9). L'apôtre Paul modelait l'exemple d'une bonne éthique de travail dans une société indolente. L'empire romain souffrait d'une mauvaise éthique de travail. Paul déclare que bon nombre de ses convertis furent auparavant des débauchés, des voleurs, des cupides, des paresseux, etc. (1 Co 6.9-10). Cet élément du discipolat fut tellement important aux yeux de l'apôtre qu'il le mentionne sept fois (Ac 20.35, Ep 4.28, 6.5-9, 1 Th 2.9-12, 4.11, 2 Th 3.7-10, Col 3.23, Tt 3.1). Travailler pour s'enrichir n'est pas une bonne éthique de travail. Travailler avec diligence et application pour servir son patron (comme si l'on servait

Christ), pour servir son client et ses collègues au travail ainsi que sa famille et ceux qui sont dans le besoin, voici les éléments d'une éthique de travail moralement irrépréhensible. Ainsi, une éthique biblique de travail inclut la diligence, l'excellence, l'honnêteté, et le service.

c. Pour établir un modèle d'apostolat des laïcs.

Mais regardons de plus près l'appel que fait l'apôtre aux laïcs pour que ceux-ci l'imitent, et se joignent à lui dans le ministère. C'est un thème qui traverse toute l'épître aux Philippiens :

> Je rends grâces à mon Dieu [. . .] au sujet de la part que vous prenez à l'Évangile [. . .] Et ce que je demande dans mes prières, c'est que votre amour augmente [. . .] afin que vous soyez purs et irréprochables pour le jour de Christ, remplis du fruit de justice [. . .] à la gloire et à la louange de Dieu. [. . .] Seulement, conduisez-vous d'une manière digne de l'Évangile de Christ, afin que [. . .] j'entende dire de vous que vous demeurez fermes dans un même esprit, combattant d'une même âme pour la foi de l'Évangile. [. . .] Faites toutes choses sans murmures ni hésitations, afin que vous soyez [. . .] des enfants de Dieu irrépréhensibles au milieu d'une génération perverse et corrompue, parmi laquelle vous brillez comme des flambeaux dans le monde. [. . .] Mais ces choses qui étaient pour moi des gains, je les ai regardées comme une perte, à cause de Christ [. . .] Je cours vers le but, pour remporter le prix de la vocation céleste de Dieu en Jésus Christ. Nous tous donc qui sommes parfaits, ayons cette même pensée [. . .] Soyez tous mes imitateurs, frères [. . .] (Ph 1.3-11, 27-30 ; 2.14-16 ; 3.7-21).

Paul appela sciemment ses convertis à imiter son exemple dans l'incarnation de l'Évangile. C'est cela l'apostolat des laïcs.

Mais les fidèles laïcs, qu'observaient-ils de la vie de Paul ? Est-ce qu'ils ne voyaient que sa prédication à la foule ou ses miracles ? Ou bien, est-ce qu'ils voyaient la façon dont il témoignait pour Christ quotidiennement sur son lieu de travail ? Les deux réponses sont certainement vraies. Il serait impossible d'imaginer l'apôtre qui cherchait toutes les occasions pour annoncer Christ tout en restant silencieux au travail. Nous avons quelques éléments de réponse à notre question dans les Actes au chapitre 18. Ce texte nous dit que Paul trouva Aquilas et sa femme Priscille à Corinthe, qu'il se lia avec eux, et qu'il demeura chez eux parce que, comme lui, ils fabriquaient des tentes. Luc décrit Aquilas comme un Juif qui avait été chassé de Rome par Claude, l'empereur romain. Le livre des Actes emploie le mot « Juif » pour parler des Juifs qui ne croyaient pas en Jésus le Messie. Apparemment Paul conduisit Aquilas et Priscille au Christ dans leur atelier.

Dans le chapitre 19 nous trouvons d'autres informations intéressantes au sujet de la pratique de l'apôtre. Luc nous informe que Paul enseigna chaque jour, pendant une période de deux ans, dans l'école d'un nommé Tyrannus (Ac 19.9). Puis, il explique comment les gens emportaient « des linges ou mouchoirs qui avaient touché son corps » pour les appliquer sur les malades ou les démonisés, afin que ceux-ci soient guéris (v.12). Voici la seule fois que les Actes mentionnent une telle pratique. Mais que furent ces « linges » et « mouchoirs » ? Il s'agit sans doute du tablier en cuir qu'il portait dans l'atelier où il fabriquait les tentes, les chiffons avec lesquels il se décrassait les mains, et le mouchoir qu'il utilisait pour s'essuyer le front. Il semble que Paul utilisait l'école de Tyrannus pendant la pause de la mi-journée lorsque celle-ci était libre. Il y allait dans ses vêtements de travail, et il profitait de l'occasion pour enseigner, puis il retournait au travail. Selon Actes 20.31, Paul encourageait les anciens de l'Église d'Éphèse en affirmant qu'il n'avait cessé nuit et jour de les exhorter avec larmes. Il est évident que cette activité incessante de l'apôtre incluait les heures de travail. Apparemment les gens intéressés venaient jusqu'à sur son lieu de travail pour s'entretenir avec lui.

En travaillant de ses mains, Paul établit la norme pour la mission apostolique des laïcs. Il pouvait parler avec autorité au sujet du témoignage chrétien sur le lieu du travail parce qu'il le pratiquait lui-même. Personne ne pouvait lui répondre : « Paul, tu ne comprends pas les tensions, les injustices, les mauvais traitements, le manque de respect, la fatigue, l'ennuie, l'ingratitude et le ridicule que je dois supporter. » L'apôtre vivait dans le monde séculier avec les autres. Il rendit normatifs le témoignage et la reproduction spirituelle qu'est le discipolat par son propre exemple.

Pendant les premières années de son ministère, les communautés de disciples fondées par Paul n'eurent pas de pasteur qui dépendait de leurs contributions financières pour subvenir à ses besoins personnels. Elles n'avaient pas de clergé professionnel. Les croyants s'attendaient à ce que tout disciple du Christ se reproduise spirituellement en partageant sa vie, et sa foi, avec les autres (Neill 1990, 22). C'est uniquement plus tard, après que les communautés de disciples eurent grandies, que le modèle des laïcs laïques eut été établi comme la norme, et que les leaders eurent émergés de l'ensemble des disciples, que l'apôtre a donné des instructions dans ses lettres pastorales au sujet du soutien financier pour ceux qui enseignent et qui prêchent[23]. L'approche missionnaire de Paul produisit des communautés de disciples qui furent immédiatement autonomes et fécondes. C'est une des raisons pour laquelle le progrès de l'Évangile fut si fulgurant[24].

En travaillant de ses mains pour soutenir sa mission l'apôtre Paul établit un modèle missionnaire basé sur l'incarnation et la reproduction spirituelle. Il écrit à son disciple Timothée : « Et ce que tu as entendu de moi en présence de beaucoup de témoins, confie-le à des hommes fidèles, qui soient capables de l'enseigner aussi à d'autres » (2 Tm 2.2). Les disciples de Paul pouvaient voir de leurs propres yeux comment appliquer ce qu'ils entendaient

---

23. Notez cependant, qu'une lecture attentive des Saintes Écritures révèle que dans l'Église du Ier siècle, l'argent était en grande partie utilisé pour aider les pauvres et les démunis. Paul exhorte même les pasteurs à aider les démunis. En fait, c'est à eux que Paul dit « En tout, je vous ai montré qu'il faut travailler ainsi pour soutenir les faibles et se rappeler les paroles du Seigneur Jésus, puisqu'il a lui-même dit: "Il y a plus de bonheur à donner qu'à recevoir" » (Ac 20.17, 28, 34-35). Cf. Earle E. CAIRNS, *Christianity Through The Centuries*, Grand Rapids, Zondervan Publishing House, 1996, p. 84.

24. L'évangéliste anglican David Watson a fait remarquer que « Pendant les deux premiers siècles, l'Église s'est assemblée en petits groupes dans les maisons de ses membres [...] Ces deux siècles représentent l'avancée la plus puissante et la plus marquée de l'Église qui n'a peut-être jamais été égalée par la suite. L'absence de bâtiments d'église n'était pas un obstacle à l'expansion rapide de l'Église ; en comparaison avec la situation en 2000 apr. J.-C., cela semble plutôt avoir eu un effet positif. », David WATSON, *I Believe in the Church*, Londres, Hodder & Stoughton, 1978, p. 121.

de sa bouche. Et ce qu'il modela allait à l'encontre de l'exemple de beaucoup d'autres :

> L'Église profitait de l'exemple de Paul qui ne cherchait aucun soutien financier pour lui-même, mais qui travaillait de ses mains comme tous les autres. Voici une pratique qui distinguait Paul des prédicateurs professionnels qui furent tellement nuisibles en son temps. Des discoureurs et orateurs captivants, qui attendaient des dons financiers de leurs auditeurs, vagabondaient de ville en ville. Il y eut aussi une grande classe de marchands de mystères qui se déplaçait continuellement, exhibant leurs prouesses et collectant de l'argent parmi les foules qui assistaient à leurs spectacles. Paul refusait d'être classé parmi ces gens. Recevoir de l'argent aurait affaibli son œuvre [. . .] En modelant cette façon de se comporter à Thessalonique, Paul dit qu'il adopta le rôle d'une « nourrice ». Demander que ces croyants le soutiennent financièrement aurait été contraire à cet esprit nourricier (Gilliland 1983, 249)[25].

La 4e raison : Afin de multiplier rapidement des communautés chrétiennes

La quatrième raison pour laquelle Paul choisit de travailler pour soutenir son ministère plutôt que de vivre des dons des autres est que cela lui permit de multiplier rapidement des communautés chrétiennes autonomes. En faisant des disciples qui savaient (par son exemple) comment reproduire leur vie spirituellement dans les vies des autres tout en travaillant de leurs mains pour subvenir à leurs propres besoins, Paul n'avait pas besoin de rester longtemps dans la même location. Il quittait souvent les disciples après seulement quelques mois, et ne leur approuva des leaders que lors d'un voyage ultérieur (cf. Ac 14.21-23). C'est à Éphèse, une des plus grandes villes de l'Orient, dont le port était le plus florissant d'Asie Mineure, que l'apôtre reste le plus longtemps (deux ans). De là lui et ses compagnons fortifiaient la foi des disciples dans les villes voisines. Dans l'espace d'une douzaine d'années Paul a fondé dix communautés de disciples que nous connaissons. D'autres comme celles de Laodicée, Colosse, et Hiérapolis, furent lancées par son équipe ou

---

25. Voir aussi Roland ALLEN, *Missionary Methods: St. Paul's or Ours?*, Grand Rapids, Wm. B. Eerdmans, 1993, p.49-50.

par des membres d'autres communautés. Bref, l'apôtre s'attendait à ce que les disciples s'occupent du ministère et que des responsables émergent pour équiper, guider, et encourager les disciples dans cette tâche[26].

La 5e raison : Afin de multiplier le nombre de coéquipiers

La cinquième raison pour laquelle Paul choisit de travailler pour subvenir à ses besoins plutôt que de vivre des dons des autres est que cela lui permettait d'ajouter rapidement des membres à son équipe missionnaire. Pendant la douzaine d'années des voyages missionnaires de l'apôtre, il a recruté 24 personnes dont nous connaissons l'identité dans son équipe missionnaire (plus ceux qui ne sont pas nommés dans le Nouveau Testament). Paul ajoutait deux à trois personnes nouvelles chaque année à partir des communautés locales des disciples. Seul Silas venait de Jérusalem. Les autres furent des « Turcs », des « Kazakhes », et des « Espagnols » de son époque.

Mais comment pouvait-il ajouter les membres à son équipe à un tel rythme ? Parce que son équipe suivait son exemple et chacun travaillait pour subvenir à ses propres besoins physiques tout en se donnant totalement au ministère. L'apôtre confirme cette observation dans 2 Thessaloniciens 3.7-10 en employant le mot « nous » huit fois pour expliquer que lui-même, Silvanus et Timothée travaillaient afin de pouvoir donner aux Thessaloniciens un exemple à suivre. Autrement dit, Paul conduisait une équipe mobile et entièrement auto-finançante. Ils pouvaient rapidement reproduire leur vie de disciple de Christ dans une poignée de personnes, puis partir vers un autre lieu, tout en ajoutant à leur équipe des disciples prometteurs, parce qu'ils œuvraient sous un paradigme de missionnaire laïc. Ils ne devaient pas attendre que l'un de leurs membres termine ses études théologiques au séminaire, ou qu'il suscite assez de promesses de parrainage pour financer sa mission.

---

26. Il est évident dans le Nouveau Testament que l'Église du Ier siècle se rassemblait généralement dans les maisons (Ac 2.46 ; Rm 16.3, 5 ; 1 Co 16.19 ; Col 4.15 ; Phm 12). Il y a eu une expansion massive de l'Église universelle lorsqu'ils s'assemblaient régulièrement et localement en petites communautés. Chaque membre semblait actif dans le corps de Christ lorsqu'ils se réunissaient dans leurs maisons privées.

Conclusions

Parce que les gens apprennent à travers les exemples qui leur servent de modèles, la façon dont les missions occidentales ont envoyé des ouvriers religieux vocationnels (« à plein temps ») s'est reproduite partout dans le monde. Ce modèle est repris partout malgré le fait qu'il marginalise le rôle des chrétiens laïcs, et s'est avéré peu efficace dans la formation et la multiplication des disciples. De plus, il s'est développé toute une ecclésiologie pour justifier cette façon de faire. Selon cette ecclésiologie, parce que les ouvriers religieux vocationnels servent Christ « à plein temps », ils ont reçu un « appel spécial », une « vocation », et sont donc plus importants dans le royaume de Dieu que les simples laïcs. Il s'en suit que parce que les laïcs n'ont pas reçu cet appel, ils ne servent Christ qu'à « temps partiel », et l'on a du mal à imaginer comment ils peuvent apporter quelque chose d'important à la vie de la communauté. Au lieu de cela, les laïcs sont parfois vus comme des chrétiens de deuxième classe[27]. On pourrait comprendre par cette situation que les laïcs n'ont ni le même potentiel spirituel que les pasteurs ou les prêtres, et par extension, ni le même accès à la vie de l'Esprit de Dieu.

Nous avons commencé notre réflexion en observant que le modèle missionnaire que nous avons adopté en Occident depuis plus d'un siècle, et qui est suivi par les églises de l'hémisphère Sud est largement défectueux. Ce modèle, qui vise à l'implantation d'églises centrées sur le culte dominical avec sa prédication, ses rites et son clergé vocationnel, ne produit que trop rarement des disciples du Christ laïcs qui reproduisent activement leur vie spirituelle dans la vie des autres. Nous avons également montré que le financement des missionnaires « à plein temps » est, en réalité, une anomalie historique. Selon le modèle biblique, qui est aussi celui qui est le plus pratiqué depuis des siècles, le disciple de Christ travaille de ses mains pour subvenir à ses besoins. C'était le cas de l'apôtre Paul, et les membres de son équipe missionnaire. L'accomplissement de l'impératif missionnaire de « faire de toutes les nations des disciples » est, pensons-nous, inextricablement lié à notre façon de financer la mission. Nous suggérons que nous devons revenir à des compréhensions plus bibliques du but de notre mission (avec sa valorisation des laïcs disciples de Christ, qui reproduisent leur vie spirituelle

---

27. Dans certaines traditions chrétiennes, les laïcs ne servent qu'à influencer la société temporelle, de façon à l'ordonner selon Dieu et à l'orienter vers son règne autant qu'il est possible avant l'emprise eschatologique, et ceci par contraste à ceux qui, répondant à un appel de Dieu, laissent de côté le monde et les affaires du siècle, pour se vouer entièrement au service de Dieu et des affaires de son règne.

dans la vie des autres), et du financement de la mission (basé sur une revalorisation des missionnaires laïcs qui servent Christ à plein temps, en travaillant de leurs mains pour subvenir à leurs besoins physiques).

Questions de réflexion

1. Comment décrivez-vous le chrétien « moyen » dans votre communauté de foi ? Quels termes utiliseriez-vous pour qualifier sa vie avec Christ et son engagement dans la mission de l'Église ?

2. L'auteur de ce chapitre prétend que la professionnalisation du ministère dans la personne du pasteur, de l'évangéliste, et du missionnaire, démobilise les fidèles laïcs, et centre la vie de la communauté de foi dans les activités du dimanche matin. Qu'en pensez-vous ?

3. L'auteur insiste sur l'idée que la question de l'argent, et du financement du ministère chrétien, jouent un rôle trop important dans le rôle des acteurs dans la mission de l'Église. Quels exemples pourriez-vous donner pour confirmer ou réfuter cet argument ?

3

Est-ce que Jésus veut vraiment que nous fassions des disciples ?

Les Grecs anciens semblaient faire une distinction entre trois types de temps : le temps *chronos*, le temps *kairos*, et le temps *aiôn*. Le temps *chronos*, c'est le temps physique. Il permet, grâce aux unités de mesure telles que la seconde, la minute, l'heure, etc. de segmenter le temps en passé, présent et futur. Le temps *kairos* est un moment extraordinaire, un point de basculement décisif, avec une notion d'avant et d'après, au cours duquel un événement particulier s'est produit.

Le temps *aiôn* désigne une période indéfiniment longue, sans bornes, pouvant signifier la destinée, l'âge, ou l'éternité. Ces trois mots sont utilisés dans le Nouveau Testament ; et même si les biblistes discutent encore la différence majeure de connotation entre ces termes, ils sont d'accord pour affirmer que le texte biblique distingue certains « moments » particuliers où Dieu intervient de façon décisive. Nous lisons par exemple qu'au début de sa prédication Jésus proclamait : « Le moment [*kairos*] est arrivé et le royaume de Dieu est proche. Changez d'attitude et croyez à la bonne nouvelle » (Mc 1.15). Et l'apôtre Paul maintient que la vie et l'œuvre de Jésus marquent le *kairos*, le moment de basculement décisif dans l'exécution du projet divin pour l'humanité (Ep 1.10).

Pendant la période de la vie terrestre du Christ, l'attention est dirigée plus particulièrement sur le *kairos* de sa mort et de sa résurrection (cf. Mt 26.18 et Jn 7.6). D'où le choix des quatre évangélistes de consacrer un tiers de leur récit à décrire cette « heure » dans la vie de Jésus. Ce « moment » a été déterminant pour notre justification (Rm 4.25), notre libération de la puissance du péché (Rm 6.4-10), et notre libération de la puissance de la mort (Rm 8.10-11).

D'ailleurs, dans 1 Corinthiens 15, Paul explique six conséquences désastreuses si l'on élimine le *kairos* de la résurrection : si Jésus de Nazareth n'est pas ressuscité d'entre les morts 1) la prédication du Christ n'a pas de sens (v.14) ; 2) la foi dans le Christ est inutile (v.14) ; 3) tous les témoins et les prédicateurs de la résurrection sont menteurs (v.15) ; 4) ceux qui mettent leur confiance en Christ ne sont pas rachetés du péché (v.17) ; 5) tous les croyants sous l'ancienne alliance ont péri (v.18) ; et 6) ceux qui suivent Christ sont les plus à plaindre sur la terre (v.19). Michaël Green note à juste titre que,

> La résurrection est le pivot, l'axe du christianisme. Sans la foi dans la résurrection, il n'y aurait pas de christianisme du tout. L'Église chrétienne n'aurait jamais vu le jour ; le mouvement de Jésus aurait vite disparu, le jour même de son exécution. Selon qu'il y ait eu résurrection ou non, le christianisme subsiste ou s'écroule (Green 2001, 5).

Un deuxième moment *kairos* s'est produit lors de la fête de la Pentecôte, lorsque Dieu le Père fit le don de l'Esprit Saint aux disciples. Avant de subir sa passion, Jésus avait assuré ses disciples qu'il valait mieux pour eux qu'il s'en aille. « En effet, disait-il, si je ne m'en vais pas, le défenseur ne viendra pas vers vous ; mais, si je m'en vais, je vous l'enverrai » (Jn 16.7). Le départ de Jésus et l'envoi du Saint-Esprit marque une transformation majeure dans la relation entre les disciples et leur maître. Avant ce moment *kairos*, Jésus était physiquement présent ; les disciples pouvaient donc compter sur lui lorsqu'ils rencontraient des difficultés (voir Mc 4.35-41 et Lc 9.37-45). Maintenant, en son absence, ils allaient devoir apprendre à vivre avec lui leurs relations, comptant uniquement sur sa présence spirituelle et sa promesse : « Je ne vous laisserai pas orphelins, je viendrai à vous » (Jn 14.18). À partir de l'événement de la Pentecôte, les disciples qui avaient accompagné Jésus sur les routes de Galilée ont dû apprendre une nouvelle façon d'être en relation avec leur maître. Et tous ceux qui, depuis deux mille ans, se sont mis à la suite de Jésus de Nazareth, doivent apprendre à vivre ce même type de relation avec le Christ. Tous les disciples de Jésus, depuis le moment de son Ascension et celui du don de son Esprit, apprennent à connaître Christ et à se laisser refaire recréer à l'image de leur Seigneur à travers la présence spirituelle du consolateur. C'est le rôle premier de l'Esprit Saint de faire connaître Jésus (Jn 14.26, 15.26, 16.13-14). C'est pourquoi nous pouvons affirmer que l'Esprit Saint n'est donné que parce que Jésus est Seigneur (Congar 1984).

Ceci nous amène à un troisième temps *kairos*, un autre moment choisi par Dieu, d'une importance capitale dans le Nouveau Testament. Il s'agit d'un événement ayant eu lieu entre la résurrection de Jésus-Christ et l'envoi du consolateur le jour de la Pentecôte. Le texte biblique nous raconte cet incident en ces termes :

> Les onze disciples allèrent en Galilée, sur la montagne que Jésus leur avait désignée. Quand ils le virent, ils se prosternèrent [devant lui], mais quelques-uns eurent des doutes. Jésus s'approcha et leur dit : « Tout pouvoir m'a été donné dans le ciel et sur la terre. Allez [donc], faites de toutes les nations des disciples, baptisez-les au nom du Père, du Fils et du Saint-Esprit et enseignez-leur à mettre en pratique tout ce que je vous ai prescrit. Et moi, je suis avec vous tous les jours, jusqu'à la fin du monde ». (Mt 28.16-20)

Nous avons là le texte qui sera au cœur de notre réflexion dans ce chapitre où je proposerai une réponse à la question : « Jésus veut-il vraiment que nous fassions des disciples ? » Dans le chapitre précédent, j'ai tenté de démontrer que la façon actuelle de comprendre le rôle du pasteur dans la communauté de foi, et la correspondante professionnalisation du témoignage chrétien par des gens qui sont « à temps plein » dans le ministère, a largement remplacé la notion de laïcs disciples de Jésus par celle de laïcs qui financent le ministère de leur pasteur. Cette substitution place l'assemblée dominicale – son maintien, son développement, et sa propagation – au centre des préoccupations et relègue le discipolat des laïcs à la périphérie. Nous constatons que nos assemblées dominicales sont très inefficaces pour former des disciples de Jésus, et malgré cela nous n'osons même pas mettre en question la légitimité biblique de la suprématie que nous leur accordons. Nous perpétuons donc un modèle basé sur cette conviction : l'évangélisation donne naissance à une assemblée qui a pour tâche d'évangéliser et qui engendre à son tour une nouvelle assemblée ; nous prétendons que c'est là la tâche que Jésus nous a assignée, et dans laquelle son Esprit nous assiste et nous soutient dans notre monde actuel.

J'organiserai cette réflexion autour de quatre éléments essentiels qui ressortent d'une étude de ce texte de l'Évangile selon Matthieu : (1) Notre mission, telle que Jésus l'a décrite, est la chose la plus importante que nous ayons à faire ; (2) Sa nature apostolique est un élément qui contribue à l'importance de cette tâche ; (3) Jésus a donné une directive très spécifique ; et, (4) Cette mission est ingénieuse et stratégique[1].

1) Cette mission est la chose la plus importante que nous ayons à faire

D'après le récit de Matthieu, lorsque Jésus ressuscité vint à la rencontre des onze disciples en Galilée, ses premières paroles furent : « Tout pouvoir m'a été donné dans le ciel et sur la terre. » Certains biblistes suggèrent que ces mots ont été adressés à ceux parmi ces disciples qui, même s'ils étaient convaincus de la réalité de sa résurrection, se demandaient s'ils devaient se prosterner devant Jésus (v.17). Cependant, la plupart de ceux qui ont étudié ce texte voient dans ces paroles une affirmation singulière qui donne à la suite une importance capitale. Lorsque Christ ressuscité fait appel à son pouvoir/autorité absolu(e), cela conditionne ce qu'il va dire, son application, et les moyens de sa réalisation. Considérons ces éléments dans l'ordre.

Pour bien comprendre l'importance de ces paroles de Jésus, il faut garder à l'esprit que l'autorité est définie comme le pouvoir de commander des individus et des événements. Le mot « pouvoir » signifie la capacité à réaliser ce que l'on désire. Tout au long de son ministère, Jésus de Nazareth a montré son autorité et son pouvoir. Il l'a manifesté lorsqu'il s'est montré plus fort que la nature et les démons (Mc 4.35-41). Son autorité et son pouvoir incomparables étaient évidents lorsqu'il a ressuscité une fillette (Mc 5.21-43), un jeune homme habitant du village appelé Naïn (Lc 7.11-17), et son ami Lazare (Jn 11.38-44). Jésus démontre également une réelle autorité dans son enseignement qui le place au-dessus des scribes (Mc 1.22). Il affirme par ailleurs que son enseignement ne passera jamais (Mc 13.31). Son autorité est telle qu'il peut exorciser un démon par une seule parole (Mc 1.21-28), guérir en touchant simplement le malade (Mc 5.27-32), et même pardonner les péchés (Mc 2.10). Mais c'est uniquement après sa résurrection, quand « Dieu l'a élevé à la plus haute place et lui a donné le nom qui est au-dessus de tout nom » (Ph 2.9), que Jésus va donner cette instruction à ses amis.

Notons enfin que Jésus affirme ici avoir reçu « *tout* pouvoir ». Nous venons de voir que pendant les années de son ministère public, il a montré (de manière éclatante) son autorité et son pouvoir exceptionnels. À l'instar

---

1. Dans ce qui suit l'auteur s'inspire du « Keystone Project Training DVD's and Manual », par Richard GREENE, publié par World Partners, Fort Wayne, Indiana, 2007.

des autres Évangélistes, Matthieu souligne avec insistance l'autorité de Jésus, le Messie (voyez Mt 7.29 ; 10.1, 7-8 ; 11.27 ; 22.43-44 ; 24.35). Mais qu'est-ce qui change réellement maintenant que Jésus est ressuscité d'entre les morts ? Ce qui change, c'est le fait que désormais les sphères dans lesquelles il exerce son autorité sont élargies. Elles incluent le ciel *et* la terre, c'est-à-dire l'univers tout entier (Carson 1984, 594). Avant l'événement de sa mort sur la croix et de sa résurrection, Jésus avait reçu du Père céleste pouvoir et autorité sur la terre. Mais désormais, Dieu le Père lui a *tout* soumis (cf. 1 Co 15.25-28). Dorénavant, Jésus est celui à travers qui *toute* l'autorité de Dieu est manifestée.

En reliant ce qu'il va dire à son pouvoir et à son autorité absolus, Jésus insiste sur le fait qu'aucune autre autorité ne peut l'annuler. Que ce soit sur la terre ou au ciel, personne n'a le pouvoir de l'altérer, ou de le modifier. C'est peut-être pour cette raison que l'ordre qu'il donne par la suite a été reçu dans l'histoire comme étant la définition scripturaire la plus complète et la plus définitive concernant la mission que Jésus a confiée à ceux qui le suivent. Autrement dit, il s'agit là du travail le plus important que peuvent faire ceux qui le suivent. Il s'agit de la priorité missionnaire numéro 1 du peuple de Dieu. Il s'agit de l'ordre suprême sous lequel ceux qui suivent Jésus existent et opèrent. Il s'agit encore de la tâche qui incombe à chacun de ceux qui s'identifient avec Christ.

En deuxième lieu, lorsqu'il affirme son pouvoir et son autorité absolus, Jésus insiste sur le fait qu'en son nom chacun doit plier le genou dans le ciel et sur la terre et sous la terre (cf. Ph 2.10). Jésus sait qu'il va envoyer ses disciples vers tous les peuples, toutes les ethnies de la terre sans distinction, et sans exception. Ses paroles sont rassurantes : « Tout pouvoir m'a été donné . . . ». Il a déjà obtenu le pouvoir sur tous ces peuples, sur leurs dieux (1 Co 8.5-6), et sur leur domination et autorité (Col 2.10, 15). Lorsque des hommes et des femmes deviennent disciples de Jésus, ils apprennent jour après jour à soumettre leur vie à sa Seigneurie. Pour le disciple, il en résulte un cheminement nouveau quasiment sans fin. Il découvre constamment des éléments dans sa façon de penser, de parler, et de se comporter qui doivent être transformés à l'image de son Maître, et cela quelle que soit leur origine ethnique. Parce que Jésus-Christ est déjà le Seigneur de tout homme, ses disciples peuvent partir à la rencontre des autres avec pleine confiance !

Finalement, en reliant cette injonction à son pouvoir et à son autorité inégalés, Jésus affirme que ses disciples doivent agir selon ce qu'il va dire. Il a reçu tout pouvoir et toute autorité sur leur vie. Cette réalisation explique peut-être comment le terme *kurios*, (« Seigneur ») est devenu la confession centrale des disciples en ce qui concerne Jésus (cf. Rm 10.9 ; 1 Co 12.3 ; Ph 2.11). Ce mot désigne celui à qui une personne ou une chose appartient, sur qui ou sur quoi il a un pouvoir de décision. Jésus a reçu tout pouvoir, il est donc le Maître, le Seigneur. Cela transparaît surtout chez Matthieu. Chez lui, ce titre apparaît uniquement dans la bouche des disciples et de ceux qui souffrent et demandent à Jésus de les secourir ; notez que les adversaires de Jésus, eux, l'appellent « Maître » ou « Rabbi ». Matthieu fait systématiquement la différence (Bosch 1995, 102). Là où Marc et Luc mettent dans la bouche des disciples le mot « Maître » ou « Rabbi », il met « Seigneur ». Résultat : les adversaires de Jésus ne l'appellent jamais « Seigneur » et les disciples ne l'appellent jamais autrement que « Seigneur ». Autrement dit, Jésus pour Matthieu, n'est pas un simple meneur d'hommes, à la manière de Moïse, mais bel et bien le Seigneur des disciples, Celui a qui tout pouvoir a été donné au ciel et sur la terre.

Cela signifie que l'ordre que Jésus va donner n'est pas un simple programme, une méthode, une stratégie, ou une formule parmi d'autres que vous et moi pouvons ajouter, ou retrancher à notre ministère selon notre envie ! Et j'aimerais déjà affirmer que parce que Jésus est le Seigneur des seigneurs, et qu'il nous ordonne de faire des disciples qui à leur tour font des disciples, si vous êtes en train d'œuvrer intentionnellement en faisant des disciples qui se multiplient, par obéissance à ce qu'il exige, vous êtes en train de lui obéir. Cela signifie aussi que si vous n'êtes pas en train d'œuvrer intentionnellement en vue de cette multiplication des disciples, faiseurs de disciples, vous êtes en train de faire autre chose que ce qu'il attend de vous.

Poursuivons à présent notre étude de ce texte de l'Évangile de Matthieu pour voir si je suis dans le vrai.

2) Sa nature apostolique est un élément qui contribue à l'importance de cette tâche

Dans l'introduction de sa lettre à Théophile, Luc écrit :

> Cher Théophile, dans mon premier livre, j'ai parlé de tout ce que Jésus a commencé de faire et d'enseigner jusqu'au jour où il a été enlevé au ciel après avoir donné ses ordres, par le Saint-Esprit, aux apôtres qu'il avait choisis. (Ac 1.1-2)

Notez que Luc parle des « *ordres* » que Jésus a donnés « *par le Saint-Esprit* » aux « *apôtres* » qu'il avait choisis. Ces mots sont significatifs. Tout d'abord, Luc parle des « ordres » que Jésus a donnés avant d'être enlevé au ciel. Il s'agit bien sûr du commandement qu'ont reçu les hommes et les femmes, qui ont accompagné le Seigneur Jésus pendant sa marche sur notre terre, de continuer son œuvre. C'est pourquoi ces paroles de Jésus à ses disciples, consignées dans le texte de Matthieu 28 que nous sommes en train d'examiner, sont appelées « l'impératif missionnaire » par certains, « l'ordre missionnaire » par d'autres. Celui ou celle qui reçoit cet ordre est mandaté pour exécuter la tâche qui lui a été confiée. Et dans le cas précis qui nous intéresse, il s'agit d'un impératif. Jésus ne donne à ses disciples ni une option missionnaire, ni une suggestion missionnaire, mais un ordre absolu : « Allez, [donc] faites de toutes les nations des disciples » (Mt 28.19).

Il y a deux éléments dans cet ordre qui l'élève au-dessus d'un simple plan, idée, stratégie ou projet. Ces deux éléments sont son autorité et sa spécificité. Notez que le mot « donc » est encadré par des crochets signifiant qu'il est absent de certains manuscrits jugés importants. Quand bien même ce mot ne figure pas dans tous les manuscrits anciens, il trouve logiquement sa place dans ce texte. Comme nous venons de signaler, le moment *kairos* étant arrivé où Jésus a reçu tout pouvoir sur la terre et au ciel, il peut maintenant ordonner à ses disciples qu'ils aillent partout faire des disciples. Lorsque Jésus a donné cet impératif missionnaire, il a envoyé ses disciples faire une tâche spécifique, distincte. Il les a envoyés accomplir la tâche précise de faire de toutes les nations des disciples. Il s'agit d'un travail apostolique. Et, même si tous les disciples ne sont pas « envoyés » vers les nations (en franchissant des frontières culturelles et linguistiques), tous sont appelés à participer à l'œuvre apostolique qui consiste à faire des disciples. Nous examinerons plus attentivement la spécificité de l'ordre missionnaire un peu plus loin.

Le caractère apostolique de l'ordre missionnaire est renforcé aussi par le fait qu'il est lié à l'œuvre de l'Esprit (Ac 1.1-3). Cela reflète aussi le témoignage de Jean qui affirme que l'envoi des disciples est enraciné dans le fait que le Christ lui-même est envoyé par le Père dans le Saint-Esprit (Jn 20.21-23). Les Évangiles affirment qu'au début de son ministère public l'Esprit de Dieu est descendu comme une colombe sur Jésus (Mt 3.13-17 ; Mc 1.9-10 ; Lc 3.21-23 ; Jn 1.32-34). Le Christ est venu dans le monde accomplir les projets du Père dans la puissance de l'Esprit Saint. Ayant accompli cette tâche, il s'attend maintenant à ce que ses disciples poursuivent cette œuvre en son absence physique, c'est pourquoi il souffle sur eux (comme le Créateur insuffla un souffle de vie dans les narines de l'homme qu'il avait façonné avec la poussière de la terre, [Gn 2.7]) et leur dit : « Tout comme le Père m'a envoyé, moi aussi je vous envoie. [. . .] Recevez le Saint-Esprit » (Jn 20.22).

Enfin, l'importance de l'ordre est renforcée par la précision que donne Luc lorsqu'il dit que cet impératif missionnaire a été donné à des « *apôtres* » que Jésus avait choisis. Le nom « apôtre », tel qu'il est utilisé ici par Luc, désigne les douze disciples que Jésus-Christ a choisis pour être avec lui, et afin de participer à son œuvre (Mc 3.13-19). Mais plus largement, le mot désigne quelqu'un qui a été envoyé, un délégué, un messager. Comme nous venons de le souligner, Jésus se voyait lui-même comme envoyé de Dieu[2]. Et à travers cet ordre, il nous envoie de la même façon accomplir la tâche spécifique de faire des disciples.

3) Jésus a donné une directive qui est très spécifique

Que dit l'impératif missionnaire, « Faites des disciples » ? Il s'agit en grec d'un verbe *mathêteuein*, qui est utilisé à l'impératif *mathêteusate*. D'autre part, c'est le verbe principal, le cœur même de cet ordre de mission. Les deux participes « baptisant » et « enseignant » sont nettement subordonnés au verbe « faites des disciples ». Le verbe principal nous dit ce que nous avons à faire, et les participes décrivent comment nous devons le faire. En un mot, la mission a pour but de permettre à tous les êtres humains de parvenir à la condition de vrais disciples de Jésus. Il est à noter que pour Matthieu, le mot disciple ne se réfère pas seulement aux douze. Il est pour lui le seul mot pour désigner ceux qui suivent Jésus (Bosch 1995, 100). Et même si dans son Évangile Matthieu utilise des mots tels que « envoyer », « aller », « proclamer », « guérir », « exorciser », « faire œuvre de paix », « témoigner », et « enseigner », c'est le verbe « faire des disciples » qui désigne le but de la mission.

« Faites des disciples »

D'après Matthieu 4.19, un disciple est quelqu'un qui est transformé par Jésus parce qu'il s'est mis à sa suite. Le verbe le plus souvent associé à « disciple », c'est *akoluthein*, « marcher dans les pas de quelqu'un ». Faire des disciples

---

2. Il y a un nombre de paroles de Jésus dans les Synoptiques qui révèlent à quel point il était conscient d'être envoyé de Dieu (Mt 15.24 ; Lc 4.18 ; Mt 10.40 ; Mc 9.37 ; Lc 9.48 ; 10.16). L'Évangile selon Jean attribue à Jésus trente-neuf phrases qui laissent entendre qu'il est l'envoyé de Dieu (i.e. Jn 5.30, 36-38 ; 6.29, 57 ; 7.16, 29 ; 8.16, 42 ; 10.36).

veut dire simplement accompagner personnellement et individuellement des gens dans leur apprentissage à la suite de Jésus. Il ne s'agit pas seulement d'amener des gens à confesser leur péché, et à mettre leur confiance en Jésus pour obtenir le salut. Il ne s'agit pas non plus uniquement d'apprendre aux autres ce que Jésus a enseigné. Et cela ne se limite pas non plus à mettre les autres en situation de témoigner de leur foi, d'expliquer l'évangile, d'animer une étude biblique, de prêcher, de prier pour les malades et de chasser les esprits impurs. C'est beaucoup plus profond que tout cela. Les paroles de Jésus sont limpides : « Le disciple n'est pas supérieur au maître, ni le serviteur supérieur à son seigneur. Il suffit au disciple d'être traité comme son maître et au serviteur comme son seigneur » (Mt 10.24). Voici le texte pivot, central dans le portrait biblique du disciple. Le disciple est modelé à l'image de Jésus.

« Allez [...] faites des disciples »

Lié à cet ordre d'accompagner d'autres personnellement sur le chemin qui conduit à la ressemblance à Jésus, l'impératif missionnaire de Matthieu 28.19 est l'ordre explicite « d'aller ». « Allez » et « faites [...] des disciples ». C'est étonnant de voir avec quelle facilité nous avons transformé cette injonction « *allez* [...] et [...] *faites* » en « *venez* [...] et [...] *assistez* » ! Les modèles apostoliques qui dominent nos cercles aujourd'hui sont centrés sur les réunions d'évangélisation, réunions dominicales, réunions bibliques, réunions d'associations, etc. où les gens sont appelés à *venir* (parfois accompagnés de leurs amis non-croyants) *assister* en spectateurs. Au lieu de stimuler un mouvement centrifuge qui pousse les fidèles vers ceux qui sont « dehors », notre compréhension erronée de la tâche que Jésus nous donne n'a fait que renforcer un élan centripète.

« Baptisez-les au nom du Père, du Fils et du Saint-Esprit »

Les biblistes nous disent que le rite du baptême était bien connu dans le monde juif et n'a donc pas été introduit par Jean-Baptiste (Mt 3.1-17 ; 4.18-22 ; Mc 1.16-20 ; Lc 3.15-18 ; 5.1-11 ; Jn 1.19-34), ni par le baptême mentionné ici (Dockery 1992, 56-57). Ils nous disent également que le rite du baptême à l'époque de Jésus était, pour le monde juif, une expression publique de repentance et de foi, le pas décisif d'engagement (Dunn 1962, 122). Autrement dit, le rite du baptême ne voulait pas dire nécessairement un changement d'identité religieuse (Bjork 1997, 84). Lorsque Jésus associe le rite du baptême à l'action de faire des disciples, il n'est donc pas en train de dire que l'individu doit devenir chrétien. En recevant le baptême la personne rend publique sa décision de s'engager à « marcher dans les pas » de Jésus. C'est une « parole visible » du disciple du Christ à l'adresse de ses proches et de son peuple (Spindler 2001).

Encore une fois, vu sous l'aspect socio-religieux, le rite du baptême dans l'eau signifiait pour les Juifs du premier siècle de notre ère que la personne s'identifiait solennellement et définitivement à celui au nom duquel il était baptisé. Dans un article fascinant intitulé « Proselytism, Mission and the Bible » (Prosélytisme, la mission et la Bible), Eugene Heideman indique que dans l'Ancien, comme dans le Nouveau Testament, l'expérience de la conversion n'était pas un appel à changer de communauté ni même de religion (1996). Pour illustrer ses propos, Heideman nous demande de considérer ce qui s'est passé le jour de la Pentecôte lorsque Pierre a appelé une foule d'hommes juifs et de prosélytes « de toutes les nations » à « changer d'attitude » et d'être « baptisés au nom de Jésus-Christ », il ne leur a pas demandé de changer d'identité communautaire. Même le rite du baptême ne nécessitait pas un changement d'appartenance religieuse ou communautaire (Heideman 1996, 11).

Dans le Nouveau Testament la conversion et le baptême ne voulaient pas dire un changement d'appartenance dans une communauté humaine. Comme nous l'avons déjà noté, selon le récit du Nouveau Testament, les Juifs qui ont été baptisés sont demeurés juifs et ont continué à s'identifier au temple et à la synagogue. Les Samaritains, l'eunuque éthiopien, et le romain Corneille n'ont pas changé de citoyenneté lorsqu'ils se sont mis à suivre Jésus. Au lieu d'un changement d'affiliation dans les communautés humaines, l'idée sous-tendue est celle d'être en Christ, d'expérimenter la nouvelle naissance d'en haut (Jn 3.3) et de devenir citoyen des cieux (Ph 3.20).

Aujourd'hui, le rite du baptême est très souvent vu, à la fois par ceux qui sont dans l'Église et par ceux du dehors, comme le rite qui symbolise une rupture dans les relations humaines, et la sortie de la communauté d'appartenance d'origine et l'insertion dans une autre. Et pourtant le baptême dans le Nouveau Testament, n'avait pas cette connotation.

Le rite du baptême est donc le signe public de cette relation de soumission volontaire au Christ qui est au cœur du discipolat (Beasley-Murray 1954, 90-92).

« Enseignez-leur à mettre en pratique tout ce que je vous ai prescrit »

Être disciple pour Matthieu, cela signifie apprendre à vivre selon le modèle et les enseignements de Jésus. Il s'agit d'une *orthopraxie*, d'un changement irrévocable de comportement envers Dieu et le prochain. Il ne s'agit pas d'une tentative de gagner le salut de son âme par les œuvres. Matthieu raconte comment lors de l'institution de la Sainte Cène, Jésus déclare : « [...] Ceci est mon sang, le sang de la [nouvelle] alliance, qui est versé pour beaucoup, pour le pardon des péchés » (26.28). Les autres évangélistes synoptiques ne font pas d'allusion au pardon des péchés dans leur récit du dernier repas de Jésus. Pour Matthieu, le disciple ne cherche pas à se conformer à l'image de Jésus afin d'obtenir par ce changement de comportement le salut de son âme. Au contraire, pour lui, ce que Dieu a fait en Jésus-Christ – le pardon des péchés – est le point de départ d'une vie nouvelle pour le disciple.

Mais cette injonction du Christ ressuscité nous rappelle que le salut implique beaucoup plus que le pardon de notre péché. Puisque Jésus-Christ a reçu tout pouvoir et toute autorité, il est Seigneur de tous les domaines de la vie humaine. Abraham Kuyper, l'académicien néerlandais de l'Église Réformée avait sans doute raison lorsqu'il disait : « Il n'y a pas un seul centimètre de toute la création au sujet duquel Jésus-Christ ne déclare : "Ceci est à moi ! Ceci m'appartient !" » (Kuyper 1931). C'est pourquoi son enseignement touche à tous les domaines de l'existence humaine. Jésus explique, par exemple, la façon dont nous devons gérer les conflits (Mt 5.24-25), comment vivre notre sexualité (Mt 5.29-30), comment parler (Mt 5.34-37), comment répondre à celui qui nous demande de l'aide (Mt 5.38-42), comment répondre à ceux qui s'opposent à nous (Mt 5.44), comment pratiquer les (diverses) disciplines spirituelles (Mt 6.1-18), le type de possessions que nous devons chercher (Mt 6.33), comment réagir devant ceux qui nous déçoivent (Mt 7.1), comment faire quand celui qui est en face de nous n'apprécie pas ce que nous voulons partager avec lui (Mt 7.6), comment prier (Mt 7.7-8), comment déterminer la bonne conduite éthique (Mt 7.12), comment réagir devant les faux prophètes (Mt 7.15), qui nous devons craindre (Mt 10.26-28), quelle attitude nous devons avoir envers nos parents (Mt 15.4), comment nous devons réagir devant un esprit légaliste (Mt 16.6), comment nous devons traiter des gens simples (Mt 18.10), comment traiter ceux qui se rendent coupables à notre égard (Mt 18.15, 21-22), comment réagir devant le consumérisme (Lc 22.15), quelle attitude nous devons avoir dans le mariage (Mt 19.6), qui nous devons inviter à nos réceptions (Lc 14.12-14), l'attitude que nous devons avoir envers les pouvoirs publics (Mt 22.19-21), comment nous devons agir vis-à-vis de ses enseignements (Jn 14.15), comment traiter les autres disciples de Jésus (Jn 21.15-16), le but de notre mission (Mt 28.19), et ce que nous devons apprendre aux personnes que nous accompagnons sur le chemin du discipolat (Mt 28.20).

Le disciple est celui qui, désireux d'être semblable au Christ, applique de manière systématique et intentionnelle l'enseignement de Jésus dans tous les domaines de sa vie. C'est ainsi qu'aujourd'hui encore, quel que soit notre origine ethnique, notre statut social, notre éducation, notre sexe, notre identité religieuse, ou notre âge, nous nous inscrivons à son école en tant qu'apprentis ou étudiants.

4) Cette mission est ingénieuse et stratégique

Jésus a établi des critères pour que nous puissions évaluer notre vie de disciple. Parmi ces derniers figure le fait de porter du fruit : « Si vous portez beaucoup de fruit, dit-il, c'est ainsi que mon Père sera glorifié, et que vous serez mes disciples » (Jn 15.8). Ces paroles viennent de l'enseignement dans lequel Jésus compare ses disciples à des sarments attachés au vrai cep (c'est-à-dire lui-même). Dans ce discours, il souligne avec force l'idée que le disciple doit « demeurer » en lui (v.4-7), et dans son amour (v.9-10). Il insiste lourdement sur l'idée que pour demeurer dans son amour, un disciple doit faire ce qu'il dit, vivre selon son enseignement, mettre en pratique ses instructions (v.10). Il ajoute : « vous êtes mes amis si vous faites ce que je vous commande » (v.14). Et il souligne une fois encore le fait que ses disciples ont été choisis par lui : « afin que vous alliez, et que vous portiez du fruit, et que votre fruit demeure » (v.16).

Nous pouvons déjà noter que par son attachement à Jésus et l'ajustement de son comportement à son enseignement, l'individu enrichit sa propre vie. Notons aussi que, lorsque la personne apprend non seulement à croire en Jésus, mais aussi à faire ce qu'il dit, à vivre selon son enseignement, elle profite pleinement de son amitié (voyez aussi Jn 14.21). Et dans les paroles qui ressemblent à celles de l'impératif missionnaire de l'Évangile de Matthieu, Jésus dit que son projet est que les personnes qui vivent ainsi leurs vies partent (« afin que vous alliez » [Jn 15.16] et « *Allez* » [Mt 28.19]) et qu'elles (« portent du fruit qui demeure » [Jn 15.16] et « faites des disciples » [Mt 28.19]).

Tous ceux qui vivent selon l'exemple de Jésus ont été choisis de sorte qu'ils portent du fruit qui demeure. Parfois nous pensons que seuls les pasteurs, les anciens, les diacres, les évangélistes, les missionnaires, les religieux, et les autres personnes « consacrées » sont appelés à cette tâche. Mais comme tous sont appelés à vivre selon l'exemple de la vie de Jésus, à mettre en pratique ses instructions, tous sont appelés à porter du fruit. Et Jésus dit que deux choses sont accomplies lorsque nous portons du fruit : 1) son Père est glorifié, et 2) nous devenons ses disciples.

Lorsque Jésus dit, « vous serez mes disciples », le verbe de cette phrase est le mot grec *ginomai* qui signifie: devenir, venir à exister, commencer à être, être fait. Nous devenons littéralement des disciples de Jésus en portant du fruit. Et Jésus va nous évaluer par le fruit que nous aurons porté (Mt 3.7-10 ; 7.15-23 ; 13.23 ; 21.43 ; Mc 4.20 ; Lc 3.9 ; 6.43-49 ; 8.14-15 ; 13.6-9 ; Jn 4.34-38 ; 12.24 ; 15.1-8 ; Col 1.10 ; Jd 1.12). Cela veut donc dire que nous sommes tous appelés à porter du fruit. Si nous ne sommes pas tous appelés à prêcher, ou à animer une étude biblique, nous sommes tous appelés à porter du fruit. Si nous n'avons pas tous reçu le don d'évangéliste, et ne sommes pas tous appelés à franchir des frontières culturelles pour Christ, nous sommes tous appelés à porter du fruit. Porter du fruit n'est pas un luxe réservé aux pasteurs, prêtres, missionnaires et autres personnes qui servent Dieu « à plein temps ». Pourquoi cela est-il vrai ? Parce que Jésus nous dit que quand nous portons du fruit, Dieu le Père est glorifié.

Lorsque les disciples de Jésus font à leur tour des disciples, qui font à leur tour des disciples (et c'est ce que signifie porter du fruit), les projets rédempteurs de Dieu le Père se réalisent, et il est glorifié. Paul dit que c'est ainsi que nous servons à célébrer sa gloire (Ep 1.10-12). Il précise que c'est pour cela que nous avons été adoptés dans sa famille (Ep 1.5-6). Dans une autre de ses lettres, l'apôtre affirme que nous devons tout faire pour la gloire de Dieu (1 Co 10.31). Nous reviendrons sur le lien entre le disciple de Jésus et la gloire de Dieu au chapitre 7.

Christ dit que tous ceux qui vivent de sa vie glorifient son Père lorsqu'ils reproduisent dans la vie des autres la plénitude de vie qu'ils expérimentent en demeurant en lui (Jn 15.8). Il avertit que tout sarment qui ne porte pas de fruit, le Père l'enlève, et tout sarment qui porte du fruit, il le taille afin qu'il porte plus de fruit (Jn 15.2). Nous sommes tous appelés à accompagner d'autres à la suite de Jésus. Personne n'est exempt. Chaque personne qui a répondu à l'appel de Jésus, « Suis-moi . . . » fait partie d'un processus que Dieu le Père a établi pour l'extension de son règne. Nous savons que c'est le cas parce que Jésus a fait des disciples, et qu'il leur a donné l'ordre de faire de même.

Jésus-Christ aurait pu choisir n'importe quelle méthode pour répandre la bonne nouvelle et faire avancer son règne. Il aurait pu faire tourner un ange autour de la terre, comme un satellite, proclamant son message dans le langage approprié de chacun en passant au-dessus des pays de notre terre. Il aurait également pu faire en sorte que l'imprimerie, la radio et la télévision soient inventées avant la venue du Christ. Jésus aurait pu être un auteur de renom, un enseignant de la Bible à la radio, ou le premier télévangéliste. Dieu aurait pu faire tout cela.

Mais au lieu de cela, Jésus a décidé de fonder son œuvre sur les personnes qui allaient devenir ses disciples, et qui accompagneraient d'autres dans ce même processus. Il s'agit d'une méthode ingénieuse, et cela pour plusieurs raisons. Tout d'abord, n'importe qui peut le faire. Il ne faut pas être séminariste ou pasteur pour accompagner quelqu'un d'autre sur le chemin du discipolat. Deuxièmement, c'est quelque chose que l'on peut faire avec les moyens que l'on possède déjà. On n'a pas besoin d'une salle de réunion, d'une voiture, d'un microphone, ou de la publicité pour le faire. Troisièmement, le processus de faire des disciples perpétuant ce processus produit davantage d'ouvriers qui sont réellement engagés dans la moisson. Lié à cette multiplication d'ouvriers dans la moisson, on peut observer que les campagnes d'évangélisation (sans l'accompagnement intentionnel et personnel qui est au cœur du discipolat) *ajoutent* des personnes à la communauté de foi, tandis que le processus qui consiste à faire des disciples *multiplie* le peuple de Dieu.

La valeur de la prolificité

Les projets divins s'accomplissent à travers la bénédiction de Dieu: « Soyez féconds, multipliez, remplissez la terre [...] » (Gn 1.28). Cette bénédiction a été donnée à chaque personne et à chaque groupe notable dans la Bible. Elle constitue le principe formatif de chacune des alliances que Dieu a faites avec les hommes. La fécondité a été la première bénédiction et le premier commandement divins. Dieu a choisi d'établir son règne (ou son autorité) à travers la propagation de la progéniture divine (cf. Rm 9.8 ; 1 Jn 3.9 ; 1 P 1.3). Jésus-Christ a affirmé cette valeur naturelle et spirituelle lorsqu'il a déclaré : « Je vous ai établis, afin que vous alliez, et que vous portiez du fruit, et que votre fruit demeure » (Jn 15.16). La valeur de la prolificité, c'est chaque personne qui se met à la suite de Jésus qui porte du fruit !

Lorsque chaque personne qui vit de la vie du Christ porte du fruit en accompagnant quelqu'un d'autre sur ce même chemin, le principe de la multiplication se met en marche. Ce processus peut paraître long et peu efficace. Imaginez, par exemple, qu'en tant qu'évangéliste, un homme puisse amener à la conversion au Christ une personne par jour. En l'espace d'une année, il pourrait voir le salut de 365 âmes. Il n'est pas possible d'amener une personne à la conversion au Christ *et* à la maturité spirituelle par jour. Il faut plus de temps que cela pour parvenir à la maturité, et à la capacité de reproduire cette vie avec Christ dans la vie de quelqu'un d'autre. Imaginez que je puisse le faire en l'espace d'une année. C'est-à-dire qu'en l'espace d'une année tandis que je vois la conversion et l'approfondissement spirituel d'une seule personne, l'évangéliste voit la conversion de 365 âmes. Supposons encore que vers la fin de cette année, je suggère à la personne que j'accompagne de commencer à prier qu'elle puisse voir la conversion d'un de ses amis avec qui elle reproduira la même démarche d'accompagnement personnel qu'elle vit avec moi. À la fin de cette deuxième année, si j'ai renouvelé le processus de reproduction spirituelle, et que le disciple de Jésus que j'accompagne depuis deux ans l'a fait lui aussi, nous sommes maintenant quatre personnes à suivre Christ. Pendant cette même période l'évangéliste a vu la conversion de 730 âmes.

Le processus de la multiplication spirituelle semble porter beaucoup moins de fruit si l'on ne considère que les premières années. Mais à ce rythme de multiplication, chaque disciple produisant un nouveau disciple par an, le résultat dépassera de loin le fruit de l'évangéliste qui conduit une personne par jour au salut, car après une dizaine d'années, voyez ce qui se passera, comme l'indique le tableau ci-dessous.

Evangélisation et Multiplication

Année	Évangéliste (1 âme par jour)	Disciple (1 disciple par an)
1	365	2
2	730	4
3	1095	8
4	1460	16
5	1825	32
10	3650	1024

20	7300	1 048 576
30	10 950	1 073 741 824
33	12 045	8 589 924 592

Jésus savait que même s'il y avait une place pour la prédication et l'enseignement des masses, le succès ou l'échec de son mouvement dépendrait du petit nombre de ceux qui le suivraient. Cet investissement stratégique dans des individus, à travers un accompagnement personnel, a été la clé permettant la pérennité de son mouvement et la croissance du règne de Dieu qu'il avait annoncé.

Conclusion

Quand nous considérons de près l'impératif missionnaire que Jésus a donné à ceux qui se mettent à sa suite (Mt 28.19-20), nous constatons qu'il nous confie une seule chose à faire : des disciples. Telle est la directive spécifique de l'impératif missionnaire. Lorsque Jésus nous ordonne de faire des disciples, il ne veut rien dire d'autre. Son langage est clair et spécifique. Il est étonnant qu'en lisant ce commandement du Christ, nous ayons compris : « Allez partout, évangélisez et implantez des églises, et les églises feront des disciples ». L'objectif de l'impératif missionnaire, c'est la formation des disciples. Ce n'est ni l'implantation des églises, ni la création des cellules d'évangélisation, ni la formation des leaders, ni les réunions, ni les activités caritatives chrétiennes (même si toutes ces choses sont bonnes et jouent un rôle dans la vie d'un disciple). Jésus dit : « Faites des disciples » parce qu'il veut des disciples.

Questions de réflexion

1. Selon l'auteur de ce chapitre, pour quelles raisons devons-nous prendre très au sérieux l'impératif missionnaire tel qu'il nous est donné dans Matthieu 28.18-20 ?

2. Résumez dans vos propres mots l'impératif missionnaire. Selon vous, quelles sont les notions les plus importantes dans cet ordre missionnaire ?

4

À quoi ressemble un disciple de Jésus ?

Nous venons de voir que Jésus-Christ veut que nous fassions de toutes les nations des disciples. Toute personne qui entre dans la famille de Dieu par la nouvelle naissance (cf. Jn 3) est appelée à être un disciple de Jésus qui reproduit cette relation vitale au Christ qu'il possède en accompagnant d'autres sur le chemin du discipolat. Chaque disciple est appelé à faire des disciples. Jésus a clairement dit aux hommes qui l'avaient suivi pendant trois ans sur les routes de Galilée qu'ils devaient faire des disciples en tous lieux. Il a promis de les accompagner dans cette tâche jusqu'à la fin des temps (Mt 28.20).

Naturellement, quasiment toutes les églises font ce qu'elles peuvent pour la formation de disciples. Lorsqu'il y a une campagne d'évangélisation, lorsqu'un pasteur prêche ou qu'un laïc anime une étude biblique, lorsque la communauté de foi célèbre la Sainte Cène ou passe du temps dans la prière, lorsqu'ils vivent des moments de célébration ou de louange, les fidèles vivent des expériences qui peuvent les faire grandir spirituellement à l'image du Christ. Cependant, il faut aller plus loin. Il est vrai que ce modèle d'église se propage et que les communautés grandissent en Asie et en Afrique. Néanmoins j'ai souligné au chapitre 2 qu'en réalité, peu nombreux étaient ceux parmi les fidèles qui, grâce à ces activités ecclésiales, parviennent à la maturité spirituelle et reproduisent ce qu'ils ont reçu dans la vie d'un autre. J'ai indiqué également que cette façon de comprendre notre appel focalise l'attention, l'énergie, et les moyens physiques de la communauté sur les « professionnels de la foi » et leurs activités du dimanche matin. Un nombre croissant de chrétiens se demandent si cela est suffisant ou s'il manque encore quelque chose. Dans cette façon de faire, quelque chose ne tournerait-il pas rond ? Toutes nos activités, toutes nos réunions, tous nos programmes accomplissent-ils vraiment la mission que nous avons reçue du Christ ressuscité : « Allez, de toutes les nations faites des disciples ! »

Dans ce chapitre, nous passerons en revue les attributs d'un disciple de Jésus. En effet, l'appel que nous avons reçu ne consiste pas à faire des disciples qui nous ressemblent. Ce sont Ses disciples, et non les nôtres. De même, nous ne sommes pas appelés à faire des disciples de notre tradition ecclésiale. Quand Jésus-Christ nous a confié cette mission, ce n'était pas pour que les catholiques fassent des catholiques, les baptistes des baptistes, les évangéliques des évangéliques, les pentecôtistes des pentecôtistes, et ainsi de suite. Jésus envoie les catholiques faire des disciples de Jésus, les baptistes et tous les autres de même.

Réfléchissons ensemble à cette question : Pourquoi le Christ est-il venu ? Pourquoi Jésus est-il né ?

Pourquoi le Christ est-il venu ? Pourquoi Jésus est-il né ?

Les réponses à cette question ne varient pas beaucoup. « Jésus est né pour apporter le salut au monde », disent les uns. « Le Christ est venu nous montrer le chemin vers le Père », affirment les autres. Quelques-uns suggèrent que Jésus est né pour ôter notre péché, pour obtenir le pardon de nos fautes. « Christ est venu pour nous réconcilier avec notre Créateur et nous ouvrir l'accès au ciel », attestent encore d'autres. Les Africains pour leur part affirment que Jésus est né pour vaincre les puissances occultes, les forces du mal et la mort, qu'il nous apporte la guérison et la vraie vie.

Dans toutes ces réponses il y a du vrai. Mais Jésus n'est-il pas aussi venu afin de faire une autre chose qui échappe très souvent à notre regard et qui pourtant définit en large partie à quoi ressemblent ses disciples. Je pense entre autres à ce que Jésus disait lorsqu'il était interrogé par Pilate peu avant sa mort (Jean 18.33-38) :

> Pilate rentra dans le prétoire, appela Jésus et lui dit: « Es-tu le roi des Juifs ? » Jésus [lui] répondit: « Est-ce de toi-même que tu dis cela ou d'autres te l'ont-ils dit de moi ? » Pilate répondit: « Suis-je un Juif, moi ? Ta nation et les chefs des prêtres t'ont livré à moi. Qu'as-tu fait ? » Jésus répondit: « Mon royaume n'est pas de ce monde. Si mon royaume était de ce monde, mes serviteurs auraient combattu pour moi afin que je ne sois pas livré aux Juifs; mais en réalité, mon royaume n'est pas d'ici-bas. » Pilate

lui dit: « Tu es donc roi ? » Jésus répondit: « Tu le dis, je suis roi. Si je suis né et si je suis venu dans le monde, c'est pour rendre témoignage à la vérité. Toute personne qui est de la vérité écoute ma voix. » Pilate lui répliqua: « Qu'est-ce que la vérité ? »

La question posée par Pilate, « Qu'est-ce que la vérité ? » est difficile à interpréter. Qu'exprime-t-elle ? Son scepticisme, sa mécompréhension, son impatience, son désespoir, ou sa sincérité ? Personne ne sait comment répondre à cette question. Mais lorsque Jésus dit qu'il est venu dans le monde pour rendre témoignage à la vérité, son message est clair. Par cette parole, il affirme que sa personne, ses actions et son enseignement éclairent l'intégralité de ce que nous pouvons connaître, de manière fiable, sur nous-mêmes et sur le monde.

Jésus maintient qu'il est né, qu'il est venu dans le monde en réponse au désir originaire de l'homme, à savoir orienter sa vie selon des repères fiables. En cela, il se présente comme la réponse à la question fondamentale de la vie humaine.

Nous, évangéliques, sommes parfois tellement soucieux de voir en Jésus le Sauveur de nos âmes, que nous perdons de vue le fait qu'il est bien plus que cela. Jésus n'est pas né uniquement pour mourir sur une croix. Il n'est pas venu seulement afin de nous permettre d'accéder au ciel. Sa vie, sa mort sur la croix, et sa résurrection servent ce but. Elles nous permettent d'être réconciliés avec Dieu le Père (2 Co 5.18-19), nous délivrent de la condamnation (Rm 8.1 ; 1 Th 1.10), de la mort (1 Co 15.54-55 ; 2 Tm 1.10 ; Hé 2.14-15), de la puissance de notre nature pécheresse et du monde (Rm 7.23-25 ; Ga 1.4 ; 2.20 ; 5.24), de toute puissance ennemie de Dieu (Col 2.14-15 ; 2 Tm 4.18), et c'est vrai aussi qu'elles nous garantissent un héritage qui ne peut ni se détruire, ni se souiller, ni perdre son éclat (1 P 1.4). Mais, lorsqu'il explique sa venue à Pilate, Jésus ne mentionne rien de tout cela. Voici ce qu'il dit : « Si je suis né et si je suis venu dans le monde, c'est pour rendre témoignage à la vérité. »

Il me semble que beaucoup de personnes dans nos églises ont mis leur foi en Jésus pour leur salut. Elles ont reçu de lui le pardon de leur péché, espèrent la vie éternelle, mais elles n'ont pas grandi comme ses disciples parce qu'elles n'ont pas compris son lien avec la vérité.

Pour élucider le lien entre Jésus-Vérité et la vie du disciple, je m'appuierai principalement sur les écrits johanniques. J'organiserai mes réflexions autour de trois notions clés : (1) Jésus communique la vérité, (2) Jésus agit dans la vérité, et (3) Jésus est la vérité.

Mais tout d'abord, mettons-nous d'accord sur le sens que nous donnons au mot vérité.

Vers une définition de la vérité

Les grands penseurs du passé ont cru que l'une des tâches centrales de la vie humaine consistait à découvrir la vérité au sujet des êtres humains, du monde dans lequel nous vivons, et de la vérité ultime qui donne sens à tout le reste. Le bouddhisme qui nie l'existence de Dieu, affirme lui aussi la nécessité de discerner ce qui est réel, et d'ajuster notre pensée, nos émotions, nos engagements, et nos actions d'après cette compréhension. À la base, la question de la vérité renvoie à ce que nous pouvons savoir de manière fiable sur nous-mêmes et sur le monde.

C'est ce qui nous permet de définir la vérité comme ce qui correspond à la réalité. Certaines choses ou certaines expériences sont-elles réelles ? Ou bien ne s'agit-il que d'apparences, d'illusions, ou de fantasmes comme le pensent les Hindous ? Comment saisir et rendre compte de la réalité sur nous-mêmes et sur notre existence dans ce monde ? Nos croyances sont-elles des rêves ou des imaginations (chimères) ne correspondant pas à ce qui existe vraiment ? Si tel était le cas, nous ne serions que des fous religieux, des aliénés passionnés. La folie en effet ne permet pas de discerner ce qui est réel d'un délire halluciné.

Le problème c'est que finalement la réalité s'imposera à nous quelle que soit notre croyance. L'homme qui tombe du 10e étage d'un immeuble, peut crier pendant sa chute quand il passe devant chaque fenêtre: « Jusqu'ici tout va bien ! » Mais à un moment donné, il va rencontrer la dure réalité. La vérité dans son sens biblique n'est pas seulement ce qui correspond à la réalité dans un sens abstrait : elle est fiable, digne d'engagement personnel, elle donne sens à nos actes.

Il est intéressant de remarquer que l'Ancien Testament n'a pas de terme hébreux pour dire le mot « vérité » (Meyer 1988). Pour les Juifs, la « vérité » n'est pas tant une chose à laquelle on croit, qu'ajuster sa conduite pour que cette dernière corresponde à la réalité. Les disputes avec les « faux prophètes » sont un bon exemple de la manière dont la Bible parle de la vérité. Les faux prophètes sont diffamés moralement. « Tous sont avides de gain » (Jr 6.13 ; cf. Mi 3.5, 11), s'adonnent à l'adultère, sont mensongers et complices des malfaiteurs, se volent même mutuellement leurs paroles (Jr 23.30), si bien que leur message est disqualifié. Ce n'est que « vision de leur invention»

(Jr 23.16, 26). La vérité biblique ne peut pas être dissociée d'une manière de vivre correspondant à une certaine vision de la réalité. « Ne me dites pas ce que vous croyez », disent les Juifs, « montrez-moi comment vous vivez. »

Debout devant Pilate, Jésus affirme qu'il est venu dans le monde pour manifester par ses actes et par ses paroles ce qu'est la vraie réalité, la réalité pleine et entière. Tout ce qui est conforme à la vie et à l'enseignement de Jésus correspond véritablement à ce qui est ; et tout ce qui n'est pas conforme à la vie et à l'enseignement de Jésus ne correspond pas à la réalité ultime.

Jésus communique ce qu'est la réalité

Dans les Évangiles le mot « amen » est employé cent fois. Trente et une fois par Marc, six fois par Luc, et vingt-cinq fois toujours dans sa forme double, « amen amen » par Jean. Ce mot vient d'un verbe hébreu signifiant « confirmer, soutenir, établir, vérifier, être certain » (Harris, Archer, & Waltke 1980, 51). En français, plusieurs Bibles traduisent ce mot par : « Je vous l'affirme, c'est la vérité », ou « Vraiment, je vous l'assure », ou encore par, « Je vous le déclare, c'est la vérité ». Les biblistes nous disent cependant que ces mots ne correspondent à aucune expression hébraïque, que Jésus les a donc inventés. Lorsqu'il se sert de l'expression « amen, amen » Jésus semble vouloir dire : « Ecoutez donc ce que j'ai à dire, parce que les paroles que je prononce ne viennent pas de moi (Jn 3.34). Elles révèlent la réalité. »

Jésus communique les choses telles qu'elles sont réellement. Lorsqu'il affirme l'importance de la réconciliation par exemple (Mt 5.26), celle du don en toute liberté (Mt 10.42), de la foi (Mt 17.20 ; Jn 5.24), de la joie quand celui qui était perdu est retrouvé (Mt 18.13), de l'humilité et de la dépendance de Dieu plutôt que de l'arrogance et de l'autosuffisance (Mt 21.31), l'importance encore de discerner l'origine du bien (Mt 12.31), ce qu'il dit correspond à la réalité.

Parce que le Père est à la fois l'ultime réalité, mais aussi celui qui a envoyé Jésus dans le monde (Jn 7.28) ; et parce que Jésus vient dans le monde seulement pour révéler le Père, son enseignement correspond à la réalité ultime (Jn 8.16).

En Jean chapitre 8, Jésus distingue clairement ceux qui mettent leur foi en lui, et ceux qui, suite à cet acte de foi, s'attachent à son enseignement. Ce texte affirme qu'en écoutant Jésus parler de la façon dont il allait mourir sur la croix (v.28), beaucoup de personnes ont cru en lui (v.30). Si c'est par la foi que l'on est sauvé, on dirait d'eux aujourd'hui qu'ils sont « nés de nouveau », qu'ils sont devenus « croyants », « convertis », ou « chrétiens ». Jésus s'adressant à ces personnes leur dit à peu près ceci : « Si vous habitez dans mon enseignement, si vous permettez à mes paroles de définir vos points de repère dans la vie, et si vous vivez conformément à ce que je vous dis, alors vous serez vraiment mes disciples. Vous comprendrez ce qu'est la réalité, et cette compréhension fera de vous des personnes libres de toute illusion » (v.31-32).

Les Juifs qui avaient cru en Jésus n'étaient pas de mauvais Juifs. Ils suivaient la loi de Dieu, la Torah. Toutefois Jésus leur précise que pour être ses disciples, il faut qu'ils « demeurent », qu'ils « vivent de façon permanente, » qu'ils « s'attardent, » qu'ils « continuent à exister » dans son enseignement. Il me semble parfois que nous avons du mal à « vivre » dans l'enseignement de Jésus.

Prenons par exemple notre expérience dans les Églises évangéliques du Cameroun. Depuis notre arrivée au Cameroun, il y a bientôt trois ans, Diane et moi avons visité des églises différentes. Nous avons souvent constaté que très peu de sermons sont prêchés à partir des paroles de Jésus. Nous en avons entendu beaucoup à partir de textes de l'Ancien Testament, des épîtres, mais je peux compter sur les doigts de la main le nombre de prédications que nous avons entendues à partir des Évangiles. Je pense aussi à ces églises où l'on affiche les dix commandements dans le sanctuaire, au lieu des Béatitudes. C'est comme si l'on allait au pied de la croix pour obtenir notre salut, mais aux pieds de Moïse ou de Paul pour notre enseignement. Jésus nous invite clairement à habiter dans son enseignement.

Vous êtes-vous déjà demandé pourquoi l'Évangile selon Matthieu était le premier à figurer dans le Nouveau Testament ? Ce n'est pas parce qu'il est le plus ancien, cette place revenant à Marc. Pour Raymond Brown, dès les premiers siècles Matthieu a été considéré comme le « document fondateur » enracinant l'Église dans l'enseignement de Jésus (Brown 1997). Il semble que Matthieu ait même organisé son évangile de manière à souligner le fait que le disciple est celui qui vit dans l'enseignement de Jésus. Force est de constater que chacun des discours majeurs de Jésus est adressé à ses disciples (Mt 5.1 ; 10.1, 36 ; 18.1 ; 23.1 ; 24.1-3). Matthieu souligne le fait que l'enseignement de Jésus apporte aux disciples la compréhension (Wilkins 1992, 183). Jésus communique les choses telles qu'elles sont dans la réalité, et le disciple apprend à régler son comportement sur cet enseignement. Selon Matthieu, cette obéissance totale à l'enseignement de Jésus, appelée tantôt *justice* (Mt 5.17-20) tantôt *amour* (Mt 22.37-40) est le trait caractéristique du disciple.

Les disciples sont donc ceux qui règlent et conforment leur comportement à l'enseignement de Jésus.

Jésus agit selon la réalité

Les Évangiles affirment que Jésus ne se contentait pas d'enseigner ce qui est vraiment réel à travers ses paroles. Dans sa personne nous pouvons visualiser la *verbalisation* de la réalité. En Jésus, la réalité ultime est visible à nos yeux. « Et la Parole s'est faite homme, elle a habité parmi nous, pleine de grâce et de vérité (réalité), et nous avons contemplé sa gloire, » dit Jean, « une gloire comme celle du Fils unique venu du Père » (Jn 1.14).

Jésus dit à ses disciples : « Celui qui m'a vu, a vu le Père » (Jn 14.9). Il est l'empreinte visible de la nature réelle du Père. Il n'a pas seulement parlé d'amour ; il aimait en toute vérité. Les pécheurs le considéraient comme un ami. Il n'a pas seulement prêché le pardon ; il pardonnait lui aussi. Il n'a pas uniquement prêché la nécessité de la justice et de la droiture ; il s'attaquait aux institutions injustes et malfamées de son époque. Il n'a pas fondé une faculté de théologie, ou une école biblique ; il invitait des hommes et des femmes à vivre avec lui vingt-quatre heures sur vingt-quatre. C'est d'ailleurs ainsi qu'ils ont pu voir dans sa façon de vivre avec les autres la concrétisation de la grâce et de la réalité.

Quand il affirme que Jésus était plein de grâce et de vérité, l'apôtre Jean nous aide à comprendre ce que les gens voyaient lorsqu'ils le fréquentaient. Il ne dit pas que Jésus était plein de doctrines et de théories, ni même qu'il était plein de la Torah et des commandements. Il ne dit pas non plus qu'il était plein de stratégies et de méthodes. Naturellement toutes ces choses ont leur importance ; mais aussi importantes que soient ces choses, Jean insiste sur le fait que Jésus, qui révèle la réalité par son enseignement, la révèle avant tout à travers ses relations avec les autres.

Qu'est-ce qui leur sautait aux yeux lorsqu'ils scrutaient ses manières d'agir avec les autres ? Jésus était généreux de son temps, de son amour et de son pouvoir. Il était réel et transparent dans sa compassion et son engagement, décidé qu'il était à faire la volonté de son Père. Il était incroyablement ouvert aux autres. Il accueillait tous ceux qui s'approchaient de lui : les gens instruits et les illettrés, les riches et les pauvres, les puissants et les faibles, les passionnés et les indifférents, les chercheurs et les blasés, les bien-portants et les malades. Son ouverture aux autres était telle qu'il n'est appelé ni

« l'enseignant des pécheurs, » ni « le transformateur des pécheurs, » mais « l'ami des pécheurs » (Mt 11.16-19).

Je pense à un incident ayant eu lieu aux USA il y a quelques années, et qui a été raconté par Keith Miller (Moore 2010). Après une journée très éprouvante à son lieu de travail, un homme qui vivait dans la banlieue de Chicago se pressait pour attraper le dernier train de la soirée. Dans sa hâte, il bouscula accidentellement un garçon d'une dizaine d'années qui se trouvait sur le quai qui était noir de monde. Sous le choc, le garçon a laissé tomber un gros paquet qu'il portait, et son contenu s'est répandu sous les pieds des passants. L'homme a hésité un instant. Au même moment le chef de gare appelait les derniers passagers et annonçait la fermeture prochaine des portes du train. L'homme savait qu'il n'avait pas assez de temps pour d'abord aider l'enfant, puis monter dans son train. Cependant il s'arrêta, posa ce qu'il avait dans les mains, s'excusa auprès de l'enfant qui était en larmes, et prit le temps de ramasser les affaires du garçon. Après cela, le garçon qui l'observait lui demanda : « Etes-vous Jésus Monsieur ? »

Bien sûr que cet homme n'était pas Jésus, mais il agissait comme Jésus. Tel est le but du discipolat : devenir tellement semblable à Jésus que les gens ne peuvent pas nous distinguer de lui. Telle est notre destinée, n'est-ce pas ? Être disciple de Jésus, c'est beaucoup plus que simplement être né de nouveau, apprendre des versets par cœur, aller à l'église le dimanche matin, ou « faire de l'évangélisation » une demi-heure par mois. Jésus nous apprend par son exemple que nous n'avons pas seulement à proclamer ou à prêcher la réalité, nous avons aussi à la devenir nous-mêmes.

Mais, me direz-vous, comment est-ce que des gens ordinaires comme vous et moi, vivant dans des circonstances banales, peuvent-ils suivre Jésus et devenir semblables à lui ? Comment pouvons-nous lui ressembler tous les jours de la semaine, et pas seulement le dimanche matin quand nous sommes entourés d'autres personnes qui nous encouragent et nous soutiennent ? Pouvons-nous lui ressembler, non seulement dans la prière, le jeûne, ou la méditation de la Parole de Dieu – mais aussi dans notre façon de réfléchir, dans notre façon de parler, dans les sentiments de notre cœur, et dans nos relations avec les autres ? Si sa façon d'être correspond au mieux à ce qui est vraiment réel, nous sommes nous aussi appelés à lui ressembler, et c'est d'ailleurs ce qu'il y a de meilleur pour nous.

Jésus est la réalité

Jésus est bien plus qu'un simple messager transmettant par son enseignement et ses actes, un reflet de ce qui est réellement réel. En témoignant fidèlement de son Père, il se rend témoignage à lui-même (Jn 8.18), puisque lui et son Père sont un (Jn 10.30). Connaître Jésus, c'est connaître le Père (Jn 14.9). C'est pourquoi Jésus peut dire qu'il est lui-même la vérité, l'expression de la réalité ultime (Jn 14.6). C'est ce qu'affirme Jean au commencement de son Évangile lorsqu'il affirme que Jésus est le *Logos* et Dieu (Jn 1.1, 18). Jean présente Jésus comme la révélation ultime de Dieu, comme étant Dieu lui-même ; celui qui est la mesure de tout ce qui prétend être réel. On peut donc dire que Jésus est à la fois l'objet et l'exemple de notre foi.

Voulez-vous savoir ce que signifie être humain ? Scrutez la vie de Jésus. Voulez-vous plaire à Dieu ? Marcher sur les traces de Jésus. Voulez-vous mieux résister aux tentations ? Suivez l'exemple de Jésus. Voulez-vous aimer davantage ceux qui vous entourent ? Laissez Jésus vous guider. Voulez-vous transmettre votre savoir aux autres avec plus d'efficacité ? Mettez-vous à l'école de Jésus. Voulez-vous guérir les malades, chasser les démons, réconforter et redonner espoir aux déshérités ? Laissez-vous conduire par l'Esprit de Jésus. Voulez-vous être plus influent et plus efficace dans votre leadership ? Apprenez de Jésus. C'est ce que font les disciples de Jésus. Ils ne comptent pas uniquement sur Jésus pour le salut de leurs âmes. Ils apprennent à penser comme lui, à agir comme lui, et à ressentir comme lui.

Jésus a dit à ses disciples : « Sans moi vous ne pouvez rien faire » (Jn 15.5). Ce n'était pas vrai seulement à son époque. Ça l'est encore aujourd'hui. Sans lui nous ne pouvons rien faire, y compris et surtout, vivre une vie qui a la réalité ultime.

Jésus dit à Pilate : « Si je suis né et si je suis venu dans le monde, c'est pour rendre témoignage à la vérité » (Jn 18.37). Durant son séjour sur la terre, Jésus a jugé les pensées des coeurs, enseigné les ignorants, confondu les sages, réconforté les malheureux, pardonné aux pécheurs, apporté la guérison des corps et la délivrance des âmes, glorifié son Père. Les actes qu'il accomplissait au vu de tous, les regards qu'il portait sur ses contemporains, les mains qu'il posait sur les malades, les moments qu'il consacrait aux autres sans penser à lui-même, les nuits qu'il passait dans la solitude de la prière, toutes ces minutes de sa vie, étaient conformes à la réalité ultime.

Vous ne pouvez pas aller plus loin et faire mieux que Jésus, le Christ. L'apôtre Paul affirme que chacun de nous est appelé à être transformé à l'image de Jésus (2 Co 3.18). Il ajoute que le but de son ministère était tout simplement que « le Christ soit formé en chaque personne », car, affirmait-il, c'est en lui que se concentre toute la gloire future (Col 1.27).

Un disciple est attaché à son maître

Les historiens de la religion nous disent que Jésus n'est pas le premier maître à avoir eu des disciples. En fait, à partir du VIIe siècle avant notre ère, le personnage du maître entouré d'une poignée de disciples auxquels se sont progressivement agrégés d'autres disciples se retrouve dans toutes les traditions religieuses, spirituelles et philosophiques (Lenoir 2008, 120-122). C'est entre le VIIe et le Ve siècles, en effet, que sont apparus Zoroastre en Perse, Upanishad et le brahmanisme en Inde, le Bouddha, le jaïnisme, Confucius et Laozi, les prophètes d'Israël et les grandes figures de la philosophie grecque, de Thalès à Socrate, en passant par Pythagore ou Héraclite. Comme l'explique Frédéric Lenoir jusqu'à ce moment dans l'histoire les rapports entre l'individu et Dieu, ou les dieux, étaient à la prérogative des prêtres :

> Pendant des centaines de millénaires, l'individu s'est effacé au profit du clan, puis du village et de la cité. La bonne santé, la prospérité, la survie du groupe importent bien plus que celles de l'individu. S'il prie les esprits et les dieux pour obtenir des faveurs ici-bas, ce culte domestique a bien peu de poids à côté des grands rituels garants de l'ordre cosmique, menés par les prêtres pour le bien de la collectivité. (Lenoir 2008, 113-114).

Le discipolat inauguré par Jésus-Christ s'inscrit donc dans cette tradition vieille déjà de plusieurs siècles lorsqu'il appela à le suivre des pêcheurs, des collecteurs d'impôts, et d'autres encore. Quand bien même on trouve des similitudes entre le disciple de Jésus et les autres disciples dans les rapports qu'ils entretenaient avec leur maître, nous verrons comment l'élément de Jésus/Vérité, ou Jésus/Réalité que j'ai exposé en début de ce chapitre redéfinit cette notion.

Le discipolat dans le monde sémitique des Hébreux

Le mot hébreu pour disciple est *talmidh*, ce qui signifie littéralement « celui qui est enseigné » (Wilkins M. 1992, 45). Le prophète Esdras utilise ce mot pour décrire une communauté de musiciens dans le temple (voir 1 Ch 25.8).

Pour parler des disciples, Ésaïe emploie un autre mot très proche de *talmidh*, le mot *limmudh* (voir Es 8.16 ; 50.4 ; 54.13). Ces paroles d'Ésaïe : « Garde ce témoignage à l'abri, marque la loi d'un sceau parmi mes disciples ! » semblent indiquer qu'Ésaïe avait des disciples (Es 8.16). Dans Jérémie le mot *limmudh* est traduit par « accoutumé » dans cette phrase célèbre, « Un Éthiopien peut-il changer sa peau, et un léopard ses taches ? De même, pourriez-vous faire le bien, vous qui êtes accoutumés à faire le mal ? » (Jr 13.23). Ici le mot employé signifie que l'individu a appris ou qu'on lui a enseigné à faire le mal.

L'emploi de *talmidh* et de *limmudh* indique aussi une relation personnelle entre le maître et son élève/disciple. Le disciple se soumet au maître, l'accompagne, et l'assiste et ce faisant apprend de lui. Cela transparaît dans l'exemple de Moïse et son disciple Josué (cf. Ex 24.13).

Nous retrouvons cette idée d'apprentissage dans le mot utilisé pour désigner le disciple dans le texte grec du Nouveau Testament. Il s'agit du mot *mathetes*, ayant pour racine *math* (le travail mental nécessaire pour bien réfléchir), signifiant quelqu'un qui apprend ou qui suit, normalement une personne attachée à un maître (Wilkins 1988, 52). Le professeur Michael Wilkins, qui enseigne le Nouveau Testament à *Talbot School of Theology*, décrit ainsi la notion de disciple :

> Le mot disciple est le terme utilisé le plus souvent dans les Évangiles pour désigner ceux qui suivent Jésus, et qui sont appelés croyants, frères/sœurs, adeptes de la Voie, ou saints par l'Église naissante. [. . .] Ce mot a été employé dans ce sens spécifique au moins 230 fois dans les Évangiles et 28 fois dans les Actes des Apôtres. (Wilkins 1992, 40)

Un disciple est donc un converti qui suit Jésus. Les convertis sont des personnes nées de nouveau. Cette nouvelle naissance est indispensable pour pouvoir devenir des disciples. Un disciple vit une relation avec Jésus, qui engage tous les aspects de sa vie. Il ne suit ni d'un programme, ni un cours, ni même un curriculum officiel. Et cela ne se limite pas à une formation réservée aux nouveaux convertis. Il ne s'agit pas non plus d'un appel à mener une vie rigoureuse qui serait adressé exclusivement aux pasteurs, moines, missionnaires, prêtres, évangélistes et missionnaires. On peut encore ajouter que cela ne se mesure pas non plus exclusivement dans l'accomplissement de tâches, l'acquisition de capacités, ou l'accumulation de connaissances.

Les caractéristiques du discipolat dans la tradition rabbinique

Lorsqu'ils entendirent Jésus leur dire : « Faites des disciples », la première pensée de Pierre, de Jacques et de Jean fut sans doute qu'ils trouveraient d'autres individus qu'ils formeraient exactement comme ils avaient eux-mêmes été formés par Jésus. C'est clairement de cette façon-là que l'apôtre Paul comprenait le processus du discipolat des années plus tard (voir 2 Tm 2.2). Tous ces hommes comprenaient que l'ordre qu'ils recevaient de « faire des disciples » impliquait l'engagement sérieux d'un apprenti qui vivait à la suite d'un maître. Examinons brièvement cinq caractéristiques du discipolat au Ier siècle de notre ère (Hull 2006, 63-64) :

Le choix de suivre un maître. Les jeunes hommes pouvaient intégrer différents types d'« écoles », chacune dirigée par un rabbin ou un enseignant. Dans certains cas, les étudiants choisissaient leur enseignant, et il est évident que les enseignants pouvaient accepter ou rejeter la demande d'un étudiant. Si un homme n'avait pas atteint un statut académique et social élevé au moment de sa *bar mitzvah*, c'est-à-dire à l'âge de treize ans, il choisissait plutôt une vie d'agriculteur, de pêcheur, de charpentier, etc.

Le fait que Jésus et ses disciples aient été des artisans explique pourquoi ils n'étaient pas bien reçus par les groupes religieux de leur temps. En réalité, comme l'a très bien analysé le philosophe Henri Bergson dans *Les Deux Sources de la morale et de la religion* (2013), depuis l'émergence du discipolat il y a souvent eu des tensions toujours vives entre les deux branches de la religiosité, quelles que soient toutes les traditions et les sagesses de l'humanité. Face au prêtre qui enseigne les dogmes et les rites du culte, et qui est gardien d'une institution, il y a le maître qui, lui, choisit l'oralité et les relations personnelles qui transforment l'existence de l'élève. À la ritualité, le maître oppose la transformation.

Le disciple du Ier siècle de notre ère apprenait tout de son maître. Il apprenait ses histoires, ses habitudes, sa façon d'honorer le sabbat, et ses interprétations de la Torah. Et lorsqu'un disciple avait appris tout ce que connaissait son maître, il enseignait à son tour ses propres disciples.

Au cœur de ce processus de transformation, on trouve l'engagement d'un disciple à la suite de son maître. Chaque disciple doit s'engager à se soumettre à au moins une autre personne. Sans cette dimension, tout ce qui suit est affaibli. La relation entre l'enseignant et son disciple crée un lien qui est au moins aussi important que celui qui relie un père à son fils.

Le discipolat du Ier siècle s'apparentait à une relation d'esclave à son maître (voir Mt 10.24). Une fois admis comme disciple, le jeune homme commençait comme *talmidh*, ou débutant, il devait se tenir derrière les autres et ne pouvait pas s'exprimer. Il devenait ensuite un étudiant distingué qui pouvait s'approcher de son maître et lui poser des questions. Après cela, il devenait un disciple associé qui pouvait s'asseoir derrière le rabbin pendant la prière. Enfin, il atteignait le niveau le plus élevé, disciple des sages, et devenait alors l'égal intellectuel de son rabbin (Wilkins 1988, 123).

La mémorisation des paroles du maître. La tradition orale était le moyen principal pour faire l'apprentissage. Les disciples apprenaient par cœur les paroles de leur maître et les transmettaient ensuite aux autres. Souvent les disciples apprenaient par cœur jusqu'à quatre interprétations différentes des textes majeurs de la Torah. Il est intéressant de noter que le processus du discipolat ne dépend pas de la capacité à lire un texte. Nous vivons en effet dans un monde où deux personnes sur trois sont illettrées et vivent de l'oralité (Lausanne Committee for World Evangelization, 2005).

L'apprentissage dans le style du ministère du maître. Un disciple apprenait comment son maître observait les commandements de Dieu, y compris comment il observait le sabbat, jeûnait, priait, et disait des bénédictions dans les cérémonies religieuses. Il apprenait aussi la façon dont son maître enseignait et toutes les pratiques traditionnelles qu'il respectait.

L'imitation de la vie et du caractère du maître. Jésus disait que lorsqu'un disciple est bien formé, il devient comme son maître (Lc 6.40). L'ambition la plus haute d'un disciple était l'imitation de son maître. Paul a appelé Timothée à suivre son exemple (voir 2 Tm 3.10-14), et il n'a pas hésité à appeler tous les croyants à faire de même (voir 1 Co 4.14-16 ; 11.1 ; Ph 4.9).

La formation de ses propres disciples. Lorsqu'un disciple terminait sa formation, il devait reproduire ce qu'il avait appris en trouvant ses propres apprentis et en les formant. Il fondait sa propre « école » qu'il appelait de son nom ; par exemple la « maison d'Hillel ».

Ces cinq caractéristiques décrivent le discipolat tel que celui-ci était pratiqué au Ier siècle de notre ère. Jésus employait ces pratiques avec ses associés les plus proches. Lorsqu'il leur disait qu'ils devaient faire des disciples, il s'attendait à ce qu'ils trouvent d'autres personnes avec lesquelles ils reproduiraient ces cinq méthodes. Lorsqu'il leur disait d'enseigner à observer tout ce qu'il leur avait prescrit (Mt 18.20), ils savaient que cette tâche exigerait le même dévouement que celui que nous voyons dans ces cinq engagements.

Ce qu'il y a d'unique dans le discipolat de Jésus

Il est vrai que les rabbins du temps de Jésus avaient aussi des disciples. Au premier abord, il semble qu'il y ait bien peu de différences entre les disciples des rabbins et ceux de Jésus. Dans les deux cas, le disciple est attaché à un maître particulier. Mais en y regardant de plus près, ces deux types sont fondamentalement différents (Bosch 1995, 53-55).

Les disciples des rabbins	Les disciples de Jésus
Les disciples des rabbins possèdent la prérogative de choisir leur propre maître et de s'attacher à lui.	Aucun des disciples de Jésus ne s'attache à lui de son propre gré. Ceux qui le suivent ne le font qu'après avoir reçu son appel : « Suis-moi ! ». Le choix revient à Jésus et non aux disciples.
La Loi, la Torah, est le centre du judaïsme. Les candidats disciples se présentaient à un rabbin particulier pour connaître la Torah, et uniquement pour cela. C'est la Torah qui faisait autorité, et non l'enseignant.	Jésus attend de ses disciples qu'ils renoncent à tout; non par égard pour la Loi, mais pour lui seul : « Celui qui aime son père ou sa mère plus que moi n'est pas digne de moi [...] Celui qui ne prend pas sa croix et ne me suit pas n'est pas digne de moi [...] Et celui qui perdra sa vie à cause de moi la retrouvera » (Mt 10.37 ss). Jésus se substitue donc à la Torah.
Dans le judaïsme, le fait d'être disciple n'est qu'un moyen en vue du but. Étudier la Loi n'est qu'un état temporaire. L'étudiant veut à son tour devenir lui-même rabbin.	Pour les disciples de Jésus, l'état de disciple n'est pas le premier pas en vue d'une carrière prometteuse. C'est déjà en lui-même l'accomplissement de leur destinée. Un disciple de Jésus n'obtient ni un diplôme de rabbin ni une licence en théologie.
Les disciples des rabbins ne sont que leurs étudiants.	Les disciples de Jésus sont aussi ses serviteurs, notion totalement étrangère au judaïsme. Ils ne s'inclinent pas seulement devant son grand savoir ; ils lui obéissent. Il n'est pas seulement leur maître, mais aussi leur Seigneur.

Parce que Jésus est la vérité/réalité, ses disciples ne forment pas leurs propres disciples, mais seulement des disciples de Jésus. Les disciples de Jésus ne prenaient jamais le rôle de maître. Aujourd'hui comme autrefois, Jésus ordonne que l'on fasse des autres ses disciples. Certes, nous aurons des enseignants, des mentors, des guides et des modèles, mais ils ne deviendront jamais nos maîtres. Certes, nous nous soumettons à l'autorité, mais il s'agit d'une soumission volontaire marquée par l'humilité et la charité. Nous qui sommes des disciples de Jésus aujourd'hui, nous sommes appelés tout comme ceux du Ier siècle de notre ère, à faire des disciples de Jésus.

Une définition d'un *disciple de Jésus* : Un disciple est un étudiant ou un apprenti qui suit l'exemple et l'enseignement de Jésus. Un disciple a choisi de se soumettre à au moins une autre personne, dans de bonnes conditions, afin de ressembler à cette personne dans sa façon de suivre Christ. Parce que le caractère se développe en communauté, le but du disciple est de se laisser transformer à l'image du Christ.

En résumé

1. Un disciple se soumet à un modèle qui lui apprend comment suivre Jésus.

2. Un disciple apprend les paroles de Jésus.

3. Un disciple apprend comment faire un ministère comme Jésus.

4. Un disciple imite la vie et le caractère de Jésus.

5. Un disciple trouve et enseigne d'autres personnes qui suivent aussi Jésus.

Bill Hull fait remarquer que bon nombre de ministères chrétiens possèdent trois de ces cinq éléments, une petite minorité en possède quatre, et presque aucun ne pratique tous les cinq. Les caractéristiques les plus communes sont 2-4 :

2. Un disciple apprend les paroles de Jésus.

3. Un disciple apprend comment faire un ministère comme Jésus.

4. Un disciple imite la vie et le caractère de Jésus.

Ce sont les éléments les moins difficiles des cinq. Les gens étudient volontiers la Bible, et à partir de là, ils se familiarisent avec la façon dont Jésus faisait son ministère et avec son caractère. Avouons qu'il n'est pas vraiment nécessaire de changer pour faire cela. Nous avons ainsi trouvé des façons d'être chrétiens sans être comme Jésus. Si les qualités 2-4 sont vitales, les qualités 1 et 5 sont au cœur du discipolat.

En réalité, la plupart des chrétiens ne pratiquent pas les qualités 2-5. Mais ce qui est encore plus incroyable, c'est que quelqu'un puisse pratiquer les qualités 2-5 et être perçu comme un leader chrétien mûr. Le fait qu'en tant que disciple nous évitions de nous soumettre à d'autres, et que nous ne reproduisions que rarement ce que nous avons reçu dans la vie de quelqu'un d'autre, constitue un problème majeur dans le christianisme actuel. Les caractéristiques 1-5 sont absolument nécessaires pour le fonctionnement du discipolat. Je veux dire par là qu'un discipolat qui entraîne une transformation du caractère de la personne et la multiplication spirituelle dépend de ces cinq éléments. C'est à travers ce type de discipolat que progresse le règne, ou le royaume de Dieu. Un disciple se soumet à un modèle qui lui apprend comment suivre Jésus.

La plupart des gens n'arrivent jamais à ce stade. C'est selon moi la raison principale pour laquelle ils ne grandissent pas, ou ne continuent pas à grandir. Il n'y a rien de plus fondamental pour la croissance spirituelle. Le caractère d'une personne est forgé au sein d'une communauté, et cela a lieu uniquement dans la soumission. Paul enseigna que la soumission doit être l'expérience de chacun (voir Ep 5.21). C'est ce trait de caractère qui rend Jésus si attirant (voir Ph 2.5-8). Dieu s'oppose aux orgueilleux, mais il fait grâce aux humbles (Jc 5.4). Le Nouveau Testament affirme que nous manifestons la vertu de l'humilité par notre soumission aux autres croyants. La soumission fournit la preuve de l'humilité, et c'est pour cette raison que le caractère est forgé au sein de la communauté.

Le génie de la soumission dans la relation du discipolat, c'est que tous sont soumis. Aucune personne n'est le maître. Les deux sont serviteurs de Jésus-Christ, et les deux bénéficient de leurs relations l'un à l'autre dans le discipolat. En règle générale, l'un des deux est plus aguerri et peut être considéré comme l'enseignant principal, comme celui qui enseigne à l'autre ce que cela veut dire de suivre Jésus.

Ce type de relation offre la force nécessaire pour tenir bon devant les épreuves qui assaillent notre foi (cf. Ec 4.9-10). Si nous n'avons pas ce type de soutien, un événement ou une crise peuvent troubler notre confiance en Christ.

Un disciple apprend à d'autres ce qu'il a appris du Christ

Une des raisons pour lesquelles le discipolat échoue, c'est que nous ne nous attendons pas à ce que les disciples se reproduisent. La prochaine fois que vous irez à l'église je peux prédire ce que vous verrez. Il y a peu de chances que je me trompe dans mes prédictions. Vous trouverez les gens assis aux mêmes endroits, en train de parler avec les mêmes personnes, avant et après le culte. Les chants, le sermon, et les témoignages seront semblables à toutes les autres semaines auparavant. Et vous en savez beaucoup au sujet de Jésus. Vous avez passé des années à vous réunir avec d'autres croyants. Vous avez appris ses paroles et sa façon de rendre ministère, et vous vous êtes dévoués à imiter son caractère. Mais vous êtes assis là, tout comme l'année précédente, à côté de la même personne, au même endroit dans l'église.

Je peux prédire cela, parce que c'est ainsi dans les églises que j'ai fréquentées aux États-Unis et en France. Nous organisons des campagnes d'évangélisation, et nous tentons de mobiliser des fidèles afin qu'ils témoignent de leur foi et qu'ils invitent d'autres personnes à nos réunions, mais nous progressons peu en profondeur. Pourquoi cela ? Parce que le discipolat est devenu facultatif. Lorsque nous ne pratiquons que quatre des cinq dimensions du discipolat qu'enseigna Jésus, nous sommes toujours en train de communiquer entre nous. Nous parlons entre nous, nous agissons entre nous, et nous répondons aux questions qui nous intéressent. Nous nous retrouvons enfermés dans un système clos.

Nous ne sommes de vrais disciples qu'au moment où nous nous trouvons en train d'apprendre à quelqu'un ce que nous avons appris du Seigneur. C'est cela le cœur de l'impératif missionnaire : « Je vous ai transmis mon enseignement, maintenant allez l'enseigner à d'autres » (voir Mt 28.18-20 ; Jn 15.15-16 ; Ac 1.8). Cependant, la plupart d'entre nous doivent admettre que nous n'avons pas suivi Jésus de cette façon-là.

À quoi ressemblera le discipolat dans le contexte africain dans les siècles à venir ? La réponse à cette question devrait être la reproduction spirituelle – la multiplication des disciples de Jésus qui font d'autres disciples de Jésus. Mais lorsque l'on regarde la situation actuelle, l'on peut se demander si nous sommes plus dévoués à remplir nos églises qu'à faire de vrais disciples de Jésus.

Conclusions

« Si vous demeurez dans ma parole, vous êtes vraiment mes disciples, » dit Jésus aux Juifs qui avaient mis leur foi en lui. « Vous connaîtrez la vérité[/réalité], » poursuit-il, « et cette vérité[/réalité] vous rendra libres » (Jn 8.31-32). Dans l'Évangile de Matthieu nous lisons que Jésus appela ses premiers disciples en leur disant : « Suivez-moi et je ferai de vous [. . .] » (Mt 4.19). Dans ces deux textes, nous avons la même idée. Le disciple de Jésus est celui qui vit à la suite de Jésus, qui demeure dans son enseignement, et qui se laisse transformer par le maître. Il suit Jésus intentionnellement et activement dans ce but. Certes, il sait que ses péchés sont pardonnés et qu'il bénéficiera de la vie éternelle au ciel avec son Seigneur. Cette espérance ne le rend pas passif. Au contraire, il cherche à se laisser refaçonner par le maître afin de lui ressembler dès aujourd'hui dans tous les domaines de sa vie.

L'apôtre Paul écrit : « Mes enfants, pour qui j'éprouve de nouveau les douleurs de l'enfantement, jusqu'à ce que Christ soit formé en vous » (Ga 4.19). Le mot « formé » vient du mot grec *morphe*, qui veut dire « façonner. » Lorsque ce mot est joint à des propositions grecques, il est traduit « conformer » dans Romains 8.29 et « transformer » dans Romains 12.2. Les paroles de l'apôtre indiquent que ce changement n'est pas automatique, une fois pour toutes, et sans effort de notre part. Elles affirment aussi l'idée que nous avons besoin d'un accompagnement personnel pour que cette conversion toujours plus profonde de notre façon de penser, de vouloir, de ressentir, de s'exprimer, et d'agir ait lieu. Dans le chapitre suivant je reviendrai sur cette question avec plus de précision.

Questions de réflexion

1. Maintenant que vous avez terminé ce chapitre, écrivez une description d'un disciple de Jésus, puis comparez cette description avec celle que vous aviez rédigée après avoir lu le premier chapitre de ce livre. En quoi ces descriptions sont-elles semblables, et en quoi diffèrent-elles l'une de l'autre ?

2. L'auteur affirme que peu de chrétiens se soumettent intentionnellement à un modèle qui leur apprend comment suivre dans les traces de Jésus. Pourquoi est-ce le cas, d'après vous ?

5

La voie de la transformation

L'impératif missionnaire nous est donné par l'Évangile de Matthieu (28.19-20) : « Allez, de toutes les nations faites des disciples » Ce thème apparaît différemment dans l'Évangile de Luc qui dresse un portrait de Jésus en tant que la « Lumière pour éclairer les nations » (Lc 2.32) et insiste qu'en lui « toute chair verra le salut de Dieu » (Lc 3.6). De manière à souligner que Jésus est venu pour tous les peuples, Luc ne commence pas la généalogie de Jésus par Abraham, père du peuple Juif (comme dans Mt 1.1-2), mais par Adam, père de la race humaine, et en fin de compte, par Dieu lui-même (Lc 3.23-38). L'universalité du message de Christ est soulignée aussi quand, dans cet Évangile, Jésus rappelle le fait que le prophète Elie a été envoyé vers une veuve Phénicienne et non vers une Israélite, et qu'Élisée avait guéri Naaman le Syrien, plutôt qu'un Israélite (Lc 4.25-27).

Luc va encore plus loin dans le portrait qu'il dresse de Jésus. Dans son Évangile, Christ ne se contente pas d'appeler à sa suite des non-Juifs, mais aussi ceux qui vivaient en marge de la société, comme la femme pécheresse qui a oint ses pieds de parfum (Lc 7.36-50), Zachée, chef des publicains (Lc 19.1-10), le malfaiteur qui est mort à côté de lui (Lc 23.39-43), le fils prodigue (Lc 15.11-32, parabolique), le publicain (Lc 18.9-14, parabolique), les Samaritains (cf. Lc 9.51-56 ; 10.29-37 ; 17.11-19) et les pauvres (cf. Lc 4.16-22 ; 1.52-53 ; 14.12-13). En somme, Luc décrit Jésus comme un Sauveur universel qui compatit avec des gens de tous milieux, qui fréquente à la fois des Pharisiens très religieux et des collecteurs d'impôts que l'on haïssait (Lc 5.27-32 ; 7.36 ; 11.37 ; 14.1 ; 19.1-10), un Sauveur qui s'occupe aussi des victimes de malheurs personnels (Lc 7.11-17 ; 8.40-56 ; 9.37-43). Tandis que Matthieu souligne le rapport entre Jésus et son enseignement, Luc souligne les rapports entre Jésus et les gens.

Et que dit-il d'essentiel au sujet de ces rapports ? Pour Luc, tous les hommes sont appelés à la suite de Jésus, quels que soient leur race, leur nationalité, leur origine ethnique, leur sexe, leur statut dans la société, leur arrière-plan religieux. Et tous reçoivent le même appel. Luc ne fait aucune différence entre un « croyant », un « saint », et un « disciple » (cf. Lc 6.13 ; 8.9 ; 9.54 ; 10.23 ; 11.1 ; 14.26 ; 19.37, 39). Tous sont appelés à un même cheminement spirituel, un cheminement qu'a fait Jésus lui-même, cheminement permettant à l'Esprit de Dieu d'agir dans la vie du disciple.

Pour mieux comprendre la conception de Luc concernant le fait d'être disciple de Jésus, je vous propose d'examiner quatre éléments thématiques qu'il développe dans son Évangile (et dans les Actes des Apôtres) : le thème du plan, le thème de la Voie, le thème du cheminement, et le thème de l'abandon total de soi.

Le thème du plan

Au centre de l'Évangile de Luc on trouve l'idée qu'à travers Jésus et ceux qui se mettent à sa suite, Dieu est en train d'accomplir dans notre monde son plan et ses desseins. Luc, plus que les trois autres évangélistes[1], souligne et fait ressortir ce thème. Dans cet Évangile, nous apprenons que le plan de Dieu, réalisé en Jésus et ses disciples, nécessite l'annonce d'une bonne nouvelle aux pauvres (Lc 4.18-19), la guérison des malades (Lc 5.30-32), l'écoute attentive (Lc 10.16-20), et le fait de retrouver ce qui était perdu (Lc 19.10).

« Il faut que... »

Ce plan, ou projet divin s'accomplit selon la volonté et la logique de Dieu. Luc fait ressortir cette réalité en soulignant que les événements qui se sont produits dans la vie de Jésus n'étaient pas arbitraires, mais bien nécessaires. En effet, Luc dit très souvent dans son Évangile qu'*il faut que* (*dei*) quelque chose ait lieu. Sur 101 emplois de cette expression *dei* dans le Nouveau Testament, 40 se trouvent dans l'Évangile de Luc et les Actes des Apôtres. *Il faut que* Jésus s'occupe des affaires de son Père (Lc 2.49), *il faut qu'il* annonce la bonne nouvelle du royaume de Dieu (Lc 4.43), et *il faut qu'il* libère la femme tourmentée par Satan (Lc 13.16). *Il faut que* certains événements précèdent la

---

1. Un nombre de textes uniques à Luc soulignent ce thème : Lc 1.14-17, 31-35, 46-55, 68-79 ; 2.9-14, 30-32, 34-35 ; 4.16-30 ; 13.31-35 ; 24.44-49.

fin (Lc 17.25 ; 21.9). *Il faut qu'il* souffre, soit mis à mort, ressuscite le troisième jour, et que la repentance et le pardon des péchés soient prêchés en son nom à toutes les nations, à commencer par Jérusalem (Lc 24.46-47). Ce thème continue tout au long des Actes des Apôtres (cf. Ac 1.11 ; 3.21 ; 9.6, 16 ; 13.46 ; 14.22 ; 19.21 ; 23.11 ; 25.10 ; 27.24).

Luc illustre l'accomplissement de ce plan par une progression géographique. Au commencement de son récit, Jésus se trouve en Galilée où il enseigne et fait des prodiges (Lc 4.14-9.50). Puis Luc suit le Maître prenant la route de Jérusalem, la cité sainte où doit se réaliser l'œuvre du salut (Lc 9.51-19.44). Cette partie de l'Évangile de Luc est différente de celle des autres Évangiles. On peut dire qu'environ la moitié des enseignements et incidents racontés par Luc dans cette section lui sont uniques. Il s'y trouve une grande concentration de paraboles (dix-sept paraboles dont quinze uniques à Luc) et d'enseignements. Ce voyage à Jérusalem n'est pas une ligne droite chronologique[2], puisqu'en Luc 10.38-42, Jésus se trouve près de Jérusalem, tandis que, plus loin dans cette même section, il se trouve à nouveau dans le nord. Luc ne nous raconte pas comment Jésus passait d'un village à un autre. Il veut surtout montrer que Jésus initie une nouvelle façon de suivre Dieu. C'est pourquoi tout au long de cette section, la parole de Jésus prévaut sur les miracles. Son thème est l'abandon total de soi pour que se réalise le plan de Dieu.

Le thème de la Voie

« Suivre Jésus » est synonyme d'« être disciple » ; mais Luc le dépeint d'une façon particulière : les disciples de Jésus sont ceux qui suivent la Voie. Nous venons de voir comment la perspective géographique de Luc, avec Jérusalem au centre, concentre notre attention sur Jésus dans son voyage sur la voie qui le mène à la ville sainte où il souffrira sa passion dans l'abandon total de sa vie (Lc 9.51). Dans ce cheminement, ses disciples sont ses compagnons de route (Lc 9.57). Pour Luc, le salut est lui-même « la voie » (*hodos*), un style de vie révélé par Dieu. La notion que le salut est un chemin, ou une « voie », conduit la communauté chrétienne à s'identifier comme « partisans de la Voie » (Ac 9.2 ; 19.9, 23 ; 22.4 ; 24.14, 22). À partir de la perspective de Luc, les disciples

---

2. Quand Luc présente les paroles ou les actes de Jésus, il s'intéresse avant tout à leur sens ; il manifeste parfois une indifférence profonde pour leur chronologie (Lc 4.16-30 ; 5.1-11 ; 24.51 et Ac 1.2-3, 9) ou pour leur localisation (Lc 10.13-15 ; 13.34-35 ; 24.36-49).

doivent entrer dans la Voie, et progresser sur cette Voie en suivant les traces des pas de leur Maître.

L'utilisation de « la Voie » comme métaphore de la vie chrétienne se base sur son emploi dans l'Ancien Testament. Dans ce dernier, on reconnaît le caractère, les buts et les valeurs d'un individu à la voie qu'il suit (i.e. Ex 33.13). Ce qui est encore plus important, c'est le lien qu'il fait entre « la voie », « le chemin », « la route », ou « le sentier » de Dieu et sa volonté, ou ses projets ; comme on le lit dans certains Psaumes.

- Psaume 25.4 : « Éternel, fais-moi connaître tes voies, enseigne-moi tes sentiers. »
- Psaume 27.11 : « Éternel ! Enseigne-moi ta voie, conduis-moi dans le sentier de la droiture. »
- Psaume 86.11 : « Enseigne-moi tes voies, ô Éternel ! Je marcherai dans ta fidélité. »
- Psaume 119.35 : « Conduis-moi dans le sentier de tes commandements ! »
- Psaume 143.8 : « Fais-moi connaître le chemin où je dois marcher ! »
- Psaume 67.2-3 : « Que Dieu ait pitié de nous et qu'il nous bénisse, qu'il fasse luire sur nous sa face, – Afin que l'on connaisse sur la terre ta voie, et parmi toutes les nations ton salut ! »

Conscient du fait que les premiers disciples de Jésus ne s'appelaient pas « chrétiens », mais « partisans, ou adeptes, de la Voie », Luc saisit cette image pour décrire ce que signifie progresser à la suite de Jésus. Comme le Maître cheminait vers Jérusalem où il allait se donner totalement par amour pour nous, le disciple chemine lui aussi vers un abandon total de sa vie par amour pour son Maître.

Le thème du cheminement

La vie de disciple commence lorsqu'on entre dans la Voie du salut par la foi (cf. Lc 7.50 ; 8.48 ; 17.19 ; cf. Ac 10.43). Dans son Évangile, comme dans le livre des Actes des Apôtres, Luc utilise le verbe croire pour décrire l'acte de devenir disciple. Et au début de son Évangile, il oppose deux exemples pour mettre en lumière l'importance de la foi. Tout d'abord, il nous donne l'exemple de Zacharie qui n'a pas cru à l'annonce de la naissance miraculeuse de Jean le Baptiste (Lc 1.5-20). Puis l'exemple de Marie qui, elle, a cru que les choses que le Seigneur lui avait dites s'accompliraient (Lc 1.45) et qui, dans un abandon total d'elle-même, dit : « Je suis la servante du Seigneur ; qu'il me soit fait selon ta parole ! » (Lc 1.38). C'est d'ailleurs pourquoi elle est appelée « bénie » et demeure un modèle de disciple.

« Qu'il me soit fait selon ta parole ! Que tout se passe pour moi comme tu me l'as dit ! » Voilà donc le type de foi qu'avait Marie, celui qui, selon Luc, caractérise le disciple.

Le thème de l'abandon total de soi

La vie du disciple commence avec son entrée sur la Voie du salut. Elle se poursuit à mesure que celui-ci avance sur ce chemin. Autrement dit, Luc spécifie que l'abandon total de soi, se charger chaque jour de sa croix, marcher à la suite de Jésus ne définit pas uniquement l'entrée dans la Voie, mais aussi l'existence sur cette Voie. Pour Luc, le disciple apprend l'abandon total de lui-même. Nous en trouvons une illustration dans l'histoire qui nous est rapportée dans 1 Rois au chapitre 20.1-4 :

> Ben-Hadad, roi de Syrie, rassembla toute son armée ; il avait avec lui trente-deux rois, des chevaux et des chars. Il monta, mit le siège devant Samarie et l'attaqua. Il envoya dans la ville des messagers à Achab, roi d'Israël, et lui fit dire : Ainsi parle Ben-Hadad : ton argent et ton or sont à moi, tes femmes et tes plus beaux enfants sont à moi. Le roi d'Israël répondit : Roi, mon seigneur, comme tu le dis, je suis à toi avec tout ce que j'ai.

Ce qu'exigeait Ben-Hadad, c'était un abandon total. Ce que lui a donné Achab, c'est ce qui lui avait été demandé – l'abandon total. Ces paroles : « Roi, mon seigneur, comme tu le dis, je suis à toi avec tout ce que j'ai », tout disciple de Christ pourrait les prononcer à son tour en signe d'abandon total à son Seigneur. Je le répète car nous avons besoin de le réentendre. La condition de la vie de disciple consiste en un abandon total de soi entre les mains du Christ. Jésus dit que quiconque veut marcher sur ses traces, se mettre à son école, et vivre comme son disciple, doit apprendre jour après jour à s'abandonner à lui. C'est ce à quoi il pensait quand il disait que nous devions nous charger *chaque jour* de notre croix pour le suivre.

Pourquoi nous est-il si difficile d'entendre ces paroles de Jésus ? Avouons humblement que nous avons le plus grand mal à saisir l'impact de ces paroles de Jésus sur ses auditeurs. Nous vivons à une autre époque que celle des premiers disciples. De nos jours, voyons-nous des crucifiés au bord de nos routes ? Rencontrons-nous des condamnés à mort portant leur croix jusqu'au lieu de leur crucifixion ? Mais au temps de Jésus beaucoup de Galiléens portaient des croix[3]. Il faut savoir qu'avant d'être largement répandue dans les territoires romains, la crucifixion était déjà en usage chez les Perses, les Phéniciens, et les Carthaginois. L'historien romain, Flavius Josèphe raconte qu'Alexandre fit « crucifier 800 Juifs devant ses yeux et égorger en leur présence, de leur vivant, leurs femmes et leurs enfants » (Josèphe 2014, LXII, 5, 4). En l'an 66 de notre ère, juste quelques années après la rédaction de l'Évangile de Luc, Florus, gouverneur de Judée « fit crucifier 3630 hommes, femmes et enfants ». Un peu plus tard, en 70, Titus entra dans Jérusalem et fit crucifier les assiégés qui tentaient de s'enfuir. Flavius Josèphe en a dénombré jusqu'à 500 en une journée. « À peine pouvait-on suffire à faire des croix et trouver de la place pour les planter », écrit-il (Josèphe 2013, LV, 11, 1).

Jésus utilise cette image atroce pour insister sur le fait que son disciple doit renoncer jour après jour à la direction de sa vie ou à la possession de lui-même. Paul reprendra cette même image lorsqu'il déclare : « J'ai été crucifié avec Christ ; et si je vis, ce n'est plus moi qui vis, c'est Christ qui vit en moi » (Ga 2.20). Les premiers chrétiens se voyaient eux aussi comme des crucifiés avec Christ. Tertullien par exemple, l'un des Pères de l'Église primitive, ayant vécu entre 160 et 220 de notre ère, a écrit ceci :

> Quand nous sortons et nous nous déplaçons, au début et à la fin de toutes nos activités, quand nous nous habillons, nous chaussons, prenons notre bain, sommes à table, allumons les lumières, quand nous nous couchons ou nous nous reposons, lors de chacune de nos activités, nous nous marquons le front du signe de la croix[4].

Quel est le sens de ce geste ?

---

3. Le supplicié, que l'on commence par épuiser à l'aide de coups, est condamné, non pas à porter la croix en elle-même (beaucoup trop lourde et volumineuse, si l'on veut qu'elle ait une dimension suffisante pour supporter un homme) mais à traîner derrière lui le tasseau transversal de cette croix, que l'on appelle le « *patibulum* » en latin.

4. Tertullien, *De corona mil.*, c. III. Et Jean Chrysostome dit : « Ce signe de la croix, qu'autrefois tout le monde avait en horreur, est maintenant si avidement recherché par tous, qu'on en retrouve partout : chez les gouvernants et chez leurs sujets, chez les hommes et chez les femmes, chez les personnes mariées et celles qui ne le sont pas, chez les esclaves et chez les hommes libres. Tous le tracent sans cesse sur la plus noble partie de la face humaine et le portent chaque jour gravé pour ainsi dire sur leurs fronts comme sur un pilier. Le voici à la sainte table, à l'ordination des prêtres, il resplendit avec le corps du Christ à la Cène mystique. Partout on peut le voir glorifié [...] Ainsi tout le monde recherche à l'envi ce don merveilleux, cette grâce indicible. » *Quod Christus sit Deus*, P. G., t.XLVIII, col.826.

Il semble que, dans les toutes premières communautés judéo-chrétiennes, les fidèles traçaient sur leur front une marque qui évoquait autre chose que le bois de la croix. En effet, le livre d'Ézéchiel annonce que les membres de la communauté messianique seront marqués au front du signe du Tav [Ez 9.4-6]. Le Tav hébreu, dernière lettre de l'alphabet, désigne Dieu à la manière dont l'Oméga le fait en grec. Cette lettre Tav pouvait, au temps du Christ, être représentée par le signe + ou le signe x. Nous pouvons donc penser que le signe d'Ézéchiel, en forme de croix, le sceau, est bien le Nom du Père. Ainsi, les premiers chrétiens, majoritairement d'origine juive, étaient marqués au front d'un Tav désignant le Nom de Yahwé au jour de leur baptême. [...] Déjà, dans l'Apocalypse, [...] Jean voyait 144 000 personnes qui « qui avaient le Nom de l'Agneau et celui de son Père écrits sur le front » (Ap 14.1). Le Tav des premiers chrétiens, désignait le Verbe-Nom du Père, et signifiait qu'ils lui étaient consacrés (Molinier 2007, 2-3).

Un de mes professeurs a suggéré que, lorsqu'ils faisaient ce geste, les premiers chrétiens méditaient les paroles de l'apôtre Paul aux Romains: « Si tu confesses de ta bouche le Seigneur Jésus, et si tu crois dans ton cœur que Dieu l'a ressuscité des morts, tu seras sauvé » (Rm 10.9). Selon ce professeur, les premiers chrétiens, en se signant, demandaient à Dieu de remplir leurs pensées de ses pensées, leur bouche de ses louanges, et leur cœur d'une fidélité absolue[5]. L'un des évêques chrétiens du IVe siècle, Gaudence de Brescia (327-411) disait :

> Que la parole de Dieu et le signe du Christ soient sur ton coeur, sur tes lèvres, sur ton front, en tout temps ; que tu te mettes à table, prennes un bain ou du repos, que tu sortes ou que tu entres, en temps de joie comme en temps de tristesse[6].

En Matthieu et Marc, Jésus appelle tous ceux qui veulent le suivre à renoncer à eux-mêmes, et à se charger de leur croix. Seul l'Évangile de Luc ajoute « chaque jour ». Luc insiste donc sur la nécessité quotidienne

---

5. Ce qui n'est pas loin de l'interprétation d'Ambroise : « Nous avons le signe de la croix sur notre front, sur notre coeur et sur nos bras : sur notre front, parce que *nous devons* toujours confesser Jésus-Christ ; sur notre coeur, parce que *nous devons* toujours l'aimer ; sur nos bras parce que *nous devons* toujours travailler pour lui », AMBROISE, *Vie d'Isaac*.
6. Gaudence de BRESCIA, Gaudentius, *De lect. evang.*, P.L., t. XX, col. 890.

de cette démarche dans la vie du disciple : un renoncement à soi-même, continuellement renouvelé et approfondi, afin que son être puisse être rempli de la vie divine.

L'importance de la profondeur

À travers le cheminement décrit par Luc, nous pouvons comprendre que la croix représente l'œuvre transformatrice de Dieu – Esprit Saint – dans la vie du disciple. C'est quand je prends ma croix que je suis disciple. Je ne peux pas être disciple de Jésus si je ne prends pas ma croix ! Sans croix, il n'y a pas de discipolat possible (Phillips 1981, 16-20). Le christianisme sans cette mort quotidienne à soi-même n'est qu'une philosophie. C'est un christianisme sans Christ. Il en est ainsi parce que la vie du Christ est transmise au moyen de la croix. Dans le principe de la croix, il n'est pas seulement question du dévouement qu'il nous faut pour suivre Jésus, mais également du *moyen* par lequel nous le suivons (Nelson 1994, 31-34). Nous suivons Jésus en appliquant quotidiennement le principe de la croix dans nos vies (Lc 9.23). Nous le faisons en nous soumettant à Jésus, en vivant pour lui, et non plus pour nous-mêmes. La croix nous permet de vivre comme Jésus est mort (Ph 3.10-12).

En effet, comme l'a souligné Thomas Merton : « La vie spirituelle est avant tout une vie. Il ne s'agit pas d'un sujet à étudier et à connaître, mais d'une vie à vivre » (Merton 1999). Il manque à nos communautés de foi la clef de cette profondeur. Richard Foster affirme que : « La superficialité est la malédiction de notre époque [...] actuellement, notre principal besoin, ce n'est pas d'avoir un plus grand nombre de personnes plus intelligentes et plus douées. Nous avons surtout besoin de gens qui soient profonds » (Foster 1899). Gideon Para-Mallam, le Secrétaire régional pour l'*International Fellowship of Evangelical Students* d'Afrique anglophone affirme que : « Actuellement, le seul défi devant les chrétiens africains, c'est le fait qu'ils ne vivent pas le message évangélique comme ils devraient le faire » (Para-Mallam 2013, 1). Un peu plus loin dans son article, il ajoute :

> Les chrétiens ne doivent pas vivre leur christianisme uniquement comme une religion [...] Le message qu'ils doivent apporter au continent africain est celui de vies personnelles, de familles et de communautés transformées. Cette transformation, pour avoir lieu, exige de leur part qu'ils poursuivent activement et intentionnellement la vie spirituelle qui ne s'obtient que dans

l'obéissance au Christ. Et cela, beaucoup de fidèles dans nos communautés de foi ne le font pas.

Vous est-il arrivé de vous demander si les activités et les programmes mis en place par vos assemblées favorisaient réellement la croissance spirituelle et transformatrice des fidèles ? Mettons-nous nos ressources dans des ministères qui changent réellement le comportement de nos membres ? Nos réunions aident-elles réellement ceux qui y assistent à devenir davantage comme Jésus-Christ, ou servent-elles, au contraire, simplement à les occuper ? » Aux États-Unis, une des églises les plus grandes, *Willow Creek*, a fait une étude auprès de plusieurs églises à partir de quelques questions. Vingt-quatre églises y ont participé. Les conclusions ont été les mêmes dans chacune d'elles : la croissance numérique d'une assemblée n'est pas en adéquation avec la croissance spirituelle et la transformation des vies (Hawkins & Parkinson 2007).

Ce que la transformation n'est pas

> Mais grandissez dans la grâce et dans la connaissance de notre Seigneur et Sauveur Jésus-Christ. À lui soit la gloire, maintenant et pour l'éternité. Amen. (2 P 3.18)

Beaucoup de pasteurs que je connais seraient d'accord avec Bill Hull lorsque ce dernier affirme que « Le discipolat, ou la formation spirituelle, est l'œuvre première et exclusive de l'Église. Tout le reste, en reprenant les paroles de Salomon, "revient à poursuivre le vent" (Ec 2.26) » (2004, 29). Mais même si chaque église forme ses membres selon sa vision de ce qui est important, force est de constater que nos communautés de foi ne produisent pas toujours les transformations de vie qu'elles escomptent.

Voyons, avant d'avancer plus loin dans notre réflexion sur la voie de la transformation, ce que la transformation spirituelle n'est pas.

1. *La transformation spirituelle ne précède pas notre relation au Christ.* Une personne n'entre pas dans une relation au Christ grâce à son bon comportement (Ep 2.8-9). L'instant même où l'individu place sa confiance en Jésus, il est « une nouvelle créature » en Christ (2 Co 5.17). Il ne s'agit pas d'un processus, mais d'un miracle instantané et merveilleux. Un processus est sans doute nécessaire pour exposer la personne à l'évangile et la conduire à la foi ; mais pour ce qui est

du pardon de nos péchés, de la délivrance des ténèbres et de notre entrée dans le royaume de Jésus (Col 1.13), cela se fait en l'espace d'un « instant miracle ». C'est à ce moment précis que le croyant reçoit de Jésus-Christ tout ce qui est nécessaire à la vie et à la piété (2 P 1.3). La transformation spirituelle ne précède pas notre relation au Christ, elle la suit.

2. *La transformation spirituelle n'est pas égale à expérimenter l'amour de Dieu.* J'entends par là que l'on ne cherche pas la transformation spirituelle comme un moyen d'expérimenter davantage l'amour divin. D'ailleurs, nous ne pouvons absolument rien faire pour augmenter l'amour que Dieu nous porte. De même nous ne pouvons rien faire qui le diminuerait. Selon Romains 5.1-11, Dieu nous aimait alors même que nous étions pécheurs. Avant d'être réconciliés avec lui par le Christ, nous lui étions hostiles. Dieu ne nous aime pourtant pas plus aujourd'hui que lorsque nous lui étions hostiles.

3. *La transformation spirituelle n'est pas une question de temps.* Certains textes bibliques indiquent qu'au fur et à mesure que nous avançons sur la voie de la transformation, nous progressons en franchissant des étapes spirituelles. L'apôtre Paul par exemple, fait une distinction entre les fidèles qui sont matures et ceux qui, comme des enfants, sont ballottés à tous vents de doctrine (Ep 4.14). De même, l'auteur de l'épître aux Hébreux soutient avec conviction que les croyants ne doivent pas rester des enfants spirituels (Hé 5.13). Cependant, le progrès spirituel ne se fait pas automatiquement, à mesure que le temps passe. La transformation spirituelle défie le calendrier. Aux croyants de la ville de Corinthe, Paul écrit : « Pour moi, frères, ce n'est pas comme à des hommes spirituels que j'ai pu vous parler, mais comme à des hommes charnels, comme à des enfants en Christ » (1 Co 3.1). Ces fidèles n'avaient pas grandi malgré toutes leurs années de vie chrétienne.

4. *La transformation spirituelle n'est pas une question de connaissances engrangées.* Il nous arrive de penser que la maturité et la profondeur spirituelles dépendent de notre connaissance de la Bible. Mais la connaissance à elle seule ne produit pas la transformation. Ce qui est plus important, c'est ce que la personne fait de ce qu'elle sait. Paul

nous met en garde car la connaissance nous rend orgueilleux (1 Co 8.1). Lorsqu'un croyant devient orgueilleux, sa croissance spirituelle est immédiatement retardée. À trois reprises, la Bible nous avertit que Dieu lui-même résiste aux orgueilleux (Pr 3.34 ; Jc 4.6 ; 1 P 5.5).

5. *La transformation spirituelle n'est pas le fruit de nombreuses activités.* Certaines personnes croient qu'en assistant à toutes les activités proposées par leur communauté de foi (les cultes du dimanche, les veillées de prière, les études bibliques, etc.), elles grandiront spirituellement. Et pourtant, si vous êtes nuit et jour impliqués dans des activités religieuses, rien ne dit que vous êtes profondément spirituel. Jésus semble même en douter quand il déclare : « Beaucoup me diront ce jour-là : [. . .] N'avons-nous pas fait beaucoup de miracles en ton nom ? Alors je leur dirai ouvertement : "Je ne vous ai jamais connus" » (Mt 7.22-23). Les activités religieuses ne donnent accès ni à la nouvelle naissance, ni à la transformation spirituelle. Bon nombre d'activités religieuses semblent produire un minimum de transformation spirituelle. Des observateurs tels que Dallas Willard estiment que : « Ce que reçoit chaque semaine la majorité des fidèles dans les églises ne les fait pas progresser spirituellement » (Willard 1988).

6. *La transformation spirituelle n'est pas liée à la prospérité.* Il existe un certain type de prédication et d'enseignement répandus dans le monde entier, fondés sur l'idée que la profondeur spirituelle est liée aux bénédictions que sont la santé et la richesse. Pour les tenants de cette position, la spiritualité d'une personne lui permet d'obtenir ces bénédictions grâce à une confession de foi positive et à la « loi de la semence » en argent ou en biens matériels. Elle enseigne qu'en plus du salut, le Christ promet et assure, à ceux qui mettent leur foi en action, la richesse matérielle, la santé et le succès. La Bible, au contraire, nous avertit des dangers liés au fait de rechercher les biens matériels. Ceux qui suivent Jésus doivent être désintéressés (1 Tm 3.3) et ne doivent pas se livrer à l'amour de l'argent (Hé 13.5). L'amour de l'argent mène à toutes sortes de maux (1 Tm 6.10). Jésus nous a avertis (Lc 12.15) : « Gardez-vous avec soin de toute avarice, car la vie d'un homme ne dépend pas de ses biens » (MacArthur 1990, 15).

Le but de la transformation

L'objectif de la transformation spirituelle est mentionné clairement en 2 Pierre 3.18 : « Grandissez dans la grâce et dans la connaissance de notre Seigneur Jésus-Christ. À lui soit la gloire, maintenant et pour l'éternité ! Amen ! » Dans cette courte lettre, Pierre avait déjà souligné la nécessité de progresser continuellement sur la voie de la transformation (1.3-11). Suivre Christ, c'est comme faire du vélo. Si vous n'avancez pas, vous tombez (Green 1968, 150). L'apôtre Paul explique que ceux qui suivent la voie de la transformation n'atteignent jamais, dans cette vie, la plénitude de la connaissance de Jésus-Christ ; c'est pourquoi leur objectif est de le connaître de façon toujours plus intime (Ph 3.10-13 ; cf. Ep 1.17).

Ce qui est remarquable dans ce texte de 2 Pierre, c'est le lien qui est fait entre ce cheminement sur la voie de la transformation et la gloire de Jésus-Christ. Notons tout d'abord que pour un Juif (Pierre) qui aurait appris les paroles solennelles d'Ésaïe 42.8 – « Je suis l'Éternel, voilà quel est mon nom, et je ne donnerai pas ma gloire à un autre . . . » – attribuer la gloire à Jésus-Christ est une confession forte de la suprématie du Christ (Blum 1981, 289). Notons également que c'est ce cheminement sur la voie de la transformation qui glorifie Jésus-Christ. Nous y reviendrons au chapitre sept.

Un autre texte monumental du Nouveau Testament nous permettra de mieux saisir le lien entre la gloire du Christ et la transformation. Mais pour présenter ce texte, arrêtons-nous quelques instants sur une étude qui a été faite en 2010, concernant la vitalité et la maturité spirituelle des croyants évangéliques en Amérique du Nord.

Le processus de la transformation

En 2008, un groupe appelé *Lifeway Research* a fait une étude auprès de 7 000 églises locales situées en Amérique du Nord. Leur but était de découvrir les principes de santé spirituelle et organisationnelle qui opèrent dans ces milieux. Poussé par ses découvertes, *Lifeway Research* s'est lancé, en 2010, dans une nouvelle étude cherchant à mesurer la vitalité et la maturité spirituelle des croyants et fidèles évangéliques. Cette recherche a eu lieu en trois phases. Tout d'abord, une interview a été réalisée par vingt-huit experts sur le thème du discipolat (auprès de pasteurs, professeurs, et responsables d'églises). Suite à ces entretiens, et à partir de leurs découvertes, ils ont rédigé un questionnaire dont ils se sont servis par la suite pour interroger 1 000 pasteurs protestants aux États-Unis. Le but de ce questionnaire était de découvrir les types de discipolat qu'ils avaient mis en place dans leurs églises, et leur niveau de satisfaction concernant leur programme de discipolat. Finalement, 4 000 protestants américains (dont 1100 Canadiens) ont été interrogés au sujet de leur santé spirituelle, en anglais, espagnol et français. Voici, résumé en une seule phrase, les conclusions de cette étude extensive et approfondie : « Pour ce qui est d'un discipolat qui transforme les vies, la plupart des églises échouent » (Geiger, Kelley, et Nation 2012, 16).

On parviendrait probablement au même constat si on menait cette enquête en Europe, en Afrique et en Asie. George Barna qui, depuis de nombreuses années, étudie la vie de ceux qui se réclament du Christ, suggère que seule la moitié d'entre eux cherche activement à grandir spirituellement (Barna 2001). Gardons à l'esprit ce que nous avons vu précédemment, à savoir que le but de la transformation spirituelle est la gloire de Dieu et que cela se fait en laissant le Christ vivre sa vie en nous. Les Écritures associent cette transformation à un mot : « métamorphose ». Il indique un changement durable et irréversible au niveau du noyau, et non une simple altération externe ou modification d'apparence. L'apôtre Paul décrit ainsi cette transformation :

> Or le Seigneur, c'est l'Esprit, et là où est l'Esprit du Seigneur, là est la liberté. Nous tous qui, sans voile sur le visage, contemplons comme dans un miroir la gloire du Seigneur, nous sommes transformés à son image, de gloire en gloire, par l'Esprit du Seigneur. (2 Co 3.17-18)

Dans ce texte Paul fait allusion à Moïse et à ses rencontres avec Dieu sur le mont Sinaï (Ex 34.29-35). Chaque fois que Moïse rencontrait Dieu, il en ressortait transformé, « son visage rayonnait ». Alors Moïse mettait un voile sur son visage pour cacher le caractère passager de cette transformation (cf. 2 Co 3.13). Chaque pas qui éloignait Moïse du mont Sinaï, l'éloignait de la présence de Dieu.

Paul affirme que ceux qui mettent leur confiance en Christ ont le visage dévoilé. La gloire ne diminue pas pour eux, comme ce fut le cas pour Moïse. Au contraire, parce qu'ils ne quittent jamais la présence du Christ, cette gloire ne fait que s'accroître (voir Col 1.27 et 2 Co 4.6). Ils ne quittent jamais le mont de la rencontre du fait que le consolateur, celui que le Père a envoyé pour nous révéler Jésus-Christ, vit en eux. Ils bénéficient d'un face à face avec Dieu que même Moïse ne connaissait pas.

Le langage de l'apôtre dans ce texte est d'une grande logique, puisque c'est Dieu qui transforme par l'Esprit qu'il a envoyé, l'Esprit de Jésus. Nous ne nous transformons pas nous-mêmes, « [. . .] nous sommes transformés à son image [. . .] ». Toute cette transformation est faite « par l'Esprit du Seigneur ». Mais si c'est Dieu qui transforme, comment se fait-il que tant de fidèles ne grandissent pas ? Comment expliquer le manque de profondeur et le petit nombre de vrais disciples de Jésus dans nos communautés de foi ? Si c'est par son Esprit que Dieu nous transforme, avons-nous un rôle à jouer ? Si c'est Dieu qui conduit les fidèles de nos communautés de foi à la maturité, avons-nous quelque chose à faire ? À partir de la recherche faite par *Lifeway Research*, Eric Geiger offre une réponse intéressante à ces questions :

> Oui, c'est Dieu qui transformait Moïse, mais Moïse avait à jouer un rôle actif important dans cette transformation. Son rôle était simple, mais nécessaire. Qu'a-t-il fait ? Gravir la montagne. Moïse s'est placé dans la bonne condition pour être transformé. Il avait découvert la bonne posture qui permettait à Dieu d'agir dans sa vie ; c'est pourquoi il se rendait au mont Sinaï. (Geiger, Kelley et Nation 2012, 9)

Et il ajoute :

> La bonne perspective n'est ni la passivité (parce que c'est Dieu qui transforme), ni la performance (comme si nous devions nous transformer nous-mêmes), mais bien un partenariat. La transformation est une synergie[7] humaine et divine qui dure toute la vie. (Geiger, Kelley et Nation 2012, 57).

Dans le chapitre précédent, j'ai affirmé deux choses qui vont entrer maintenant dans notre réflexion. Tout d'abord, j'ai affirmé que Jésus-Christ est la réalité ultime, la mesure de ce que tout croyant doit vivre. Et j'ai terminé le chapitre en attestant que la raison principale pour laquelle bon nombre de croyants ne grandissent pas, ou ne continuent pas de grandir, c'était qu'ils n'avaient pas appris à se soumettre à un modèle leur apprenant comment suivre Jésus. Au commencement de ce chapitre, j'ai montré que l'Évangile selon Luc présente la voie du discipolat comme un chemin d'abandon de soi (le principe de la croix). L'étude menée par *Lifeway Research* confirme ces observations. Selon l'analyse de ces chercheurs, le partenariat synergétique

---

7. Le mot « synergie » qui se trouve dans la Bible (Rm 8.28) veut dire une action coordonnée dans l'accomplissement d'une fonction.

et transformateur entre Dieu et nous a lieu lorsqu'il y a intersection de trois réalités. Pour reprendre l'analogie de Moïse sur la montagne, c'est lorsqu'un croyant expérimente en même temps trois éléments qu'il est en position d'être transformé profondément et durablement par l'Esprit de Dieu. Ces trois éléments sont : l'enseignement de Jésus, la vulnérabilité, et l'accompagnement personnel.

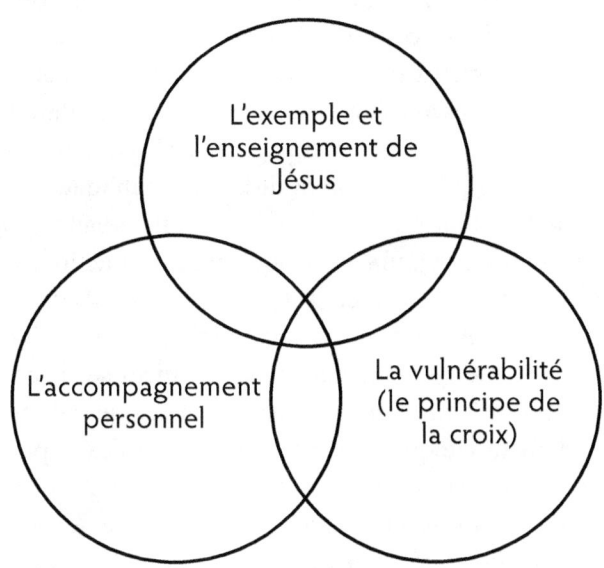

Lorsque ces trois éléments ont lieu simultanément, la personne est dans une position lui permettant de grandir en Christ. Dans beaucoup de nos assemblées, on dispense un enseignement à partir de l'exemple et des paroles de Jésus-Christ. Ce dernier est reçu par des personnes qui se sentent vulnérables à cause des épreuves de toutes sortes qui les assaillent. Parfois ce sentiment de fragilité est provoqué par la rencontre avec la vérité/réalité qu'est Jésus-Christ lui-même et la réalisation que l'on n'est pas à la hauteur de son appel. À d'autres moments ce sont les épreuves qui rendent la personne particulièrement attentive et réceptive à la Parole de Dieu. Ce qui est important, c'est que ces deux expériences aient lieu en même temps. C'est alors qu'une transformation profonde devient possible. Cependant, dans la majorité des cas, ces deux éléments ne suffisent pas pour effectuer le changement tant désiré. Le fait qu'il y ait si peu d'accompagnement personnel dans nos assemblées de foi explique en grande partie le manque de profondeur spirituelle. Une expérience personnelle servira d'exemple.

Témoignage personnel

Après avoir terminé une année d'études de français au début de mon expérience missionnaire en France, j'ai été invité avec mon épouse à me joindre à une équipe de missionnaires qui s'installaient dans la ville de Strasbourg. Il était convenu que j'aiderais ces missionnaires avec leur installation, et qu'en échange, ils me donneraient une formation dans le ministère. Je les servais donc avec les compétences que j'avais acquises auparavant dans la menuiserie. En échange, ils me laissaient les accompagner sur le campus universitaire où ils partageaient l'Évangile et animaient des études bibliques. Après quelques mois, un de ces missionnaires, Daniel, m'a dit qu'il voulait me parler.

Daniel avait suggéré ce jour-là que nous nous promenions dans un grand espace vert qui se trouvait au milieu de la ville parce qu'il avait quelque chose d'important à me dire. Au cours de notre marche, et après m'avoir dit tout le bien qu'il pensait de mon engagement avec les autres sur le campus, Daniel me dit : « David, cela fait maintenant plusieurs mois que je t'observe et je vois quelque chose dans ta vie qui n'est pas conforme à l'exemple du Christ. Si cela ne change pas, tu ne deviendras pas l'homme que Dieu veut que tu sois, et cela t'handicapera dans ton témoignage. » Puis il m'a demandé : « Veux-tu que je continue ? Veux-tu savoir ce que je vois qui ne va pas dans ta vie ? »

Je sentais un nœud se former dans ma gorge. Jamais un homme que j'estimais ne m'avait parlé de cette manière. Jamais un ami ne m'avait dit aussi directement que j'avais un problème grave à résoudre dans ma vie, problème qui pourrait m'empêcher de devenir l'homme que je désirais être. Tout à coup je me sentais à découvert, vulnérable. Daniel attendait ma réponse. « Oui », lui ai-je dit « dis-moi je t'en prie ce que tu as vu en moi. »

Après avoir gentiment posé sa main sur mon épaule, Daniel m'a dit : « David, j'ai observé que tu ne sais pas comment te comporter dans une conversation qui ne tourne pas autour de toi. Tu parles sans cesse de toi-même. » Nous avons continué notre promenade, et pendant de longues minutes Daniel a énuméré plusieurs situations où il avait observé ce mauvais comportement. J'étais comme terrassé. Des larmes de honte, de chagrin et de repentance, ont commencé à couler sur mes joues. Je savais au fond de moi que Daniel voyait juste. Il mettait le doigt sur un aspect de ma vie que je n'aimais pas, mais que je n'arrivais pas à maîtriser. Et je dois avouer que cela faisait mal.

Daniel n'a pas essayé d'atténuer mon chagrin. Il n'a pas reculé devant ma souffrance. Son but n'était ni de me réconforter ni de diminuer l'importance de ma faute. Au contraire, il lui semblait que ce problème était sans doute révélateur d'un mal plus profond. Il m'a dit que pour corriger ce défaut, nous allions devoir travailler à plusieurs niveaux. D'une part, j'aurais à corriger la façon dont je communiquais. Mais à un niveau plus profond, j'aurais à corriger la mauvaise image que j'avais de moi-même et qui me poussait sans cesse à parler de moi. Après avoir passé un moment dans la prière, il m'a demandé : « David, veux-tu que le Christ change cet aspect de ta vie pour davantage lui ressembler ? »

Après lui avoir donné une réponse positive, Daniel m'a dit : « Voilà ce que je suggère que tu fasses. À partir de maintenant, et pendant tout un mois, David, je te défends d'utiliser dans tes conversations les mots « moi », « je », « mon ». Ces mots ne peuvent pas sortir de ta bouche pendant toute cette période, ni en privé, ni en public. Es-tu d'accord ? Veux-tu t'engager à restreindre ainsi ton vocabulaire ? » Une fois encore j'ai répondu par l'affirmative. Il a alors ajouté: « Pendant cette même période, je veux que tu fasses une étude de tous les textes bibliques qui ont un lien avec les paroles qui sortent de notre bouche. Examine aussi comment Jésus s'adressait aux autres. Parmi tous ces versets, choisis-en quelques-uns pour les méditer et les mémoriser ». Par la suite, nous nous sommes retrouvés régulièrement Daniel et moi pour voir comment tout cela pouvait s'appliquer à ma façon de communiquer. Nous avons passé encore un moment dans la prière en demandant spécifiquement à l'Esprit de Dieu de me guérir et de m'apprendre une nouvelle façon de converser. Puis nous nous sommes quittés en fixant un prochain rendez-vous.

Après cet entretien avec Daniel, j'étais totalement bouleversé. J'ai passé quelques jours par la suite sans dire un mot. Je ne savais pas comment formuler une expression dans laquelle ne figureraient pas les mots « moi », « je », « mon », etc. Petit à petit, lentement à vrai dire, j'ai appris une nouvelle manière de communiquer si bien qu'à la fin du mois, Daniel m'a dit : « David, ça va beaucoup mieux. Maintenant tu peux réintroduire ces mots dans ton vocabulaire. Mais si jamais je t'entends retomber dans tes vieilles habitudes, je n'hésiterai pas à te rappeler à l'ordre. », ce qu'il a dû faire à plusieurs reprises.

Conclusions

Cet exemple d'un accompagnement sur la voie de la transformation spirituelle n'est pas un modèle absolu et exclusif. Il y a bien d'autres manières de mettre le fidèle en position d'expérimenter simultanément la Parole de Dieu, son besoin, et l'accompagnement personnel. Cet exemple de travail sur un aspect de ma façon de communiquer ne représente d'ailleurs pas l'unique domaine dans ma vie où le changement est nécessaire. Ceux qui se mettent à la suite de Jésus doivent vraiment être transformés au niveau de leurs pensées. C'est une chose en effet de croire en Jésus, mais c'en est une autre de croire ce que Jésus croyait. Les disciples doivent être transformés également dans leurs relations avec les autres afin d'apprendre à aimer comme Jésus aimait. Ils doivent être transformés dans leurs habitudes. Cela signifie qu'ils doivent apprendre à pratiquer des exercices spirituels tels que le silence (Lc 2.41-52), la solitude (Mc 1.35), le jeûne (Mt 4.1-11), la frugalité (Lc 9.58), la prière (Lc 6.12), le secret (Mt 6.1-7 ; Mc 4.1), la soumission (Jn 5.8-37), l'humilité (Ph 2.5-8), l'obéissance (Lc 22.41-42), le sacrifice (Hé 10.9-10), l'étude (Lc 2.41-52), la communion fraternelle (Lc 22.14), la confession (Mc 8.31 ; 14.36), l'adoration (Jn 4.21-24). Ils doivent aussi être transformés dans leurs actes de service afin d'apprendre à faire le ministère (rendre témoignage) comme Jésus le faisait. Enfin, ils doivent être transformés dans leur façon d'influencer les autres, afin d'accompagner les autres comme Jésus accompagnait ses disciples.

Cette transformation touche donc à tous les domaines de la vie humaine. Et puisqu'il s'agit d'un changement profond, ayant lieu sous le regard d'un accompagnateur, d'un mentor ou guide spirituel, cette relation implique une *relation* nourricière, un *apprentissage* de diverses compétences, la *responsabilité* pour mes actions, la *soumission* vis-à-vis du formateur, et la *sagesse* devant les choix. Cette relation particulière entre le fidèle qui lui sert de guide et celui qui apprend avec lui comment être un disciple de Jésus comporte aussi un risque important dont nous allons parler dans le chapitre suivant.

Questions de réflexion

1. Que pensez-vous de la description faite dans ce chapitre concernant la voie de la transformation spirituelle ? Parmi les éléments de cette transformation spirituelle développés par l'auteur, lesquels vous semblent les plus importants ?

2. Souvenez-vous d'une occasion où votre façon de penser ou d'agir a été transformée par Christ. En quoi cette expérience reflète-t-elle le modèle de la transformation développée par *Lifeway Research* ?

3. D'après votre expérience, quels pourraient être les freins à la transformation profonde de la vie de ceux qui se réclament du Christ ? Que pourrait-on faire pour changer cette situation ?

6

Deux objections majeures

Dans le précédent chapitre, j'ai soutenu l'idée que la situation qui favorise la transformation spirituelle a lieu lorsque trois éléments sont présents simultanément : (1) la Parole de Dieu, et plus spécifiquement l'exemple et l'enseignement du Christ ; (2) une attitude de faiblesse, de vulnérabilité ou d'ouverture de la part de la personne qui se trouve devant cette Parole ; et (3) un accompagnement personnel. J'avais déjà insisté au chapitre 4 sur le fait que la plupart des gens ne veulent pas entrer dans une relation d'accompagnement spirituel, donnant à une autre personne un droit de regard sur leur vie privée. Pourtant, les faits semblent démontrer qu'une telle relation est nécessaire pour que puisse avoir lieu une transformation spirituelle profonde. J'ai également beaucoup insisté sur l'idée qu'un disciple de Jésus cherche activement à accompagner d'autres personnes dans ce type de relation.

Après avoir regardé de près l'impératif missionnaire que Jésus a donné à ceux qui se mettent à sa suite au chapitre 3, j'ai soutenu l'idée que Jésus pensait ce qu'il disait, et qu'il disait exactement ce qu'il pensait, lorsqu'il a envoyé ses disciples faire des disciples. Quand Jésus nous ordonne de faire des disciples, c'est bien ce qu'il veut nous dire. Et pourtant, dans le chapitre précédent, malgré ce commandement très clair, j'ai dressé un portrait des églises américaines, françaises, et africaines qui indiquerait qu'en réalité, au lieu de faire des disciples de Jésus, nous nous contentions de faire des « convertis », des « fidèles », et des « membres » pour nos assemblées. Le témoignage de l'un de mes étudiants africains illustre ce fait :

> C'est que d'obédience catholique que j'étais, j'ai reçu la nouvelle naissance au travers des cours bibliques Emmaüs. J'ai alors commencé à fréquenter l'Église pentecôtiste. Huit années plus tard, je suis tombé dans ce que certains appellent des ministères

> « de combat spirituel » et durant pratiquement treize années, j'y ai entrainé toute ma famille. Je me suis finalement rendu compte que je sombrais dans la soif, le manque de paix intérieure et une insatisfaction au niveau de l'assurance du salut. Pire encore, au sein de ces ministères, il se dégageait autour de moi une atmosphère de déchirement qui a entrainé des divorces, de graves ruptures relationnelles entre les couples, les enfants, les frères, les sœurs, les parents, les grands-parents et les amis. (communication personnelle, 1 mars 2014)

D'autres séminaristes africains décrivent les fidèles de leurs églises respectives comme étant « immatures », « immoraux » et « syncrétistes ». Bien que ces descriptions puissent paraître exagérées ou trop sévères, nous pouvons nous interroger sur le nombre de véritables disciples de Jésus formant à leur tour des disciples dans ces milieux. Malgré ce constat accablant, certains croyants ne pensent pas que tout fidèle soit appelé à être disciple de Jésus. Ces personnes reconnaissent certes que Jésus faisait des disciples, mais elles ne voient ce modèle ni dans les Actes des Apôtres, ni dans les épîtres. À leurs yeux, la venue de l'Esprit Saint et la naissance de l'Église ont remplacé le modèle de disciple par celui de « croyant », « pratiquant », « fidèle », « membre », « baptisé », « saint », « frère et sœur », etc. Voici donc une première objection majeure à l'affirmation que nous sommes appelés à faire des disciples de Jésus : Paul (et les autres apôtres) n'aurait pas cherché à faire des disciples de Jésus, mais à fonder des communautés de foi.

D'autres personnes affirment que nous ne pouvons pas faire des disciples de Jésus, et que les tentatives allant dans ce sens provoquent des abus spirituels (Buckingham 1990 ; Moore 2003). Elles citent l'exemple de personnes poussant à l'extrême certains principes bibliques, et n'hésitant pas à demander à leurs « disciples » de leur être soumis, (comme des « brebis » à leur « berger »), au point qu'elles exigent qu'ils aient l'approbation de leur « conducteur spirituel » pour toutes les décisions importantes de leur vie. Certains « hommes de Dieu » vont parfois jusqu'à exiger que leurs « disciples » leur communiquent leurs bulletins de salaire, afin de déterminer le montant de la « dîme » qu'ils ont à verser, avant de pouvoir faire toute autre dépense. D'autres imposent à leurs « disciples » un code de conduite très strict, et insistent sur la nécessité de remplir toute une série de conditions morales et religieuses pour qu'ils aient « l'assurance de leur salut ». De tels abus spirituels amènent certains croyants à rejeter l'idée de faire des disciples.

Dans ce chapitre, j'aimerais répondre à ces objections. Dans un premier temps, nous verrons si l'apôtre Paul était lui-même un disciple de Jésus, et s'il faisait des disciples de Jésus. Dans un second temps, je soutiendrai la thèse que nous pouvons faire des disciples de Jésus sans tomber dans les travers de l'abus spirituel. Je mentionnerai aussi quelques indices révélateurs indiquant que la relation d'accompagnement spirituel prend une mauvaise direction.

L'apôtre Paul était-il un disciple de Jésus ?

Une lecture attentive du texte biblique montre qu'Actes 21.16 est la dernière utilisation du mot « disciple » dans le Nouveau Testament. Non seulement l'apôtre Paul et ses collaborateurs ne semblent pas se servir de ce mot, mais les biblistes constatent que Paul ne se réfère que rarement à l'enseignement de Jésus. En dehors des événements liés au salut, tels que la mort et la résurrection, dont le rappel est partout, pas une seule fois Paul ne cite des paroles de Jésus se référant à un texte parfaitement parallèle à un passage d'un évangile (Bénétreau 1997). Je ne souhaite pas entrer dans le grand débat qui a lieu entre les biblistes depuis le XIXe siècle (Furnish 1989) sur la place de Paul et de sa relation à Jésus. Il importe toutefois de garder à l'esprit le discours de Jésus au Cénacle, dans lequel il avertit ses disciples que sa relation avec eux allait changer. Ils ne connaitraient bientôt plus cette relation physique qu'ils avaient eu avec lui. « L'Esprit de vérité » prendrait le relais et les ferait désormais avancer dans cette relation (Jn 16.13). Me fondant sur cette affirmation, je soutiens l'idée que Paul est le prototype des disciples de Jésus qui connaissent leur Maître depuis plus de deux mille ans, malgré son absence physique.

Nous examinerons successivement deux éléments majeurs : (1) Paul était disciple de Jésus grâce au témoignage de la communauté de foi, et (2) Paul était disciple de Jésus grâce à l'Esprit de Jésus.

Paul était disciple de Jésus grâce au témoignage de la communauté de foi

L'apôtre Paul était disciple de Jésus bien qu'il n'ait pas pu marcher à ses côtés sur les routes de Galilée, comme c'était le cas de Pierre, Jacques, Jean et les autres. Néanmoins, il se réfère aux événements du ministère de Jésus, et affirme transmettre une tradition qu'il avait lui-même reçue du Seigneur

(1 Co 11.23ss). En outre, il est évident dans ses écrits que Paul a connu de nombreuses occasions lui permettant de recevoir des informations sur Jésus.

> En tant qu'opposant pharisien et que persécuteur des adeptes du Messie-Jésus, se trouvant à Jérusalem peu de temps après les événements, il lui avait bien fallu acquérir un minimum de connaissances sur lui, avant sa conversion. Après celle-ci, il a vécu au sein des communautés de Damas, d'Antioche de Syrie, des villes proches qui accueillaient de nombreux Juifs de Jérusalem porteurs de traditions relatives à Jésus. [. . .] Les visites de l'apôtre à Jérusalem, la présence à ses côtés d'hommes aptes à relayer des informations (Barnabas, Silvain, Jean-Marc), lui ont offert de multiples occasions de connaître Jésus. (Bénétreau 1997).

Le seul fait que Paul soit monté à Jérusalem après sa conversion pour « faire la connaissance de Pierre » (Ga 1.18) en dit long sur son désir d'apprendre tout ce que Jésus avait prescrit (cf. Mt 28.20). Remarquez bien que Paul ne privilégie pas les révélations directes (l'expérience du chemin de Damas, et Ga 1.11-12) au détriment de ce qu'offrait le témoignage des autres apôtres. Au contraire, il est conscient de prêcher le même Évangile (Ga 1.23). En ceci, on peut affirmer que Paul est une référence pour nous. Comme lui, nous ne pouvons pas compter uniquement sur nos propres expériences et nos révélations spirituelles pour devenir disciples de Jésus ! Nous avons besoin d'entrer dans la chaîne des transmetteurs qui commence par les témoins oculaires, ceux qui par conséquent, se trouvaient à proximité immédiate de Jésus (Lc 1.1-4). Comme l'apôtre, si nous voulons être son disciple, nous devons à notre tour nous informer continuellement au sujet de la vie et de l'enseignement de Jésus par une étude approfondie des Évangiles.

La deuxième leçon que nous pouvons tirer de l'exemple de Paul c'est qu'il ne ressentait évidemment pas le besoin d'avoir la même relation à Jésus qu'avaient les premiers disciples. Les premiers disciples avaient bénéficié d'une relation directe, corporelle, avec leur Maître. Leurs yeux l'avaient vu, leurs oreilles avaient entendu le son de sa voix, et leurs mains l'avaient touché (cf. 1 Jn 1.1-3). Paul n'avait pas connu ce type d'intimité corporelle avec Christ, et il était conscient de porter un regard nouveau sur Jésus : « Ainsi, dès maintenant, nous ne connaissons personne selon la chair ; et si nous avons connu Christ selon la chair, maintenant nous ne le connaissons plus de cette manière » (2 Co 5.16).

Un regard nouveau sur Jésus, certes, mais il s'agit bien du même Jésus. Paul ne connaissait pas Jésus comme les autres l'avaient connu, néanmoins il connaissait le même Jésus. J'aimerais illustrer ce point en faisant appel à l'extraordinaire diversité des images ayant trait à l'identité de Jésus dans le Nouveau Testament. Nous n'avons qu'à penser aux représentations associées aux titres multiples qui lui sont attribués dans ces écrits : enseignant, Messie, roi, prophète, prêtre, Seigneur, Fils de l'homme, Fils de Dieu, premier-né d'entre les morts, l'amen, Sauveur, rédempteur, serviteur, Juste, Fils de David, Parole, juge, avocat, témoin, ami, etc. Il y a également une multitude de métaphores et de métonymies qui s'appliquent à Jésus – agneau, berger, porte, cep, lumière, pain, eau vive, sang, temple, pierre, bâtisseur. Il est impossible de choisir un de ces titres ou une de ces métaphores comme étant plus centrale que les autres. Chacun d'eux, chacune d'elles contribue à parfaire notre connaissance de Jésus. Aucun d'eux ne résume à lui seul, tout ce qu'est Jésus. Nous sommes incroyablement enrichis par leur abondance et par leur diversité. Nous serions appauvris si l'un ou l'autre manquait.

> La diversité de témoignages et d'interprétations est réelle. On pourrait presque dire qu'il y a un portrait différent de Jésus dans chacun des écrits du Nouveau Testament. Le portrait de Jésus dressé par Paul et celui du livre de l'Apocalypse possèdent des caractéristiques distinctives. Le Jésus de l'épître aux Hébreux ne ressemble pas en tous points à celui de l'épître de Jacques. Marc et Jean ne témoignent pas de Jésus de façon identique. Les interprétations de Jésus par Matthieu et par Jean ne sont pas semblables. Toute tentative de notre part, visant à taire ou à supprimer cette diversité en vue de simplifier notre compréhension de l'identité de Jésus, serait une violation faite aux textes qui témoignent de lui. Dans tous ces portraits cependant, l'humanité de Jésus se présente comme étant la mesure de la vie du disciple. Ses paroles sont les injonctions que ses disciples cherchent à observer. Et surtout, quelle que soit leur expérience particulière de sa présence, son caractère demeure la norme pour tous ses disciples (Johnson 1999, 199).

Ce que je retiens de cette observation, c'est la conviction que pour Paul, même si tous doivent avoir « la pensée du Christ » (1 Co 2.16), tous les disciples de Jésus ne se ressemblent pas, et qu'il n'y a pas une seule façon « juste » de suivre Christ dans la fidélité à son enseignement. Le théologien évangélique,

Samuel Bénétreau, est de cet avis lorsqu'il affirme que la continuité entre un maître et un disciple peut revêtir plusieurs formes : « À côté du disciple-répétiteur qui s'efforce de reproduire aussi exactement que possible les *ipsissima verba* (les mots précis), on trouve le disciple qui se veut tout aussi fidèle, mais qui cherche avant tout à se pénétrer de la pensée de ce maître et à subir son influence » (1997). Paul ne citait pas Jésus directement, il ne cherchait pas à reproduire exactement ses gestes, et il ne se demandait peut-être pas ce que Jésus ferait à sa place. Mais Paul était pénétré de la pensée de Jésus. Il vivait sous son influence. Comment faisait-il cela ? Paul vivait sous l'impulsion de l'Esprit de Jésus !

Paul était disciple de Jésus grâce à l'Esprit de Jésus

Nous sommes parfois tentés de séparer de manière trop radicale la personne de l'Esprit Saint et la personne de Jésus. L'un de mes étudiants a même essayé de me convaincre que le Saint-Esprit n'était pas une personne. Il m'a expliqué que dans la communauté de foi qu'il fréquente, le Saint-Esprit est compris tout simplement comme étant la puissance de Dieu. Pour éviter ce type d'erreur, et pour comprendre comment l'apôtre Paul pouvait être disciple de Jésus sans avoir connu Jésus dans la chair, il nous sera utile de commencer par voir la façon dont l'Évangile selon Jean décrit le lien entre Jésus et l'Esprit.

Dans l'Évangile de Jean, il est clair que Jésus joue un rôle actif dans la venue de l'Esprit Saint, même si ce dernier a été donné par Dieu le Père. Jésus prie pour sa venue (Jn 14.16). Le Père envoie l'Esprit au nom de Jésus (Jn 14.26). Jésus affirme que c'est lui qui envoie l'Esprit de la part du Père (Jn 15.26). Jésus doit partir pour que l'Esprit puisse être donné (Jn 16.7). L'œuvre de l'Esprit est comprise comme étant la prolongation et l'élaboration de celle de Jésus. Il rappellera tout ce que Jésus a dit (Jn 14.26). Il rend témoignage à Jésus (Jn 15.26). L'Esprit Saint déclare ce qu'il a entendu de Jésus, et de cette façon, il le glorifie (Jn 16.13-15).

Le lien entre la personne de Jésus, et la personne de l'Esprit Saint est encore plus évident lorsqu'on examine un incident rapporté dans Jean 20.19-22 :

> Le soir de ce jour, qui était le premier de la semaine, les portes du lieu où se trouvaient les disciples étaient fermées, à cause de la crainte qu'ils avaient des Juifs, Jésus vint, se présenta au milieu d'eux, et leur dit : La paix soit avec vous ! Et quand il eut dit cela, il leur montra ses mains et son côté. Les disciples furent dans

la joie en voyant le Seigneur. Jésus leur dit de nouveau : La paix soit avec vous ! Comme le Père m'a envoyé, moi aussi, je vous envoie. Après ces paroles, il souffla sur eux et leur dit : Recevez le Saint-Esprit.

Si la véritable venue de l'Esprit a eu lieu à la Pentecôte (Ac 2.1-4), comment devons-nous comprendre « l'expiration » de l'Esprit décrite par Jean dans ce texte ? Il est évident qu'après l'expérience décrite au chapitre 2 des Actes, le comportement des apôtres a réellement et durablement changé. C'est pourquoi nous pouvons voir l'incident décrit par Jean de façon symbolique. Son but était didactique. Jésus est en train d'apprendre aux apôtres qui est l'Esprit. Si mon utilisation du mot « symbolique » pour décrire cet incident paraît diminuer son importance, retenez que l'Esprit n'aurait pas pu être donné à la Pentecôte si les apôtres n'avaient pas connu son identité auparavant ! (Milne 1993, 301) La venue de l'Esprit à la Pentecôte dépendait beaucoup de cette action qui avait eu lieu au soir de la résurrection. Voulons-nous savoir qui est l'Esprit ? Il est le souffle vivant de Jésus glorifié. Jésus ressuscité souffla sur eux et leur dit : « Recevez l'Esprit Saint », « L'Esprit Saint est Christ lui-même, dans la puissance de sa résurrection [. . .] le bras étendu de Celui qui a été exalté », selon les paroles de Karl Barth (1956, 413).

L'Esprit Saint est donc l'Esprit de Jésus. Xavier Léon-Dufour explique que Jésus, absent corporellement, (puisqu'il s'éleva dans les airs sous le regard de ses disciples [Ac 1.9]), est néanmoins présent à leurs côtés tous les jours, jusqu'à la fin du monde, comme il le leur a promis (Mt 28.20). Et cela grâce à la présence de l'Esprit Saint – mais d'un « Esprit Saint qui, dans la distinction des personnes, n'est pas une présence autre que celle de Jésus » (1963, 457-458). Voilà pourquoi Paul pouvait affirmer que « si quelqu'un n'a pas l'Esprit de Christ, il ne lui appartient pas » (Rm 8.9). De même, en Philippiens 1.19, « l'Esprit de Jésus-Christ » est Celui qui donne force et assistance à Paul dans sa condition de prisonnier. Et dans les Actes des Apôtres, l'Esprit intervient souvent pour diriger l'apôtre jusque dans les moindres détails. En Actes 16.7, il est désigné comme « l'Esprit de Jésus » ; il empêche Paul d'aller en Bithynie. Autrement dit, c'est Jésus, c'est l'Esprit qui anime et modère l'apostolat. Le lien entre l'Esprit Saint et Jésus est si étroit que le grand bibliste, Yves Congar peut écrire : « Jésus n'est Jésus-*Christ* et Seigneur que par le Saint-Esprit. [. . .] Mais le Saint-Esprit n'est donné [. . .] que si Jésus est Christ et Seigneur » (1984, 202).

Paul était donc un disciple de Jésus, grâce au témoignage qu'il a reçu de ceux qui avaient marché à la suite du Christ, et grâce à l'Esprit Saint. Mais la question demeure : Paul cherchait-il à faire des disciples de Jésus ?

Paul faisait-il des disciples de Jésus ?

Nous avons déjà souligné le fait que le mot disciple n'apparait plus dans le texte biblique après le 21ᵉ chapitre du livre des Actes des Apôtres. Au lieu d'employer le mot disciple (Grec : *mathetes*), il emploie quinze fois[1] le verbe *manthano* (qui est la forme verbale de *mathetes*), qui signifie « apprendre, être instruit, (que ce soit dans un contexte formel, ou dans une relation informelle), à partir de l'expérience, et souvent en y ajoutant l'idée de réflexion » (Louw & Nida 1989, 327). Il est donc clair que si Paul ne donnait pas le nom de *disciples* aux gens qu'il accompagnait, il considérait qu'en les développant, il *faisait* tout de même *des disciples* (Wilkins 1988, 160).

On trouve une deuxième indication que l'apôtre Paul faisait des disciples dans l'appel qu'il lance : « Soyez tous mes imitateurs, frères, et portez les regards sur ceux qui marchent selon le modèle que vous avez en nous » (Ph 3.17). Ou, comme le dit la version TOB: « Tous ensemble imitez-moi, frères, et fixez votre regard sur ceux qui se conduisent suivant l'exemple que vous avez en nous » Ou bien encore la traduction en français courant: « Frères, imitez-moi tous. Nous avons donné l'exemple; alors fixez vos regards sur ceux qui se conduisent selon cet exemple ». Paul savait que pour progresser, les croyants en Jésus avaient besoin de modèles concrets. Étant lui-même imitateur de Christ, il osait se proposer lui-même comme exemple à imiter (1 Co 11.1). Il va sans dire que c'est Jésus en lui qu'il faut imiter. Puisque la vie de Jésus est devenue sa vie (Ga 2.20), c'est ce qu'il se propose de faire avec les personnes qu'il accompagne. Son but est donc de faire de bons « suiveurs » de Jésus.

Suite à sa proclamation du Christ crucifié et ressuscité, les ayant lui-même enfantés par la puissance de l'Esprit, il était légitime qu'il les appelle à l'imiter. N'avait-il pas veillé sur leur croissance ? Ne les avait-il pas servis au travers de beaucoup de souffrances ? Oui, Il s'était pleinement donné à eux. Il savait qu'en suivant son exemple, ces croyants deviendraient plus semblables à l'image de leur Maître. Mais imiter n'est pas copier ! L'Esprit Saint, l'Esprit

---

1. Rm 16.17 ; 1 Co 4.6 ; 14.31, 35 ; Ga 3.2 ; Ep 4.20 ; Ph 4.9, 11 ; Col 1.7 ; 1 Tm 2.11 ; 5.4, 13 ; 2 Tm 3.7, 14 ; Tt 3.4.

de Jésus, qui fait de nous des membres les uns des autres, nous incite à suivre l'exemple de ceux qui, pour nous, peuvent être de bons exemples de Jésus. Si les croyants d'autrefois imitaient Paul, l'Esprit, lui, entendait les conduire et les soumettre à Jésus. Aucun de ces disciples n'était la copie conforme de l'apôtre (Besse 2014).

L'apôtre Paul, poussé par l'Esprit, faisait donc des disciples de Jésus. Il ne se contentait pas d'annoncer l'Évangile là où Christ n'avait pas été annoncé (Rm 15.20). Il avait à cœur et se souciait du salut des âmes, mais il allait bien au-delà. Il transmettait davantage à ses convertis qu'une façon d'adorer Dieu par le chant, de prier pour les malades et de chasser les esprits impurs. Dans une de ses lettres par exemple, il affirme que Timothée l'avait accompagné pas à pas, qu'il avait écouté son enseignement, observé son comportement, et qu'il en avait fait la ligne de conduite de sa vie (2 Tm 3.10). Il félicite ce compagnon fidèle parce qu'il s'était appliqué à l'imiter dans ses conceptions, ses projets, sa foi, sa patience, son esprit d'amour, son endurance. Et il le complimente d'avoir adopté son but de la vie, de croire, d'aimer et de supporter l'épreuve comme l'apôtre le faisait. Timothée n'était que l'un de ceux qui gravitaient autour de Paul. On compte environ une trentaine d'hommes et de femmes à qui Paul donnait le nom de collaborateurs (Rm 16.3). Et tout comme Timothée, il est probable que la plupart de ces personnes aient été formées comme disciples par Paul lui-même.

Sommes-nous maintenant en mesure de répondre à cette question ? L'impératif missionnaire : « Allez faites de toutes les nations des disciples », s'applique-t-il uniquement aux onze disciples qui ont rencontré Christ ressuscité sur la montagne en Galilée ? Paul (et nous aussi du même coup) en était-il dispensé parce qu'il vivait sous le régime de l'Esprit Saint ? Personnellement, je ne le crois pas. Le but était, et demeure, de faire des disciples de Jésus parmi tous les peuples. Ceux qui accompagnent intentionnellement et personnellement les autres, dans le dessein d'apprendre ensemble comment mieux ressembler à Jésus, travaillent en synergie avec l'Esprit de Jésus. C'est là l'œuvre principale de l'Esprit Saint dans notre monde. Ceux qui ne sont pas en train d'accompagner intentionnellement et personnellement d'autres individus de cette façon font, à n'en pas douter, de bonnes choses au nom du Christ. Mais toutes ces activités n'aboutissent pas si elles ne contribuent pas à former des disciples de Jésus.

Certains diront qu'« on ne peut pas accompagner intentionnellement et personnellement des gens de cette façon sans susciter des relations malsaines et abusives ». C'est à cette objection que nous allons répondre maintenant.

L'accompagnement personnel à la suite de Jésus engendre-t-il invariablement des abus spirituels ?

Pour comprendre le sens de cette objection, il nous sera utile d'examiner un exemple d'accompagnement spirituel qui visait la formation de disciples de Jésus, mais qui n'a pas tenu ses promesses. Il en existe sans doute d'autres que nous pourrions considérer. J'ai retenu celui-ci parce qu'il est bien documenté, et qu'il illustre des éléments que l'on retrouve malheureusement aussi ailleurs. En 1974 est né, principalement aux USA, un mouvement qui a pour nom *the Shepherding Movement* (Burgess & Van Der Maas 2002, 1060).

Le cas du Shepherding Movement

En 1970 quatre prédicateurs charismatiques[2], venant de traditions protestantes différentes (Bernard [Bob] Mumford des Assemblées de Dieu, Derek Prince un pentecôtiste, Don Basham des Disciples de Christ, et Charles Simpson, un baptiste) ont décidé, pour de multiples raisons, de se soumettre les uns aux autres, et de se rendre mutuellement des comptes de leurs actions. Cette expérience de soumission mutuelle est devenue pour eux une expérience surnaturelle qui a remodelé leurs ministères. Peu de temps après, un pentecôtiste canadien du nom de W. J. E. (Ern) Baxter, a décidé de les rejoindre. C'est ainsi qu'est né le '*Fort Lauderdale Five*'.

Ces cinq hommes ont commencé à concentrer leur enseignement sur des sujets tels que l'autorité, la soumission, le discipolat, l'engagement dans les relations d'alliance, la loyauté, les soins pastoraux, et la couverture spirituelle. Cet enseignement était diffusé par la revue *New Wine* (vin nouveau), qui était tirée à plus de 90 000 exemplaires. Dans son étude approfondie, S. David Moore résume en quelques mots le but principal de ce mouvement:

> [. . .] le besoin de faire des disciples en prodiguant des soins pastoraux, ou, selon leurs termes, 'les soins d'un berger' [. . .] Pour cela le croyant devait se soumettre à un 'pasteur personnel'

---

2. Le courant spirituel charismatique aussi appelé indifféremment « Renouveau charismatique » ou « Mouvement charismatique », est né dans la deuxième moitié du XXe siècle. Il met l'accent sur la persistance, aujourd'hui encore, des dons extraordinaires du Saint-Esprit mentionnés dans le Nouveau Testament (Prophétie, guérison, parler en langues, etc.) Contrairement au pentecôtisme, le courant charismatique n'est pas une église institutionnalisée et bien définie, mais plutôt un mouvement qui pénètre à l'heure actuelle la plupart des Églises chrétiennes, aussi bien le catholicisme que le protestantisme.

qui l'amènerait progressivement à la maturité chrétienne. (Moore 2003, 1-2)

En juin 1974 a eu lieu une *Shepherds Conference* (Conférence des bergers). Environ 2 000 pasteurs et leaders chrétiens y ont participé. Une année plus tard, à Kansas City, le 1975 *National Men's Shepherds Conference* rassemblait environ 5 000 leaders charismatiques. Un nombre croissant de communautés chrétiennes se soumettaient aux « cinq ». Le nombre d'adhérents immédiatement impliqués dans ce mouvement était estimé à plus de 100 000. Grâce à la revue *New Wine*, et l'utilisation des nouveaux médias tels que la vidéo et des cassettes audio, les doctrines distinctives du mouvement *Shepherding* se sont répandues à travers l'ensemble des États-Unis et ailleurs dans le monde. Moore indique dans des statistiques à l'appui que pour les cinq années, 1979-1984, quatre millions et demi de revues avaient été distribuées, un million de « lettres de nouvelles » envoyées, six cent mille cassettes et deux cent cinquante mille livres distribués (Moore 2003, 7).

On peut dire de ce mouvement qu'il a connu un grand retentissement et exercé une grande influence. On peut ajouter également qu'il a été fondé sur des observations légitimes. Voici un court extrait de la revue *New Wine* : « Bon nombre de ceux qui sont passés par une conversion légitime (au Christ) paraissent ne jamais comprendre ce qu'implique le fait d'être un disciple, ni la façon de grandir et de vivre par la foi » (Basham 1974, 7). Un autre leader du mouvement critique sévèrement, et à juste titre me semble-t-il, la compréhension largement répandue de la mission que Christ nous a confiée :

> Beaucoup de ceux que nous appelons des « serviteurs de Dieu » ne sont que des organisateurs, des « distributeurs » de sermons. Ils se sont lancés tout d'abord dans l'évangélisation de masse, des croisades de distribution de littérature chrétienne, des émissions télévisuelles. Nous pensions avoir trouvé le moyen le plus rapide d'accomplir notre « tâche ». Mais petit à petit, nous avons réalisé avec douleur que nous avions *posé les briques n'importe comment* et que nous n'avions pas contribué à « bâtir les murs de Sion ». (Baker 1974, 31, c'est moi qui souligne)

Concernant l'idée de faire des disciples, nous y trouvons des affirmations similaires à celles que je tiens dans ce livre :

> Nous faisons beaucoup de convertis, mais pas de disciples. Faire des disciples est autre chose que faire des convertis. Nous faisons

certes beaucoup d'activités religieuses sans pour autant obéir au commandement (de Christ) de faire des disciples. (Simpson 1974, 4)

Ce qui est problématique dans ce mouvement, ce n'est ni son analyse de la situation, ni son désir de répondre à ce manque par un accompagnement personnel de chaque croyant dans le but de promouvoir sa croissance spirituelle. Non. Ce qui pose réellement problème, et ce qui, à mon avis, a fait déraper le mouvement, c'est le fait que ses leaders l'ont fondé sur une application erronée de deux notions bibliques : les notions d'autorité et de soumission. Leur interprétation inexacte concernant l'autorité et la soumission a débouché néanmoins sur une doctrine et une forme de discipolat qui a beaucoup influencé la communauté charismatique. On enseignait que chaque individu devait être soumis à une autre personne et que toutes les décisions importantes de sa vie devaient recevoir l'approbation d'un « berger » ou d'un « pasteur ». Le mouvement s'est rapidement transformé en un système dans lequel les anciens ou les « bergers » agissaient comme des leaders spirituels responsables de l'ensemble de la communauté de foi. Il fallait en plus que chaque membre de la communauté soit soumis à un ancien à qui il devait répondre de ses faits et gestes. Très tôt, certains de ces membres ont témoigné du fait qu'il y avait au sein de ce mouvement un exercice abusif de l'autorité, une soumission exagérée de ses membres, et des vies manipulées. En 1976 les « cinq » ont publié un bref communiqué dans lequel ils ont exprimé leurs regrets:

> Suite à notre enseignement sur des sujets tels que la soumission, l'autorité, le discipolat, et le *shepherding*, des controverses sont nées et des problèmes sont survenus dans plusieurs domaines de la vie de bon nombre de chrétiens. Nous reconnaissons notre part de responsabilité dans ces tristes problèmes. Nous regrettons profondément d'avoir été à l'origine de ces problèmes [...] (cité dans Moore 2003, 102)

En 1980, il était évident que beaucoup de personnes avaient été blessées par ce mouvement. En 1984, Derek Prince l'a quitté publiquement. Don Basham est mort en 1989[3]. En novembre de cette même année, Bob Mumford a lu une déclaration lors de la réunion des *Christian Believers United* en Caroline du Nord. Déclaration qui a fait la une de la revue *Ministries Today*

---

3. Ern Baxter meurt en juillet 1993 et Derek Prince en Septembre 2003.

dans l'édition janvier/février 1990 : « Notre façon de faire le discipolat était erronée. J'y renonce. Je me suis trompé. Je demande pardon. – Bob Mumford » (Buckingham 1990, 46). Mumford se repent publiquement de son rôle dans le *Shepherding Movement*, admettant que « quelques familles ont été brisées et des vies gâchées. Certaines de ces familles ne sont toujours pas réunies ». Il y avait dans ce communiqué l'aveu que le mouvement avait créé « une soumission malsaine entraînant une obéissance non biblique envers des leaders humains » (Buckingham 1990, 48).

Une expérience telle que celle du *Shepherding Movement* démontre-t-elle que le discipolat n'est pas pour nous aujourd'hui ?

Quand Mumford affirme que le discipolat était erroné, je suis en désaccord avec lui. Je dirais plutôt que sa façon de faire des disciples était inappropriée. Contrairement à ce qu'il pensait, il ne s'était pas trompé sur la nécessité de mettre en œuvre un accompagnement personnel en vue d'une transformation profonde de la vie de ceux qui avaient été convertis au Christ. Par contre, il s'était trompé en cherchant à l'accomplir sur la base de sa compréhension défectueuse de ce que sont l'autorité et la soumission dans la communauté de foi.

Ne nous voilons pas la face. Nous rencontrons parfois ce même type de problème dans des communautés chrétiennes qui ne mettent pas en avant la notion de faire des disciples. Il n'est pas rare, par exemple, de rencontrer une communauté de foi dirigée par un seul homme (appelé « pasteur », « ancien », « évêque », ou « apôtre », etc.). Il s'agit parfois du fondateur de ce groupe, souvent soutenu par un petit groupe « d'anciens » ou de « diacres » qui lui sont entièrement dévoués. À l'intérieur de son groupe, il n'a souvent de comptes à rendre à personne. Il dirige ce groupe d'une « main de fer », imposant ses opinions et n'admettant aucune remise en question. Dans un tel milieu, la notion de faire des disciples de Jésus est non seulement absente, mais les abus spirituels abondent.

Il existe aussi certains milieux chrétiens où l'autorité du dirigeant est renforcée par le fait que ce dernier prétend bénéficier d'une « inspiration divine ». Ceux qui contestent son autorité sont alors considérés comme des « rebelles », à l'image de Jannès et Jambrès, qui se sont opposés à Moïse. On entend trop rarement ce type de dirigeant dire : « Il me semble que . . . », ou « Je crois que . . . ». Ses expressions favorites sont plutôt : « Dieu m'a montré que . . . », ou « Le Seigneur m'a dit que . . . ».

Je pense aussi à l'expérience que nous avons faite ma femme et moi dans une communauté chrétienne du Cameroun que nous avons fréquentée durant quelques mois. Pour des raisons professionnelles, j'avais dû m'absenter du culte pendant deux semaines. À mon retour le pasteur m'a fait des reproches en me disant que j'aurais dû l'informer que je partais en voyage. Ses remontrances ont sans doute été motivées par un souci pastoral, ce qui n'est pas mauvais. Il faut parfois rechercher le conseil d'un homme de Dieu avant de prendre certaines décisions. Mais ceci peut conduire à de sérieux abus de la part des autorités pastorales. Redisons-le, il ne s'agit pas là d'un problème que rencontrent uniquement ceux qui cherchent à faire des disciples de Jésus.

Par quelle autorité ?

À ce point de notre discussion, il est peut-être utile de considérer un texte biblique souvent utilisé, à tort, pour soutenir l'idée que les fidèles doivent être obéissants à leur pasteur, ou qu'un disciple doit être soumis à celui qui l'accompagne dans la foi. Je fais référence au texte d'Hébreux 13.17 où nous lisons : « Obéissez à vos conducteurs et ayez pour eux de la déférence [...] » (Louis Segond). D'autres traductions disent : « Obéissez à vos conducteurs et soumettez-vous à eux » (Semeur), et la version Paroles Vivantes ajoute : « Obéissez à vos conducteurs, *acceptez leur autorité* et soumettez-vous à leur direction » (c'est moi qui souligne). Ce texte semble être on ne peut plus clair. Il est compris comme une injonction biblique nous ordonnant d'obéir à ceux qui nous conduisent, et de leur être soumis (Bevere 2002, 131).

Il n'est pas sans intérêt de noter que dans le texte grec de ce passage, le mot traduit en français par « obéir » est *pitho*, ce qui signifie normalement, « persuader »[4]. L'un des commentateurs de ce verset reconnaît que par son usage dans ce texte, ce mot peut légitimement être traduit par « obéir ». Voilà pourquoi cette traduction est la plus souvent privilégiée dans la plupart des Bibles. Mais il insiste aussi sur le fait que le mot « porte toujours la nuance d'une obéissance obtenue par la persuasion, plutôt qu'une obéissance obtenue en faisant référence à l'autorité » (Leighton 2008). Dans son commentaire sur l'épître aux Hébreux Ray C. Stedman écrit :

> Au sujet de ces textes, Hébreux 13.17 et 1 Th 5.12, notons que le mot « obéissez » vient du grec *pitho*, « persuader ». La forme

---
4. En fait, en grec, *Pitho* était la déesse de la Persuasion.

du grec employée ici, (présent, impératif, moyenne), signifie, « permettez-vous d'être persuadé », ou encore « laissez-vous convaincre ». Cela ne signifie en aucun cas que nous devions suivre les ordres aveuglément. La phrase « vos conducteurs » ne contient ni l'idée d'être « au-dessus » de quelqu'un, ni celle de quelqu'un qui est « sous » la domination d'un leader. L'autorité d'un leader chrétien n'est pas une autorité consistant à commander, mais une autorité s'exprimant dans le service. Comme Jésus l'a dit, un serviteur a de l'autorité parce qu'il suscite par son service charitable le désir d'être suivi. Ou bien encore il persuade par sa logique ou par sa connaissance. (Stedman 1992)

Si nous sommes exhortés à nous laisser persuader par ceux qui nous accompagnent dans la foi, c'est parce qu'ils « veillent sur notre âme ». Steven Lambert souligne que :

[...] ce mot grec *pitho*, traduit par *obéissez* dans bon nombre de traductions, est étroitement lié au mot *pisteuo*, qui signifie faire confiance [...] la différence de sens entre ces mots est que *pitho* (la persuasion/l'obéissance) est produit par *pisteuo* (la confiance). Dans la langue originelle, l'obéissance dont il est question ici est davantage celle d'une docilité et d'une coopération résultant de l'assurance et de la confiance. (Lambert 2003)

Il y a bien une autorité à laquelle il faut se soumettre dans le discipolat, mais c'est une autorité de service, et de confiance. Voilà donc l'erreur qu'ont commise ceux qui ont lancé le *Shepherding Movement*. Ayant mal compris la nature de l'autorité biblique, ils ont insisté sur un type d'obéissance et de soumission inappropriés. Le problème n'était pas leur désir de faire des disciples de Jésus ! Si leurs efforts n'ont pas abouti, c'est parce qu'ils n'ont pas compris que la relation d'accompagnement qui vise la formation des disciples de Jésus se fonde sur la *confiance*, et non l'*autorité*. Jésus lui-même ne nous indique-t-il pas cela lorsqu'il dit à ses disciples, « Je ne vous appelle plus serviteurs [...] mais je vous ai appelés amis » (Jn 15.15) ?

Il semblerait également que, dans leur tentative de faire des disciples de Jésus, les fondateurs du *Shepherding Movement* n'aient pas appliqué le principe d'Éphésiens 5.21. Selon ce verset, dans la communauté de foi, tous ont à se soumettre les uns aux autres dans la crainte de Dieu. Personne ne contraint l'autre. Tous acceptent volontairement cette discipline. Et

Philippiens 2.3-5 indique que dans cette soumission mutuelle, toute illusion de supériorité est bannie, personne ne se considère supérieur à l'autre.

On peut dire que Paul était un tel modèle dans ses rapports avec ceux qu'il accompagnait dans l'obéissance au Christ. Tout apôtre qu'il était, Paul ne traitait pas Timothée comme son subordonné ! Il ne lui laissait pas observer son enseignement, sa conduite, ses projets, sa foi, sa patience, son amour, sa persévérance, etc. uniquement afin de le former comme disciple de Jésus. Il le faisait aussi, sans doute, pour son propre progrès, puisque lui-même était disciple de Jésus. Même s'il avait commencé son cheminement à la suite du Christ avant son « fils dans la foi », il savait qu'en agissant ainsi, comme le fer aiguise le fer, lui-même deviendrait plus semblable au Christ grâce à cet accompagnement (Pr 27.17)[5]. Il reconnaissait que même un apôtre peut manquer de discernement et se tromper dans son comportement. Il avait dû lui-même « corriger » Pierre, le « Prince des apôtres » (Ga 2.11-16). Conscient de ses faiblesses et de ses limites (cf. Rm 6-7), Paul poursuivait activement et intentionnellement ce type d'accompagnement.

« Bien terminer »

Quand j'étais au séminaire, je suivais un cours avec le Dr Robert Clinton[6]. Celui-ci nous dit un jour : « Regardez la personne qui est assise à votre droite, et celle qui se trouve à votre gauche. Si les statistiques de ma recherche sont fiables, un seul parmi vous terminera bien sa vie avec Christ ! » Il continua en disant, « Tel est à peu près le ratio de ceux qui terminent bien leur course par rapport à ceux qui ne la terminent pas bien. Un leader biblique sur trois environ terminait bien sa course – et nous ne faisons pas mieux qu'eux ». Ces paroles continuent à m'interpeller aujourd'hui, car je souhaite être l'un de ceux qui terminent bien avec Christ.

Le Dr Clinton a continué son exposé en expliquant que la Bible fait mention d'environ 1000 dirigeants. Quelques-uns sont uniquement nommés ; d'autres ne nous sont connus que par le rôle qu'ils ont joué. D'autres encore occupent une place plus importante. La description de la vie de dirigeants tels que Moïse, David, Paul, et Jésus, nous fournit beaucoup d'informations que nous pouvons analyser. Et le Dr Clinton nous fit remarquer que même

---

5. Paul avait entre 65 et 70 ans lorsqu'il a écrit à Timothée, et celui-ci n'avait qu'entre 30 et 35 ans.
6. Cours intitulé « Christian Leadership », donné à Fuller Theological Seminary School of World Mission, Pasadena CA, 1994-1995.

lorsque le récit biblique nous offre beaucoup de détails au sujet de la vie d'un dirigeant, il ne nous dit pas toujours comment il a terminé sa vie. Cela dit, il affirmait détenir suffisamment d'informations bibliques sur 49 d'entre eux pour pouvoir faire une analyse sérieuse.

Je ne peux pas donner ici tous les résultats de cette étude qu'il a menée. Je mentionnerai simplement et brièvement les ou obstacles qui, selon lui, ont empêché des dirigeants de bien terminer leur vie (Clinton 1993, 93). Lorsqu'il dit d'une personne qu'elle a « bien terminé sa vie », il veut dire qu'elle a marché avec Dieu jusqu'à la fin de sa vie et qu'elle a probablement contribué de façon significative à l'avancement de Ses projets. Nous verrons également dans le détail, l'une des cinq qualités qui, d'après lui, caractérisent la vie de ceux qui terminent bien avec Christ, et qui est en rapport avec notre sujet.

Six barrières

Barrière 1 : les finances

Parmi les dirigeants, et plus spécialement ceux qui occupent des positions privilégiées de pouvoir et par conséquent prennent des décisions financières, certains tendent à exercer des pratiques pouvant encourager la malhonnêteté. Il leur arrive par exemple d'insister parfois trop lourdement sur la nécessité de « donner », et notamment sur la dîme. Souvent, ils affirment même que c'est une condition pour recevoir les bénédictions de Dieu. Il est étonnant que ces dirigeants rendent eux-mêmes très peu de comptes concernant la manière dont ils dépensent cet argent. La cupidité, le désir ardent de posséder des richesses, est un trait de caractère qui introduira inévitablement des irrégularités par rapport aux finances. De nombreux dirigeants ont échoué à cause d'une question d'argent. (Exemples biblique : l'éphod d'or de Gédéon [Jg 8.22-32] et Ananias et Saphira [Ac 5.1-11]).

Barrière 2 : le pouvoir

Les dirigeants qui exercent un ministère efficace pour Christ augmentent, de ce fait, leur pouvoir sur les autres. Souvent, les règles les plus strictes sont imposées aux membres de la congrégation, alors que le comportement des dirigeants échappe à toute censure (« Ne touchez pas à l'oint de l'Éternel ! ») Ces dirigeants pensent donc pouvoir se laisser aller à des pratiques douteuses, le plus souvent en secret. Quand leurs pratiques sont dévoilées, ils se justifient en invoquant une « indulgence spéciale du Seigneur », ou une « plus grande maturité spirituelle », leur permettant de se conduire ainsi sans en être affectés, contrairement aux faibles qui, eux, seraient détruits plus facilement par le diable. Il arrive que cela conduise à de sérieux abus de la part des autorités pastorales, surtout dans les domaines financiers ou dans des questions relatives aux pratiques sexuelles. (Exemple biblique : Ozias [2 Ch 26]).

Barrière 3 : l'orgueil

Les dirigeants trop orgueilleux prennent parfois l'habitude de critiquer les autres au sujet de leurs « compromis » ou de leur « tiédeur ». Ils se présentent comme étant les seuls à être vraiment fidèles au Christ. Quand ils sont eux-mêmes critiqués par d'autres dirigeants, ils invoquent parfois une « révélation spéciale » du Seigneur ! Ils encouragent les fidèles à « sortir du milieu d'eux », afin de ne pas être entraînés par la chute spirituelle de ceux qui « n'ont pas reçu la lumière » ! On commence alors à cultiver un esprit d'exclusion. On prétend être « plus près de Dieu que les autres églises », et « appelés par Dieu à leur montrer leurs erreurs et leurs mauvaises voies ». (Exemple biblique : Le dénombrement du peuple par David [1 Ch 21]).

Barrière 4 : le sexe

Les relations sexuelles illicites ont été une source de chute pour un nombre important de personnes dont la vie est détaillée dans la Bible, mais aussi pour un nombre non négligeable de dirigeants chrétiens contemporains. Quand on parle de péché dans le domaine sexuel, le modèle classique de l'intégrité devrait être l'idéal que devrait poursuivre tout dirigeant (Gn 39). Tout dirigeant chrétien doit être également sur ses gardes par rapport à la pornographie[7]. Cette dernière en effet n'est pas simplement accessible ; on en fait la promotion et on la répand sur Internet. Personne – aucun adulte, aucun dirigeant chrétien, personne – n'est suffisamment mûr ou fort pour courir le risque de s'y exposer délibérément sans tomber. Le dirigeant doit prendre ses dispositions pour être sur ses gardes toute sa vie parce que la pornographie s'avère être une drogue puissante. Les recherches scientifiques, notamment la nouvelle technologie de scannage du cerveau, commence à montrer que la pornographie peut causer dans le cerveau des changements

---

7. La pornographie est tout amusement qui a recours à des images impudiques ou indécentes pour stimuler les pulsions sexuelles.

physiques et chimiques semblables à ceux qu'engendre la drogue. (Exemple biblique : Le péché de David avec Bath-Shéba [2 S 11-12] marque un tournant dans son rôle de dirigeant, péché d'ailleurs dont il ne s'est jamais remis).

Barrière 5 : la famille

Les problèmes entre époux, entre parents et enfants, entre frères et sœurs peuvent aussi détruire le ministère d'un dirigeant. Il faut cependant remarquer que, volontairement ou involontairement, certaines communautés de foi isolent leurs membres surtout de leurs familles et de leurs proches, sous prétexte de les protéger de mauvaises influences. Cet isolement peut aussi être le résultat d'une trop grande participation aux réunions et activités religieuses exigée des membres de ces communautés. Pour s'assurer une plus grande implication des membres, certains dirigeants n'hésitent pas à communiquer à leurs membres, de manière implicite ou explicite, que le temps qu'ils consacrent aux activités de la communauté de foi est plus important que celui passé avec sa propre famille. (Exemples biblique : la famille de David [Amnon et Tamar, 2 S 13] et la révolte d'Absalom [2 S 15]).

Barrière 6 : la stagnation

Les dirigeants qui sont compétents ont tendance à passer par des périodes de stagnation. Leur force devient alors une faiblesse. Ils pensent pouvoir continuer dans leur ministère sans que leur vie intime soit renouvelée par l'Esprit Saint. La plupart des dirigeants chrétiens passent par ce type de stagnation plusieurs fois dans leur vie. Le problème arrive lorsqu'ils ne réalisent pas leur besoin de continuer à grandir, et qu'ils se contentent du *statut quo* dans leur vie personnelle et dans leur ministère (Clinton 1989, 177, 213). Exemple biblique : David à la fin de sa carrière, juste avant la révolte d'Absalom (2 S 14).

Nous venons de passer en revue les six barrières provoquant la chute de deux personnes sur trois qui commencent un cheminement à la suite de Jésus. Ces barrières ont été identifiées grâce à l'étude de la vie de dizaines de personnages bibliques, et confirmées depuis par le témoignage de centaines de dirigeants chrétiens. Mais, fort heureusement, tout comme nous pouvons apprendre en examinant la vie de ceux qui n'ont pas bien terminé leur vie avec Dieu, nous pouvons aussi étudier l'exemple de ceux qui sont allés jusqu'au bout dans leur engagement. Le Dr Clinton a ainsi relevé cinq éléments que l'on retrouve très souvent dans la vie de ces croyants qui terminent bien. Ces cinq éléments ne sont pas tous présents dans la vie de chaque individu, mais on en compte toujours plusieurs. Je me contenterai de ne mettre en lumière que l'élément qui est en lien avec notre réflexion sur l'accompagnement personnel dans le discipolat.

L'importance de trouver quelqu'un qui puisse vous accompagner dans votre vie spirituelle et dans votre ministère

Selon le Dr Clinton, une étude comparative concernant de nombreux dirigeants chrétiens révèle que d'autres personnes jouent fréquemment un rôle significatif dans leur vie, en les remettant en question, les encourageant, et leur donnant des conseils. Les dirigeants chrétiens qui portent du fruit et qui terminent bien leur vie avec Christ sont accompagnés en moyenne par 10 à 15 personnes. Celles-ci, à un moment ou un autre de leur vie, auront un impact significatif grâce à leur accompagnement. Je pense que Timothée, et ses autres collaborateurs ont également joué ce rôle dans la vie de Paul. En même temps que l'apôtre leur communiquait sa vie, ses amis et collaborateurs lui prodiguaient des encouragements, des conseils, un soutien moral et spirituel, et une remise en question salutaire. Nous ne faisons pas des disciples de Jésus pour obéir simplement à l'impératif missionnaire, ni seulement pour accompagner quelqu'un dans une relation où sa vie sera transformée à l'image de son Maître. Nous faisons aussi des disciples de Jésus parce que notre propre santé spirituelle en dépend. Voulez-vous aller jusqu'au bout de votre vie avec Christ, ne pas buter contre l'une ou l'autre des barrières qui ont causé la chute d'un si grand nombre de chrétiens ? Si vous le voulez vraiment, entrez intentionnellement et activement dans ce type d'accompagnement. Il y a plus de chances qu'un jour vous puissiez dire avec l'apôtre Paul : « J'ai terminé la course, j'ai gardé la foi » (2 Tm 4.7).

Quelques signaux d'alerte

En me fondant sur notre étude du *Discipleship Movement* et des « barrières » identifiées par le Dr Clinton, j'aimerais à présent mentionner quelques signaux d'alerte nous informant que la relation d'accompagnement personnel dans laquelle nous nous trouvons part dans une mauvaise direction. Cette liste n'est pas exhaustive. Elle prend en compte les éléments les plus communs.

1. Lorsqu'une des personnes commence à communiquer à l'autre ce qu'elle doit faire parce que, dit-elle « Dieu m'a montré que . . . », ou « Le Seigneur m'a dit que . . . ». L'accompagnement dans le discipolat n'est pas directif. Il n'autorise personne à dire à l'autre ce qu'il doit faire.

2. Lorsqu'une des personnes commence à exiger que l'autre lui rende compte de toutes ses actions. L'accompagnement dans le discipolat est une démarche volontaire, basée sur la confiance, et non sur ce type de soumission.

3. Lorsqu'une des personnes commence à exiger de l'autre qu'il montre sa loyauté par toutes sortes de sacrifices personnels. L'accompagnement dans le discipolat consiste en ce que les deux personnes présentes apprennent l'une avec l'autre comment approfondir leur attachement au Christ. Leur relation l'une envers l'autre est secondaire.

4. Lorsqu'une des personnes commence à imposer ses opinions à l'autre et n'admet aucune remise en question. L'accompagnement dans le discipolat est une relation d'apprentissage et de remise en question permanente.

5. Lorsqu'une des personnes cherche à imposer à l'autre son code de conduite très strict. L'accompagnement dans le discipolat reconnaît qu'il n'y a pas une seule façon de suivre Jésus, et que ce qui aide une personne à progresser n'est peut-être pas approprié pour l'autre à ce moment précis de son cheminement.

6. Lorsqu'une des personnes commence à chercher des signes d'affection physiques inappropriés (embrassades, étreintes, etc.). L'accompagnement dans le discipolat est une expression de charité chrétienne qui exclut ce type de relation.

7. Lorsqu'une des personnes cherche à isoler l'autre dans ses relations profondes avec d'autres disciples de Jésus en se cachant derrière des formules du genre « nous avons raison », et « tous les autres ont tort », ou encore « ils sont séduits », voire carrément « sous une influence démoniaque ». L'accompagnement dans le discipolat n'est

pas une relation exclusive qui sépare le disciple de sa communauté de foi, voire l'isole même des non-chrétiens.

Questions de réflexion

1. Que répondriez-vous à celui qui affirme que le discipolat n'est pas pour tout le monde parce que, même si Jésus nous a laissé un modèle en mettant en pratique les principes du discipolat, le mot *disciple* n'apparaît plus après les Actes des Apôtres ?

2. Que répondriez-vous à celui qui affirme que l'accompagnement personnel dans le discipolat produit inévitablement des abus spirituels ?

3. Quelles leçons tirez-vous de l'étude faite par le Dr Clinton ?

4. Quels sont, selon vous, les « signaux d'alerte » les plus importants dans votre contexte, indiquant qu'un accompagnement personnel dans le discipolat part dans une mauvaise direction ?

7

Le disciple de Jésus et la gloire de Dieu

Si l'on faisait un sondage pour demander aux chrétiens quel est le plus grand but du croyant, beaucoup répondraient : « Il faut vivre pour la gloire de Dieu. » Cette conviction est conforme à ce que Paul écrivait aux Corinthiens : « Soit donc que vous mangiez, soit que vous buviez, soit que vous fassiez quelque autre chose, faites tout pour la gloire de Dieu » (1 Co 10.31). La certitude que le croyant est appelé à tout faire pour la gloire de Dieu est aussi mise en avant dans le *Petit Catéchisme de Westminster* qui à la question : « Quel est la principale fin de l'homme ? » répond par, « La fin principale de l'homme est de glorifier Dieu, et de jouir de lui éternellement » (*Catéchisme ou abrégé de toutes les vérités de la religion chrétienne* 1815, 3).

Le mot « gloire » est fréquemment utilisé dans les milieux chrétiens, et de nombreuses manières différentes. C'est un mot qu'on chante, qu'on entend dans les messages, qu'on lit dans la Bible dans de nombreux passages ainsi que dans la littérature chrétienne (Viguier 2014, 18). Il est souvent employé pour désigner la splendeur divine. Quand nous célébrons cette splendeur, il nous arrive de nous écrier « Gloire à Dieu ! ». On utilise aussi l'expression « rendre gloire à Dieu ». Mais en réalité que recouvre cette expression ? Est-ce tout simplement une expression à la mode dans le langage chrétien (comme l'est le mot « disciple »). S'agit-il d'une expression au sens unique et précis ?

C'est à cette question que je vais répondre dans ce chapitre. Puisque le plus grand but du croyant est de vivre pour la gloire de Dieu, et que Jésus nous envoie faire des disciples de toutes les nations, je considère qu'il existe un lien entre la gloire de Dieu et l'action de faire des disciples de Jésus-Christ. Jésus lui-même avait souligné ce lien lorsqu'il affirmait : « Ce qui manifeste la gloire de mon Père, c'est que vous portiez beaucoup de fruit. Vous serez alors vraiment mes disciples » (Jn 15.8). Mon projet est donc d'examiner pourquoi l'action de faire des disciples de Jésus est la meilleure façon de rendre gloire à Dieu.

La notion de la gloire de Dieu dans l'Ancien Testament

Peu de notions sont plus importantes dans le monde antique que celles de l'honneur, de la distinction, de l'estime et de la gloire (Burge 1992, 269). C'est pourquoi nous ne devrions pas être surpris d'apprendre qu'en hébreu il existe plusieurs mots renvoyant à l'idée de « gloire ». Mais le plus important de tous, et aussi le plus utilisé dans l'Ancien Testament (jusqu'à 200 fois), c'est le mot *kabod*. Il a pour racine le mot « poids » et signifie « être lourd ». Il est employé pour désigner quelqu'un d'honorable, d'impressionnant, digne de respect.

Ce mot appliqué aux gens se traduit souvent sous les formes de richesse, de position, et de pouvoir (Gn 31.1 ; 45.13 ; Es 8.7). Mais c'est lorsque ce mot est employé pour décrire Dieu que *kabod* contient son sens le plus étonnant et le plus distinctif. À quarante-cinq reprises ce mot est employé dans l'Ancien Testament. John Oswalt affirme que c'est toujours en référence à la *présence pesante* de Dieu. Bien plus qu'une simple caractéristique, ce mot implique la présence même de Dieu (1980, 427). D'autres biblistes insistent sur le caractère visible de cette manifestation (Gesenius 1952, 458-459 ; Unger 1977, 409). Et d'autres encore sur le fait que, lorsque ce mot est employé par rapport à Dieu, il n'indique non pas un de ses attributs en particulier, mais bien la présence de la grandeur de sa nature dans son ensemble (Ramm 1963, 18).

Cette notion que la gloire de Dieu implique la grandeur de sa présence *ressentie* et *reconnue* est contrastée dans les Écritures. Elle fait ressortir que parfois sa présence peut être assez discrète. S'il est vrai que Dieu est partout, que ses yeux parcourent la terre et voient toutes choses sous les cieux, son intervention ne nous apparaît pas toujours de façon évidente (Ps 11.4 ; 139 ; Mt 10.29). Il peut même être présent au milieu de son peuple mais ne pas intervenir, ne pas parler, ni se manifester[1]. Tout cela indique que nous devrions peut-être comprendre la gloire de Dieu comme étant sa présence « active » et « reconnue ». Non seulement quand il est présent, mais surtout quand il manifeste sa présence. Nous en avons de nombreux exemples dans

---

1. La présence active de Dieu fut le privilège exceptionnel d'Israël, mais elle pouvait être perdue comme lorsque les fils d'Eli ont perdu l'arche de l'alliance de l'Éternel aux Philistins (1 S 4). « I-Kabod » (1 S 4.21-22), le nom d'un des petits fils d'Eli, veut dire « la gloire est bannie ».

l'Ancien Testament. Nous nous arrêterons sur quatre d'entre eux : (1) la gloire de Dieu dans le jardin d'Eden ; (2) la gloire de Dieu dans le peuple d'Israël ; (3) la gloire de Dieu dans le tabernacle, et (4) la gloire de Dieu dans le temple.

Dans le jardin d'Eden

La vie avec la gloire de Dieu

Dans Genèse 3.8 nous lisons qu'Adam et Eve « entendirent la voix de l'Éternel Dieu en train de parcourir le jardin vers le soir ». Avant la chute, la grande réalité de la vie d'Adam et Eve dans le jardin d'Eden, c'était qu'ils vivaient dans la présence active et reconnue de Dieu. Pour en parler, les Hébreux utilisaient le mot « Shekina », qui signifie « demeurer, résider » (auxquels sont associés la lumière et les éclats étincelants [Ez 1.27])[2]. Adam et Eve vivaient avec la *Shekina* de Dieu.

Selon Jean 4.24, Dieu est Esprit, ce qui veut dire que dans le jardin il n'avait pas une présence corporelle. Comment se manifestait-il donc ? Je crois qu'il y est apparu dans une lumière glorieuse, incandescente et étincelante. C'est de cette manière qu'il se manifeste ailleurs dans le récit biblique. La manifestation active et reconnue de sa présence (c'est-à-dire sa gloire infinie et éternelle) demeurait dans le jardin avec Adam et Eve. C'est ainsi qu'ils pouvaient communier avec lui.

La perte de la gloire de Dieu

Immédiatement après qu'Adam et Eve ont péché, ils ont été chassés du jardin, éloignés de la gloire (la présence active et reconnue) de Dieu (Gn 3.23-24). L'homme déchu ne peut pas expérimenter la gloire de Dieu, vivre dans sa présence active, ni même reconnaître cette présence. « Personne n'a jamais vu Dieu... », affirme l'Évangile de Jean (1.18).

Au milieu du peuple d'Israël

Dans Lévitique 26.11-13, Dieu fait une promesse extraordinaire à son peuple Israël : « J'établirai ma demeure au milieu de vous, et mon âme n'aura pas

---

2. Dans la Mishna, la *Shekina* représente la présence divine dans *Sanhedrin* 6,5 et *Aboth* 3,2 (Danby 1933).

d'aversion pour vous. Je marcherai au milieu de vous, pour être votre Dieu, et pour que vous soyez mon peuple » (Bible Segond 1978, Colombe). La promesse de la présence active et reconnue de Dieu au milieu de son peuple a été l'élément le plus fondamental et le plus précieux de l'alliance qu'il a établit avec celui-ci (Ex 19.4-6).

La présence de Dieu au milieu de son peuple, et la restauration d'Eden

Le bibliste et spécialiste de l'Ancien Testament, Christopher Wright remarque que dans ce chapitre 26 du livre de Lévitique, d'où sont tirés les versets que nous venons de lire, nous trouvons « de nombreux échos du portrait que fait la Genèse de la création sous la bénédiction divine ». Selon lui, on peut le voir dans les images de fécondité et d'abondance, de paix et d'absence de danger. Mais il précise que la phrase « Je marcherai au milieu de vous » emploie une forme très rare du verbe *hâlak*, le même mot qui est employé dans Genèse 3.8 pour décrire l'habitude de Dieu qui se promenait dans le jardin d'Eden vers le soir (Wright 2006, 334). Cette présence de Dieu au milieu de son peuple serait donc, en quelque sorte, un retour à l'intimité d'Eden.

La présence de Dieu au milieu de son peuple, et sa spécificité

Bien plus que la Torah donc, ou d'autres marques d'identité telles que la circoncision, les lois d'alimentation et l'observance du Sabbat, la présence de Dieu au milieu de son peuple serait la marque spécifique du peuple d'Israël par rapport aux autres peuples du monde. Mais après son apostasie (Ex 32-34), Dieu propose d'envoyer un ange à sa place au milieu du peuple (Ex 33.1-5). Cette substitution, Moïse la refuse catégoriquement : « Seule ta présence peut nous distinguer des autres peuples de la terre » affirme-t-il (Ex 33.16, Bible en français courant).

Souvenons-nous que la gloire de Dieu peut être comprise comme étant la manifestation active et reconnue de sa présence. À l'époque de Moïse, cette présence active de Dieu était tellement centrale et significative que trois autres expressions ont été employées pour la désigner : le « visage », l'« apparence », ou la « présence » du Seigneur (*panîm*) ; l'« ange du Seigneur » (*malak YHWH*) ; et son « nom » (*sem*). On retrouve la plupart de ces éléments dans Exode 33. Dans ce passage Moïse avait demandé à Dieu de lui montrer sa gloire (v.18) afin de s'assurer de sa présence (Kaiser 1978, 120).

Dans le tabernacle

Dans l'Ancien Testament, ce mot est employé en lien avec le tabernacle, et le plus souvent pour désigner la manifestation visible de la présence de Dieu. Quand le tabernacle a été construit, le texte d'Exode 40.34 dit, « Alors la nuée couvrit la tente de la rencontre et la gloire de l'Éternel remplit le tabernacle. » Le tabernacle avait été construit pour être la demeure temporaire de Dieu (Ex 25.8), le lieu de sa proximité et de sa présence active (Cross 1961). Il était une manifestation concrète du désir divin de se révéler et d'habiter parmi les hommes (Ex 29.46).

Dans le temple

Après avoir vécu durant plusieurs années dans le pays promis, c'est le temple qui est devenu pour le peuple d'Israël le lieu de la présence de Dieu parmi les hommes. Souvenons-nous que Dieu n'avait pas acquiescé immédiatement au désir de David de lui construire un temple. Dans un premier temps, il s'y était même opposé, de peur que sa présence ne soit trop matérialisée. Cependant, quand Salomon construit le temple, la gloire de Dieu remplit le temple d'une nuée, et les prêtres ne pouvaient pas accomplir leur service dans le temple (1 R 8.10-11, 2 Ch 5.13-14).

Le temple servait d'endroit pour les rituels et les sacrifices. Mais ce qui avait rendu ce lieu si important pour les gens, c'était le fait que Dieu y était présent. Cela explique que la destruction du temple a été une véritable catastrophe pour le peuple d'Israël. Cet événement a atteint les Israélites jusque dans leurs entrailles. Non seulement ils sont devenus esclaves, mais aussi un peuple au milieu duquel la présence active de Dieu avait disparu.

La notion de la gloire de Dieu dans le Nouveau Testament

Pour parler de la gloire de Dieu, les auteurs du Nouveau Testament emploient le mot grec, *doxa* (ou *doxazein*). Dans quelques cas ce mot fait référence à l'honneur des hommes (Mt 4.8 ; 6.29), mais la plupart du temps il est utilisé pour décrire la révélation de la *présence active* de Dieu (Nixon 1994, 424). Notons que cette manifestation de la présence active et reconnaissable de Dieu, autrefois connue dans le jardin d'Eden, au milieu du peuple d'Israël, dans le tabernacle et dans le Temple, est devenue maintenant indissociable de la personne de Jésus de Nazareth.

C'est surtout dans l'Évangile de Jean que ce thème est le plus approfondi. Dans son Évangile, Jean n'associe jamais la *gloire* de Jésus avec un quelconque « Fils de l'homme » futuriste. Il emploie ce terme pour décrire l'œuvre terrestre de Jésus. C'est d'ailleurs l'une de ses notions préférées. Il utilise les mots *doxa*, ou *dosazein*, quarante et une fois (contre onze fois chez Matthieu, quatre fois chez Marc et vingt-deux fois chez Luc). Parfois même il reprend les manifestations de la « gloire » de Dieu dans l'Ancien Testament et les associent à Jésus.

Jésus a été la manifestation de la gloire de Dieu

Dès le début de son Évangile, où il écrit : « Et la Parole s'est fait homme, et *elle a [planté sa tente] parmi nous*, [...] et nous avons contemplé *sa gloire*, une gloire comme celle du Fils unique venu du Père » (Jn 1.14, c'est moi qui souligne), Jean n'hésite pas à associer Jésus à la manifestation de la présence active de Dieu. Selon Jean, la Parole créatrice incréée est entrée pleinement dans la condition humaine en la personne de Jésus de Nazareth. Jean affirme que cette Parole est devenue « un homme ». Il connaîtra la fatigue et la faim, sera troublé et pleurera même la mort d'un ami. Il va encore plus loin lorsqu'il affirme que cette Parole a « habité parmi nous ».

Vous avez sûrement remarqué que j'ai traduit cette phrase « elle a habité parmi nous » par « elle a planté sa tente parmi nou*s* ». Le verbe *skenoo*[3], que Jean emploie dans ce verset, et que l'on traduit parfois par « habiter », ne vise pas seulement à indiquer une réelle installation de la Parole parmi les hommes. Il est plus probable que Jean ait repris le chapitre 24 du livre du Siracide[4], qui développe le discours de la Sagesse, issue de la bouche du Très-haut (v.2). Elle a été créée avant les siècles, dès le commencement, et elle subsistera éternellement (v.9). Sur l'ordre de Dieu, elle est venue s'établir dans la *tente sainte* d'Israël (v.10). Dieu, le Créateur plein de sagesse est venu demeurer avec son peuple ; il a planté son *tabernacle* ou sa *tente* parmi nous. Dans le livre du Siracide, le mot pour « tabernacle » ou « tente » est celui que Jean a employé pour dire : « La parole a été faite chair, et elle a habité

---

3. Charles L'Eplattenier remarque en outre que le verbe *skenoo* évoque phonétiquement la Shekina, qui dans le Judaïsme tardif désigne la « présence » divine (1993, 28).
4. Le Siracide, appelé aussi « l'Ecclésiastique » ou encore « La Sagesse de Ben Sira », est l'un des livres sapientaux de l'Ancien Testament écrit vers 2000 avant J.-C. Le Siracide sera un des auteurs préférés du judaïsme : souvent cité dans le Talmud et jusque chez les auteurs du Moyen-Âge.

[tabernaclé] parmi nous » (1.14). Jean fait donc allusion au tabernacle du désert, lieu de la présence active de Dieu au milieu de son peuple. C'est là qu'il manifeste sa *gloire* (Ex 40.34-38). Seulement, au lieu que cela se fasse dans une tente, c'est dans un être humain que cela se produit. L'expression semble donc avoir été spécialement choisie pour suggérer une vérité que Jean énoncera ouvertement en 2.21 : « [...] il parlait du *temple* de son corps ».

Il ne vous a pas échappé que l'Évangile de Jean a peu de récits en commun avec les trois autres Évangiles. Curieusement, il place l'un d'entre eux presque au commencement de son évangile, tandis que les autres évangélistes le placent vers la fin (Jn 2.13-22). Jésus vient au temple à Jérusalem. Il y chasse les vendeurs changeurs de monnaie avec un fouet fait de cordes. Les Juifs lui demandent alors: « Quel signe nous montres-tu pour agir de cette manière ? » Et Jésus leur répond : « Détruisez ce temple, et en 3 jours, je le relèverai » (v.19). Les Juifs n'ont pas compris ce qu'il voulait dire. Jean explique qu'il « parlait *du temple de son corps* » (v.21).

Nous venons de voir que pour les Juifs, le temple a été le lieu où le seul vrai Dieu avait promis de demeurer. Le temple était l'endroit où, à leurs yeux, le ciel et la terre s'unissaient. C'était aussi le lieu où il fallait se rendre si on voulait rencontrer Dieu. Enfin, c'était le lieu des sacrifices, de la propitiation pour les péchés, l'endroit où il fallait aller pour y célébrer les fêtes, puisque c'est là que se trouvaient (qu'on pouvait faire l'expérience de) la présence et l'amour de Dieu.

Jean dit constamment que Jésus pensait et agissait comme s'il considérait que lui-même, Jésus, remplaçait le temple. Lorsqu'il montait à Jérusalem pour les fêtes, il s'appropriait le sens de la fête. Il l'a fait avec la fête des Tabernacles au chapitre 7, avec la fête de la Dédicace au chapitre 10 (22-39) et trois fois avec la fête de la Pâques – aux chapitres 2, 6, 12 et 19. Enfin, il est mort comme « l'Agneau de Dieu, qui enlève le péché du monde » (Jn 1.29)[5].

Il est à la fois le sacrifice et le temple, et au chapitre 17 il est le Grand Prêtre qui se sanctifie afin que son peuple puisse être présenté devant Dieu (17.17),

---

5. Il y a au moins cinq notions associées au titre « Agneau de Dieu » : 1) l'agneau donné par Dieu à Abraham (Gn 22.8, 13) ; 2) l'agneau de la Pâque des Juifs (Jn 2.13, cf. Ex 12.11-13 et 1 Co 5.7) ; 3) l'agneau qui était sacrifié tous les matins et tous les soirs en « holocauste perpétuel » pour l'expiation des péchés du peuple (cf. Ex 29.38-42) ; 4) l'agneau familier qu'on mène à la boucherie (cf. Jr 11.19 et Es 53.7) ; et 5) Une tradition, attestée dans la littérature « intertestamentaire », fait de l'agneau, vu parfois comme un jeune bélier cornu, le symbole d'un roi puissant, ou d'un libérateur victorieux. Cette image est abondamment reprise dans l'Apocalypse johannique. Le titre d'agneau y est attribué 28 fois au Christ glorieux ; il est « *l'agneau immolé* », mais c'est un agneau aux sept cornes, vainqueur du dernier combat contre les rois impies (Ap 17.14).

et même être uni à Dieu dans une relation intime d'amour (17.20-21). Nous n'avons plus besoin d'aller à Jérusalem pour « contempler la magnificence de l'Éternel » (Ps 27.4). Tout ce que le psaume dit du temple s'est accompli en Jésus. Il est au sens plénier, le nouveau temple en qui nous est offert de rencontrer Dieu et de contempler sa gloire.

Dans son étude approfondie de ce texte, Charles L'Eplattenier nous fait remarquer que, lorsque Jésus compare son corps au temple (Jn 2.18-22), et qu'il affirme, « détruisez ce temple et en 3 jours je le relèverai ! », il remplace le mot *hiéron* (temple) par celui de *naos* (sanctuaire). Le mot *Hiéron* est employé douze fois dans Jean. *Naos* est aussi le terme qu'emploie Paul pour dire aux fidèles qu'ils sont « le temple de Dieu », ou que « leur corps est le temple du Saint-Esprit » (1 Co 3.16 et 6.19). Il s'agit également ici de la manifestation visible de la présence de Dieu dans un corps d'homme, la personne de Jésus, la Parole faite chair (L'Eplattenier 1993, 75).

Jean associe sans cesse la gloire de Dieu à la personne de Jésus. Sa vie entière a été une manifestation de la présence active de Dieu. Lorsqu'il a transformé l'eau en vin à Cana en Galilée, Jean dit qu'il a manifesté la présence active de Dieu, sa gloire, et ses disciples ont cru en lui (Jn 2.1-11). Jean veut guider nos regards vers Jésus en qui on peut contempler la présence active de Dieu (Jn 1.18 ; 10.30 ; 14.9-10). Pour découvrir Dieu, il faut donc se tourner vers l'homme Jésus. Et pour savoir qui est Dieu, il faut apprendre à voir le signe Jésus.

La gloire que Jésus manifeste est la présence active de Dieu. Elle ne vient pas des hommes (Jn 5.41). Jésus ne cherche pas sa propre gloire, mais celle de celui qui l'a envoyé (Jn 7.18). C'est le Père qui le glorifie (Jn 8.50, 54). À la mort de son ami Lazare, Jésus oppose la manifestation de la présence active de Dieu (Jn 11.4 et 40). La gloire qui était sur Jésus, qui l'entourait, qui brillait à travers lui, qui agissait en lui, c'était la présence active de son Père (Barclay 1975, 69). Cette gloire était en même temps sa propre gloire à lui. Vers la fin de sa vie, il prie ainsi: « Maintenant, Père, révèle toi-même ma gloire auprès de toi en me donnant la gloire que j'avais auprès de toi avant que le monde existe » (Jn 17.5).

L'ultime manifestation de la gloire de Dieu dans la personne de Jésus

Quand au début de son Évangile, Jean affirme qu'il a « contemplé » la gloire de Jésus (Jn 1.14), on pourrait penser qu'il fait référence à l'incident ayant eu lieu sur le mont de la transfiguration, lieu où il a vu le visage de

Jésus « resplendir comme le soleil, et ses vêtements devenir blancs comme la lumière ». Mais ce n'est pas le cas. Dans son Évangile, Jean ne décrit pas le mont de la transfiguration, comme le font les autres Évangélistes[6]. Cela pourrait étonner puisqu'il a été l'un des trois disciples, avec Pierre et Jacques, à être personnellement le témoin de cet événement, et qu'il dit explicitement ici : « nous avons contemplé sa gloire ». On pourrait dire dans un sens que tout son récit est au sujet de la transfiguration. Il nous invite à nous arrêter et à regarder le visage humain de Jésus jusqu'à ce que nous comprenions que nous sommes en train de regarder le visage du Dieu vivant[7]. Et il nous entraîne encore plus loin. C'est sur le visage de Jésus en croix, ce visage couronné d'épines qu'il veut que nous le reconnaissions clairement comme le Dieu vivant. Selon Jean, c'est dans la mort de Jésus sur la croix que nous voyons la manifestation ultime de l'activité de Dieu, la révélation suprême de sa gloire ! Jean nous invite à voir le mont du Golgotha comme le mont de la transfiguration (N. T. Wright 1994, 33-41).

Pour apprécier cette invitation de Jean à contempler ce visage de Jésus, commençons par considérer Jean 3.14-16 :

> Et comme Moïse éleva le serpent dans le désert, il faut de même que le Fils de l'homme soit élevé, afin que quiconque croit en lui ait la vie éternelle. Car Dieu a tant aimé le monde qu'il a donné son Fils unique, afin que quiconque croit en lui ne périsse point, mais qu'il ait la vie éternelle.

Que signifie, « il faut que le Fils de l'homme soit élevé » ? À un premier niveau de lecture, c'est clairement une référence à la croix. Sur la croix Jésus est élevé au-dessus de la terre, élevé sur un lieu de honte, d'agonie ; cet endroit symbolise tout ce qui ne va pas dans notre monde. Mais à un autre niveau de lecture, cette élévation fait encore une fois référence à la gloire ; elle communique l'idée d'exaltation et de gloire. Sur la croix, Jésus est exalté comme étant la révélation vraie de Dieu, exalté dans son œuvre suprême d'amour, de compassion ; cet endroit symbolise désormais le désir du Créateur cherchant à tout réconcilier avec lui-même.

---

6. Mt 17.1-9 ; Mc 9.2-10 ; Lc 9.28-36.
7. C'est ce mystère qui est le thème central de l'Évangile de Jean. Si l'ancienne maxime théologique est valable, *Deus comprehensus non est Deus* (Un Dieu qui est compris n'est pas Dieu), alors on peut également affirmer, *Christus comprehensus non est Deus* (Un Christ qui est pleinement compris n'est pas Dieu).

Mais cette élévation fait aussi écho à une autre situation. « Et comme Moïse éleva le serpent dans le désert... » De quoi s'agit-il ? Dans le livre des Nombres, dans l'Ancien Testament donc, nous trouvons le récit du peuple d'Israël qui pèche en murmurant contre Dieu et contre Moïse (Nb 21.4-9). « Alors », dit le texte biblique, « l'Éternel envoya contre le peuple des serpents brûlants ; ils mordirent le peuple, et il mourut beaucoup de gens en Israël » (Nb 21.6). Après que le peuple ait reconnu son péché, et que Moïse ait prié pour lui, Dieu dit : « Fais-toi un serpent brûlant, et place-le sur une perche ; et quiconque aura été mordu, et le regardera, conservera la vie » (Nb 21.8).

Il s'agit là d'une histoire ancienne, connues des lecteurs de Jean, mais à laquelle il donne une nouvelle vie. Quand Jésus est élevé, lui la révélation vivante et mourante de l'amour de Dieu, quiconque le regarde et croit en lui, a la vie éternelle.

Cette même image est employée au chapitre 12 de l'Évangile de Jean pour montrer comment la mort de Jésus permet au monde entier de trouver la vie. Jésus vient d'arriver à Jérusalem avec une foule qui crie « Hosanna ! Béni soit celui qui vient au nom du Seigneur » (Jn 12.12). Quelques Grecs, qui étaient là pendant la fête, désiraient voir Jésus. Jésus répond :

> L'heure est venue où le Fils de l'homme doit être glorifié. En vérité, en vérité, je vous le dis, si le grain de blé qui est tombé en terre ne meurt, il reste seul; mais, s'il meurt, il porte beaucoup de fruits. Celui qui aime sa vie la perdra, et celui qui hait sa vie dans ce monde la conservera pour la vie éternelle. Si quelqu'un me sert, qu'il me suive; et là où je suis, là aussi sera mon serviteur. Si quelqu'un me sert, le Père l'honorera. Maintenant mon âme est troublée. Et que dirai-je ?... Père, délivre-moi de cette heure ?... Mais c'est pour cela que je suis venu jusqu'à cette heure. Père, glorifie ton nom ! Et une voix vint du ciel : Je l'ai glorifié, et je le glorifierai encore. La foule qui était là, et qui avait entendu, disait que c'était un tonnerre. D'autres disaient : Un ange lui a parlé. Jésus dit : Ce n'est pas à cause de moi que cette voix s'est fait entendre; c'est à cause de vous. Maintenant a lieu le jugement de ce monde; maintenant le prince de ce monde sera jeté dehors. Et moi, quand j'aurai été élevé de la terre, j'attirerai tous les hommes à moi. (Jn 12.23-32)

Dans ce texte, nous avons quasiment toutes les images utilisées par Jean pour parler de la passion du Christ. Le grain de blé doit tomber en terre et mourir. Voici l'heure que Jésus attend : sa mort ne sera pas un triste accident mettant un terme à une vie pleine de promesses, mais au contraire le sommet et le but de toute son œuvre. Dans cet incident Dieu glorifie son nom (c'est-à-dire qu'il manifestera sa présence active). Et lorsqu'il est ainsi « élevé » – glorifié, crucifié – Jésus attire tous les hommes à lui. Comment pouvait-il en être autrement, si sa croix est la révélation vraie du Dieu véritable ?

Si les signes[8] de l'Évangile de Jean mènent à la nouvelle création par la croix, l'élévation de Jésus souligne le fait que la croix est en elle-même le moment de la gloire, le moment où Dieu embrasse activement un monde agonisant. L'élévation de Jésus, ou sa glorification, souligne le fait que la crucifixion est la suprême révélation de la gloire de Dieu.

La gloire de Dieu et le disciple de Jésus

Maintenant, il reste à voir ce qui, dans ce que nous faisons, glorifie le plus Dieu. Si la gloire de Dieu est, en effet, sa présence agissante, que pouvons-nous faire pour le glorifier, lui rendre gloire, faire éclater sa présence, le faire briller ? Nous voulons que « Dieu soit réellement au milieu de nous ». Cela veut dire Dieu à l'œuvre, agissant, parlant, manifestant sa puissance et ses dons parmi nous. Nos communautés de foi n'ont probablement jamais connu autant d'agitation, de gesticulations, de projets et d'entreprises, tout cela dans le but de « rendre visible la présence de Dieu. » Les « alléluia ! » et les « amen ! » ponctuent les réunions. Les fidèles cherchent à se surpasser les uns des autres dans leurs expressions de sincérité et de zèle pour Dieu. Et pourtant, j'affirme que la présence active de Dieu ne dépend ni d'une ambiance, ni du volume de la musique, ni même de toute l'énergie que nous mettons dans nos gesticulations. La force de notre voix ou la longueur de nos discours ne sauraient rendre la présence de Dieu plus perceptible. Me basant sur l'exemple et l'enseignement de Jésus, je suggère que cela ne dépend pas tant de notre « adoration », de notre « louange », ou de nos « chants d'acclamation », que de notre capacité à « donner du poids » (de la racine *kabod*) à Jésus dans notre vie. C'est ce que le disciple de Jésus apprend jour après jour.

---

8. Jean qualifie méthodiquement de *signes* les interventions marquantes opérées par Jésus (Jn 2.11 ; 4.54 ; 6.2, etc.). Leur but, en effet, de faire reconnaître qui est réellement Jésus (Jn 12.37).

Quatre leçons tirées de la vie de Jésus

1. **Jésus « donne du poids » à Dieu le Père dans sa vie en ne cherchant pas sa propre gloire** (cf. Jn 12.28 ; 13.31).

   « Rendre gloire à Dieu » signifie le mettre en valeur. Pour cela il nous faut renoncer à rechercher une valorisation personnelle (Jn 5.41 ; 7.18). Dans sa vie, Jésus mettait toujours en avant Dieu le Père (Jn 13.31). Il a montré et démontré qu'il cherchait à connaître constamment la volonté de son Père, pour ensuite l'accomplir (Jn 4.34).

   De même, dans sa vie quotidienne le disciple de Jésus cherche à mettre son Maître en avant. Il veut que Jésus-Christ soit connu, aimé, écouté, et obéi. C'est la raison pour laquelle, lorsque quelqu'un accompagne une personne sur la voie de la transformation à la suite de Jésus, c'est Jésus-Christ et personne d'autre qui doit rester au centre de la relation. L'élément majeur n'est pas le rapport privilégié entre les deux disciples. Cette relation n'a de sens que dans la mesure où elle met Christ en avant et lui « donne son poids ». C'est pourquoi je crois qu'il est maladroit, par exemple, de parler de quelqu'un en disant : « Voici mon disciple ». Ou de dire : « Je suis le disciple de (tel ou tel chrétien) ». Tout ce que nous faisons c'est faire quelques pas ensemble à la suite de Jésus. Nous sommes tous les deux ses disciples. Nous lui appartenons, nous ne nous rattachons pas l'un à l'autre comme l'ont fait les fidèles de Corinthe en disant : « Moi, je me rattache à Paul ! », « Et moi, à Apollos ! », « Et moi, à Céphas » (1 Co 1.12).

   En outre, on n'accompagne pas les autres sur le chemin du discipolat pour se montrer meilleur que les autres. À deux reprises les disciples qui ont suivi Christ sur les routes de la Galilée ont discuté entre eux pour savoir lequel parmi eux était le plus grand (Lc 9.46 et 22.24). Jésus a dû les corriger. On n'accompagne pas les autres pour montrer sa propre grandeur, son intelligence, ou sa spiritualité. C'est un acte d'obéissance et de service rendu au Christ et au Père.

2. Jésus « donne du poids » à Dieu le Père en embrassant la croix (Jn 12.24).

La glorification de Jésus passe par la mort. Il est le grain de blé qui doit tomber en terre et mourir afin de porter beaucoup de fruit pour le Père. Le lien entre la crucifixion et la glorification est donc fondamental. Peut-être cette affirmation vous surprend-elle. La croix, n'était-elle pas perçue par les disciples comme étant la dégradation suprême, absolue, à tel point qu'elle les laissa dans le plus grand doute sur la « gloire », et le caractère divin de la mission de leur Maître ? « Si le grain de blé tombé en terre ne meurt pas, il reste seul ; mais s'il meurt, il porte beaucoup de fruit » (Jn 12.24). À partir de ces paroles nous pouvons répondre à cette question en affirmant que « la glorification du Christ consiste dans sa mort, *pour autant que celle-ci est féconde* » (Grossouw 1958, 136, c'est moi qui souligne).

Nous ne pouvons pas séparer la mort de Jésus (perçue comme une défaite), et sa résurrection (comprise comme une victoire) parce que sa mort continue à porter du fruit. La *doxa* divine de Jésus est manifestée dans sa passion, car dans la croix de Jésus, Dieu a accompli l'événement qui nous ouvre le salut. Nous pouvons donc dire que la mort du Sauveur sur la croix, *et* sa résurrection forment un seul et même événement, dans lequel Jésus révèle la présence agissante du Père. Nous pouvons donc dire que si la *doxa* de Dieu est révélée dans la résurrection (Jn 13.31-32 ; 17.1, 5), l'essence même de cette gloire se trouve dans le fait que Jésus embrasse volontairement la croix (Jn 1.14 ; 8.50, 54 ; 12.28 ; 13.31-32).

Si la présence éclatante de Dieu est légitimement liée à la mort de Jésus sur la croix, ce n'est vraiment pas une marque de maturité spirituelle que de se focaliser quasi exclusivement sur Christ ressuscité, assis à la droite du Père, comme le font beaucoup de fidèles de nos jours dans leurs cultes d'adoration. Même si la croix du Christ n'est pas ignorée dans ces cultes, le regard des fidèles, lui, est ailleurs. Ici, en Afrique, et un peu partout ailleurs, on entend de nos jours dans les prédications qu'un enfant de Dieu ne doit pas être pauvre ni souffrir. La croix du Christ est mise en avant comme étant le moyen par lequel s'obtient notre salut. Mais la gloire de Dieu, sa présence active, est davantage reconnue dans l'idée qu'une fois après avoir accepté Christ, le chrétien a trouvé la panacée à tous les maux de ce monde terrestre. Il recherche et acclame un Dieu victorieux sur ses ennemis, un Dieu glorieusement puissant, qui bénit ses enfants en leur donnant santé et richesse. Pour obtenir ces bénédictions, les chrétiens sont poussés à faire des confessions de foi positives. Avec tout cela, il n'est pas étonnant que la glorification de Jésus dans sa mort sur la croix ne soit que peu proclamée.

Quoi qu'il en soit, le fait que Dieu soit glorifié dans la fécondité de la mort n'est pas vrai uniquement pour le Sauveur. C'est aussi le cas pour le disciple de Jésus. Christ affirme que comme le grain de blé tombé en terre doit mourir pour porter du fruit (Jn 12.25), son disciple doit suivre son exemple et « [détester] sa vie dans ce monde » s'il veut que le Père l'« honore » (Jn 12.26). Ce principe de la vie et de l'honneur dans la mort, c'est la loi du royaume de Dieu (Beasley-Murray 1987, 211). La fécondité est onéreuse. C'est en mourant à nous-mêmes que nous apportons la vie à d'autres.

Jésus proposait aux Juifs de son temps une vision nouvelle de la vie. Pour eux la gloire de Dieu était visible dans les conquêtes, l'acquisition de biens et le pouvoir. Jésus, lui, la voit dans la croix. Il enseignait que la vie n'est engendrée que par la mort, et que l'on ne conserve sa vie qu'en la donnant pour les autres (Jn 12.25 ; Mc 8.35 ; Mt 10.39 ; 16.25 ; Lc 9.24 ; 17.33). Paul exprime cette vérité en ces termes : « En effet, nous qui vivons, nous sommes sans cesse livrés à la mort à cause de Jésus afin que la vie de Jésus soit elle aussi révélée dans notre corps mortel. Ainsi la mort est à l'œuvre en nous, et la vie en vous » (2 Co 4.11-12). Tout comme l'apôtre, le disciple de Jésus apprend lui aussi à mourir quotidiennement (1 Co 15.31) à travers des luttes intérieures, des circonstances difficiles, l'opposition de ceux qui combattent l'Évangile, et les souffrances que Dieu permet et qui trouvent leur origine dans ses faiblesses. Pour que la récolte puisse avoir lieu, la graine doit mourir.

3. **Jésus « donne du poids » à Dieu le Père dans sa vie en faisant sa volonté** (Jn 12.27-28).

Jean ne raconte pas l'agonie de Jésus au jardin de Gethsémané[9]. Mais il cite Jésus : « Maintenant mon âme est troublée. Et que dirai-je ? Père, délivre-moi de cette heure ? Mais c'est pour cela que je suis venu jusqu'à cette heure. Père, révèle la gloire de ton nom ! » On peut dire de cette prière de Jésus qu'elle est en fait l'équivalent des paroles de Gethsémané : « Toutefois, non pas ce que je veux, mais ce que tu veux » (Mt 26.39). Et cela correspond aussi à la prière que Jésus a enseignée à ses disciples : « Notre Père qui est aux cieux ! Que ton nom soit sanctifié [. . .] » (Mt 6.9). Le bibliste Raymond Brown va encore plus loin lorsqu'il suggère que les trois premières demandes du « Notre Père » sont synonymes (Brown 1966, 476). Autrement dit, la sanctification du nom de Dieu, la venue de son règne, et l'accomplissement de sa volonté sur la terre comme au ciel, sont véritablement les réalités qui le glorifient.

Le disciple de Jésus « donne du poids » au Christ dans sa vie lorsqu'il prie en toute sincérité, « Seigneur, dans ce temps qui est le mien dans cette période de ma vie, heureuse ou malheureuse, fais-moi connaître ta volonté pour que je puisse la mettre en œuvre par ton Esprit. » Reconnaissons que bien souvent nous demandons des choses à Dieu, nous l'appelons à nous servir, à faire ceci pour nous, et encore cela. Et même si ce n'est pas toujours pour nous-mêmes que nous demandons des choses, nous voulons que Dieu fasse notre volonté. Il nous arrive de penser que si nous passons de longues heures en prière, à genoux, si nous jeûnons, et si nous sommes assidus aux réunions de l'église, nous réussirons à persuader Dieu d'intervenir dans notre situation. Cela ressemble étrangement à chercher à mettre Dieu à notre service. Et pourtant, nous ne devrions pas nous considérer comme étant au-dessus de Dieu au point de lui imposer notre volonté, ne serait-ce que par notre spiritualité. Nous glorifions Dieu lorsque nous soumettons notre volonté à sa volonté.

Encore une observation. Prier « Notre Père, que ton nom soit sanctifié ! » n'est pas suffisant. Jésus ne voulait pas seulement

---

9. Mt 26.36-56 ; Mc 14.32-50 ; Lc 22.39-53.

faire la volonté de Dieu, il l'a faite (Jn 5.30 ; 6.38). Jésus ne nous envoie pas non plus faire des disciples qui veulent seulement agir selon sa volonté. Nous ne pouvons pas être ses disciples, ni accompagner d'autres sur la voie du discipolat, sans apprendre à obéir, c'est-à-dire à *faire* sa volonté. Un disciple n'est pas seulement quelqu'un qui accueille l'évangile, ni quelqu'un qui est baptisé ; c'est quelqu'un qui obéit à tout ce que Jésus a prescrit. Le Seigneur s'identifie intimement avec ses disciples lorsqu'ils l'honorent de cette façon (Mt 12.49-50 ; Lc 11.27 ; Mc 3.34-35).

4. **Jésus « donne du poids » à Dieu le Père dans sa vie en terminant (achevant) l'œuvre que Dieu lui avait donné à faire** (Jn 17.4).

Quelques heures avant sa trahison et sa mort sur la croix, Jésus prie ainsi « J'ai révélé ta gloire sur la terre, j'ai terminé ce que tu m'avais donné à faire » (Jn 17.4). Remarquez la façon dont Jésus relie la révélation de la *doxa* de Dieu sur la terre, et le travail qu'il avait fait. Si notre but principal est de « glorifier Dieu » (lui donner du poids), et de jouir de lui éternellement, alors, selon les paroles de Jésus, nous savons que cela se fait à travers l'accomplissement de la mission qu'il nous a confiée. Cela élimine toute opposition entre l'adoration et l'action de faire des disciples. Toute adoration qui ne conduit pas à la formation des disciples de Jésus est stérile, et ne donne pas vraiment son poids à Dieu. L'action d'accompagner quelqu'un sur le chemin du discipolat à la suite de Jésus est en lui-même un acte d'adoration, une glorification du Père et du Fils. Pour étayer ces affirmations, j'aimerais qu'on examine attentivement ce texte.

Jésus parle ici de glorifier Dieu *sur la terre*. Au ciel, il y aura une nouvelle façon d'ajouter « du poids » à Dieu, mais cela n'inclura pas ce que nous faisons aujourd'hui. Le mandat missionnaire que nous avons reçu du Seigneur, nous ne pouvons le remplir qu'en faisant des disciples de Jésus pendant notre séjour sur terre. « Il faut que je fasse, tant qu'il fait jour, les œuvres de celui qui m'a envoyé ; la nuit vient, où personne ne peut travailler » (Jn 9.4).

Ce texte parle aussi d'une *limitation spécifique* : « ce que tu m'avais donné à faire ». L'œuvre de Jésus-Christ était limitée à plusieurs points de vue. Tout d'abord, du point de vue géographique, puisque toute sa carrière était confinée à l'intérieur des frontières de la Palestine. Il n'a vu ni Rome, ni Athènes, ni Alexandrie. Son ministère était aussi limité par ses expériences humaines. Il n'a jamais connu l'intimité du mariage, les joies et les peines de la paternité, ni même les défis liés au vieillissement. Il était limité jusque dans son ministère d'enseignement et de guérison. Il y avait des multitudes de nécessiteux en Palestine auprès desquels il n'est jamais intervenu, que ce soit en paroles ou en actes. Et malgré tout cela, son ministère était entier et parfait puisqu'il faisait tout ce que son Père lui avait donné à faire. Il pouvait donc dire en toute honnêteté : « J'ai mené à bonne fin la mission que tu m'avais confiée. » Comme lui, chaque disciple de Jésus est limité dans son ministère ! Nous ne sommes appelés ni à évangéliser le monde entier, ni à intervenir pour soutenir tous les besogneux, ni à implanter des églises. Nous sommes appelés à faire un travail spécifique : faire des disciples de Jésus !

Enfin, ce texte parle d'un *accomplissement nécessaire*. La gloire de Dieu (sa présence active) n'est pas manifeste seulement dans le commencement enthousiaste de l'œuvre qu'il nous donne à faire, mais aussi dans son aboutissement. Mais n'y a-t-il pas dans ces paroles de Jésus quelque chose de choquant ? Dans sa prière, Jésus témoigne qu'au moment où il prie, il a *déjà* achevé l'œuvre que le Père lui avait donné à faire ! Il le dit pourtant avant de mourir sur la croix pour nos péchés ! Comment pouvait-il donc dire qu'il avait déjà accompli sa tâche ? Il prie : « J'ai révélé ta gloire sur la terre, j'ai terminé ce que tu m'avais donné à faire. » Dans la suite de sa prière, Jésus prie pour ses disciples (Jn 17.6-26). L'interprétation de ces paroles est claire. Les disciples eux-mêmes étaient l'œuvre que le Père lui avait donné à faire ! Il leur avait révélé le Père (v.6). Il s'était offert entièrement au Père pour eux, afin qu'eux aussi soient vraiment à lui (v.19). L'œuvre que le Père lui avait confiée, c'était qu'il fasse des disciples. L'œuvre qu'il nous confie aujourd'hui, c'est aussi de faire des disciples. « Tout comme le Père m'a envoyé », dira-t-il quelques temps après sa résurrection, « moi aussi je vous envoie » (Jn 20.21).

Nous reviendrons à cette prière sacerdotale de Jésus dans le dernier chapitre de ce livre. Mais pour l'instant, je veux clore notre réflexion par une petite phrase du Maître. Au verset 10, en parlant de ses disciples, Jésus dit : « [...] ma gloire est manifestée en eux. » Autrement dit, Jésus certifie que ses disciples révèlent sa présence active sur la terre ! Plus tard, Paul dira la même chose lorsqu'il affirmera que Dieu fait resplendir la connaissance de sa gloire, de sa présence agissante, dans le cœur du disciple, en qui demeure Jésus-Christ (2 Co 4.6). Parce que le disciple de Jésus apprend à lui donner « tout son poids », toute sa place dans sa vie, la *doxa* de Jésus et du Père apparaît aux yeux de tous. C'est la raison pour laquelle Paul peut attester que la présence du Christ dans la vie du disciple est son espérance de la gloire (Col 1.27), et qu'aux fidèles d'Éphèse, il a pu parler de la plénitude de Dieu qui remplit le disciple et agit puissamment en lui (Ep 3.19-20). Le disciple de Jésus est le lieu où la *Shekina* de Dieu se manifeste aujourd'hui. Il est le « temple » de l'Esprit de Jésus.

Questions de réflexion

1. L'auteur a commencé ce chapitre en citant les paroles de Paul aux Corinthiens « faites tout pour la gloire de Dieu ». À la lumière de ce que vous avez appris en lisant ce chapitre, comment interprétez-vous ces mots ?

2. Jésus certifie dans sa prière sacerdotale que ses disciples manifestent sa gloire (Jn 17.10). Et pourtant, peu après cela, ses disciples vont l'abandonner, Pierre va le renier, et Judas va le trahir. Quel rapport voyez-vous entre les défaillances des disciples et la gloire du Christ dans leur vie ?

3. L'auteur affirme que Jésus a été couronné de gloire lorsqu'il a reçu la couronne d'épines sur sa tête, et qu'il a été crucifié. Pourquoi certaines personnes pourraient-elles trouver cet enseignement scandaleux aujourd'hui ? Qu'en pensez-vous personnellement ?

8

Comment initier et poursuivre un accompagnement à la suite de Jésus

Jésus était un communicateur attrayant. Marc nous dit qu'« une grande foule l'écoutait avec plaisir » (Mc 12.37). Et les Évangiles rapportent plusieurs épisodes où de grandes foules le suivaient dans les lieux éloignés du tumulte ordinaire pour l'entendre et profiter de son ministère. Les gens le pressaient tellement qu'il avait parfois peur d'être écrasé (Mc 3.9). Il lui arrivait même de ne pas pouvoir prendre son repas normalement (Mc 3.20). Mais Jean nous informe que Jésus ne mesurait pas son succès à l'importance de la foule qu'il attirait. Il n'avait pas confiance en ces personnes qui le suivaient uniquement pour écouter le son de sa voix ou encore pour assister aux signes miraculeux qu'il opérait (Jn 2.24).

On peut dire qu'aujourd'hui encore la foule ressemble à celle de l'époque de Jésus. Elle est beaucoup plus portée à chercher la main de Dieu (ce qu'il fait, ses œuvres) que sa personne. Nous observons autour de nous, en Afrique, où les églises sont pleines, que la foule aime le mouvement, le bruit, et tout ce qui est spectaculaire. Tout ce qui est émotionnel et prodigieux, voilà son domaine de prédilection. La foule suit Jésus uniquement par intérêt personnel. Elle est centrée et focalisée sur elle-même. N'est-il pas vrai que nous mesurons très souvent le succès de notre ministère au nombre de personnes qu'il attire ? Jésus, lui, se méfie des grandes foules, car il sait ce qui motive réellement la multitude (Jn 2.25).

Un incident en particulier peut nous éclairer sur ce qui intéressait Jésus et sa façon de mesurer le succès. Dans Luc chapitre 19, nous lisons comment Jésus, pressé par la foule qui s'était rassemblée, a remarqué la présence d'un

« petit » homme qui était grimpé dans un arbre pour le voir. Un instant d'attention particulière de la part de Jésus a suffi à changer la vie de ce petit homme nommé Zachée. À sa place, nous aurions sans doute fixé nos yeux sur la grandeur de la foule qui adressait des louanges à Dieu (Lc 18.43). Jésus, lui, a vu un homme désespéré. Nous nous contentons d'une multitude qui écoute la parole de Dieu. Jésus, lui, cherchait des disciples plutôt qu'une foule de personnes centrée sur elle-même, ne cherchant qu'à écouter un discours plaisant, ou voir des miracles et des prodiges.

Dans ce chapitre, je vais expliquer comment nous pouvons commencer et entretenir un accompagnement personnel à la suite de Jésus. Cela ne vous a sûrement pas échappé, même si au commencement de ce livre j'ai employé l'expression habituelle : « faire des disciples », je préfère parler d'« un accompagnement personnel ». J'ai essayé de démontrer au chapitre cinq que Dieu seul peut « faire des disciples de Jésus », puisque lui seul peut transformer les vies en profondeur. Notre rôle, disais-je, c'est de travailler en synergie avec l'Esprit Saint, en *accompagnant* l'individu qui se trouve face à l'enseignement de Jésus, dans une position de vulnérabilité et d'ouverture.

Selon le dictionnaire Larousse, l'accompagnement est « l'action d'accompagner quelqu'un dans ses déplacements[1] ». Dans notre contexte et étude, cette définition peut se comprendre dans le sens d'assister ou soutenir la personne dans son cheminement avec Christ. Cette aide personnelle peut prendre plusieurs formes. L'aide que je préconise dans ce chapitre est plus *informelle* que formelle. Cet accompagnement est également plus *réciproque* que hiérarchique. C'est aussi une façon de conduire l'autre à la suite de Jésus qui est plus *suggestive* et *évocative* que directive. Cet accompagnement à la suite de Jésus, tel que je le décris ici, est plus *officieux* qu'officiel, plus une pratique des *fidèles laïcs* que de leurs pasteurs et autres clercs. Cet accompagnement est plus *individualisé* et *privé* que public et prédéterminé. Avant tout, cet accompagnement est *relationnel* !

Comment initier un accompagnement personnel à la suite de Jésus

Tout commence par le fait d'accompagner quelqu'un dans une prière dans laquelle il se reconnaît pécheur et avoue avoir besoin du pardon divin. Une prière dans laquelle il renonce à son péché et exprime sa foi en Jésus qui a

---

[1]. Cf. « Accompagnement », sur http://www.larousse.fr/dictionnaires/francais/ Consulté le 11 mars 2015.

payé entièrement sa dette en mourant sur la croix du Calvaire. Une prière dans laquelle il affirme sa confiance en Jésus ressuscité des morts et son acceptation de sa Seigneurie sur sa vie. Après avoir accompagné quelqu'un dans une telle prière de conversion, j'ai pris l'habitude d'inviter cette personne à me rencontrer pendant quelques minutes le lendemain.

Avant de me rendre au lieu fixé, je demande à Dieu de guider le temps que je vais passer avec ce nouveau converti. Je lui demande de me donner le discernement afin de savoir comment répondre aux interrogations de cette personne. Je prie qu'Il m'accorde de l'écouter activement, afin de comprendre ce qui n'apparaît pas en surface : ses motivations, ses craintes, ses besoins, ses espérances, ses projets. Je demande enfin à Dieu de me révéler ce qu'il est en train de faire dans la vie de cette personne.

Quand la personne arrive à notre rendez-vous, je la salue, lui demande comment se sont passées ses premières heures avec Jésus, ce qu'elle ressent, et si elle a parlé avec d'autres personnes au sujet de sa conversion de la veille. Si oui, je lui demande comment elle a décrit cet événement tout récent dans sa vie et les réactions suscitées par ce témoignage. Après ces quelques minutes de discussion, j'invite la personne à prier avec moi que notre Père céleste guide notre méditation de sa parole.

Puis nous lisons ensemble Luc 10.38-42[2] :

> Comme Jésus était en chemin avec ses disciples, il entra dans un village, et une femme du nom de Marthe l'accueillit dans sa maison. Elle avait une sœur appelée Marie, qui s'assit aux pieds de Jésus et écoutait ce qu'il disait. Marthe était affairée aux nombreuses tâches du service. Elle survint et dit : « Seigneur, cela ne te fait-il rien que ma sœur me laisse seule pour servir ? Dis-lui donc de venir m'aider. » Jésus lui répondit : « Marthe, Marthe, tu t'inquiètes et tu t'agites pour beaucoup de choses, mais une seule est nécessaire. Marie a choisi la bonne part, elle ne lui sera pas enlevée. »

---

2. Cette méthode d'accompagnement peut également être employée avec les personnes illettrées ou vivant dans des cultures fondées sur l'oralité. Dans ce cas, on lit le texte, puis on demande à la personne que l'on accompagne de le redire avec ses propres mots. Si la personne ne donne pas les éléments importants du texte dans sa version, vous pouvez donner une instruction du type : « Écoutez encore une fois le récit, mais cette fois-ci faites surtout attention à . . . » (Terry 2008, 96-97). Et répétez le processus jusqu'à ce que la personne raconte le message du texte avec précision. Ensuite, passez à l'étape des questions comme celles que je propose dans ce chapitre.

Après cette lecture, je pose quelques questions comme : Qu'est-ce qui se passe dans cet incident ? Qu'est-ce qui aurait pu motiver Marthe à agir de la sorte ? Qu'est-ce qui aurait pu motiver Marie à agir ainsi ? Que nous suggère le fait qu'elle s'est assise aux pieds de Jésus pour écouter ce qu'il disait ? Comment Jésus évalue-t-il la situation ? Selon vous, que voulait-il dire quand il déclare que Marie avait choisi la bonne part ? Qu'est-ce que cet incident nous apprend au sujet de votre relation au Christ ? Que comptez-vous faire pour appliquer cette leçon dans votre vie ?

Nous terminons notre temps ensemble par une prière dans laquelle nous demandons à notre Père céleste de nous aider par son Esprit à mettre en pratique la leçon que notre méditation de la vie de Jésus nous a révélée. Puis nous fixons un nouveau rendez-vous.

Cet exemple illustre une façon d'entreprendre une relation d'accompagnement personnel à la suite de Jésus. Lorsqu'on accompagne un nouveau converti, il est vrai qu'il a beaucoup de choses à apprendre. Dans l'impératif missionnaire Jésus dit sans ambiguïté : « [. . .] enseignez-leur à mettre en pratique tout ce que je vous ai prescrit. » On ne peut pas accompagner quelqu'un à la suite de Jésus si celui-ci n'est pas en train d'apprendre à vivre selon la Parole de Dieu.

C'est précisément ce que faisaient les apôtres, puisqu'il nous est dit que les nouveaux croyants à Jérusalem « persévéraient dans l'enseignement des apôtres » (Ac 2.42). Ils étaient instruits immédiatement dans les vérités bibliques. « Comme des enfants nouveau-nés », écrit Pierre, « désirez le lait pur de la parole. Ainsi, grâce à lui vous grandirez [pour le salut] » (1 P 2.2).

Notez la forme que prend cet accompagnement

Personne ne peut nier l'importance d'un enseignement biblique solide dans le processus d'édification spirituelle des croyants. Toute mission ou tout ministère qui ne donne pas une instruction saine de la Parole de Dieu ne suit pas le modèle du Nouveau Testament. Nous observons toutefois que la forme que prenait cette instruction variait énormément. Ce n'est pas l'impression que nous avons quand nous observons les réunions des fidèles chrétiens. Nous constatons au contraire une uniformité dans la communication. C'est comme si nous étions persuadés que nos télévangélistes et nos prédicateurs imitaient la façon de communiquer de Jésus. Ce n'est pourtant pas le cas.

Il est consternant de voir à quel point nous avons mal compris la communication de Jésus ! Au nom de Jésus-Christ qui a peu monologué, nous préconisons, à tort, la prédication (un monologue) comme étant le style de communication le plus approprié. Notre mécompréhension provient principalement du fait que les pasteurs catholiques et protestants ont été marqués par la formation universitaire qu'ils ont reçue. Elle s'appuie sur un professeur qui expose son savoir devant un auditoire. N'oublions pas que les réformateurs, Luther et Calvin et les autres étaient des académiciens. Ils ont été formés en écoutant des discours. Ils ont jugé, à juste titre sans doute, que leurs ouailles avaient besoin de plus d'enseignement. Ils le leur ont donné en employant un modèle largement utilisé dans la société occidentale de leur époque. Ils ont fait de la prédication le centre des réunions qu'ils dirigeaient. Mais peut-être y a-t-il une autre raison pour laquelle nous pensons que la prédication est la forme la plus appropriée pour transmettre le message évangélique : une mauvaise traduction du texte biblique :

> Il me semble parfaitement invraisemblable que les traducteurs du texte biblique aient réduit les neuf mots grecs (voire plus) employés dans le Nouveau Testament à deux mots en anglais : prêcher et proclamer, pour parler de la communication. C'est pourtant ce qui a été fait dans la plupart de nos traductions en anglais, et cela, en dépit du fait qu'à l'époque du Nouveau Testament ces mots avaient un sens beaucoup plus large. Le mot principal, *kerusso*, par exemple, signifiait transmettre un message de la façon la plus appropriée (voir *kerusso* dans Kittel 1976). Au lieu des mots « prêcher » ou « proclamer » qui impliquent des présentations sous forme de monologue, il aurait fallu utiliser le mot « communiquer ». Dans le style de communication que nous avons adopté au sein de nos communautés chrétiennes, j'ai bien peur que nous ayons davantage imité notre amour grec pour l'oraison, que le style de communication de Jésus. En effet, Jésus n'a que très rarement, voire jamais, communiqué sous forme de monoloque (Kraft 1991, 25).

Cette observation concernant la mauvaise traduction du mot *kerusso*, dans les versions anglaises de la Bible, s'applique aussi pour les traductions du texte du Nouveau Testament en français. Nul doute que cette incompréhension concernant la façon dont Jésus enseignait nous influence dans notre manière de transmettre ce que nous avons reçu. Par exemple, j'entends souvent un ami ou un séminariste dire qu'il vient de « prêcher l'Évangile » à un chauffeur de taxi, ou à quelqu'un d'autre qu'il a croisé au hasard. Autre exemple. Observez comment se déroulent l'école du dimanche ou les études bibliques qui sont proposées dans nos assemblées. On peut dire que dans la plupart des cas, il s'agit de « mini cultes du dimanche », avec une instruction sous forme de monologue.

J'ai commencé ce chapitre en affirmant que Jésus était un communicateur attrayant. Nous pourrions penser que ce qui rendait sa communication si plaisante et si efficace, c'était sa façon de raconter des paraboles et des histoires, ou encore la force de sa prédication. Mais ce serait faire fi des questions qu'il posait avant, pendant, et après ces moments d'instruction (Stein 1978, 23). Il posait des questions dans un but précis, dans le dessein de susciter une réponse, d'exposer des erreurs, et de révéler des vérités plus profondes. Pour Jésus, les questions cruciales touchent aux attitudes, aux relations, aux valeurs, et à la réponse du cœur. Jésus visait une compréhension profonde qui engendrerait une transformation de vie. C'est pourquoi il posait des questions pertinentes (Willis Jr. & Snowden 2010, 66-67). Pour mieux comprendre comment Jésus communiquait, voyons quelques-unes des questions qu'il a posées.

Questions posées par Jésus

« Si vous aimez ceux qui vous aiment, quelle récompense méritez-vous ? » (Mt 5.46)

« Si vous saluez seulement vos frères, que faites-vous d'extraordinaire ? » (Mt 5.47)

« Qui de vous, par ses inquiétudes, peut ajouter un instant à la durée de sa vie ? (Mt 6.27)

« Pourquoi vous inquiéter au sujet du vêtement ? » (Mt 6.28)

« Pourquoi vois-tu la paille qui est dans l'œil de ton frère et ne remarques-tu pas la poutre qui est dans ton œil ? » (Mt 7.3)

« Cueille-t-on des raisins sur des ronces ou des figues sur des chardons ? (Mt 7.16)

« Pourquoi êtes-vous si craintifs ? » (Mt 8.26)

« Pourquoi avez-vous de mauvaises pensées en vous-mêmes ? » (Mt 9.4)

« Qu'est-ce qui est le plus facile à dire : 'Tes péchés te sont pardonnés', ou : 'Lève-toi et marche' ? » (Mt 9.5)

« Les invités à la noce peuvent-ils être tristes tant que le marié est avec eux ? » (Mt 9.15)

Comment initier et poursuivre un accompagnement à la suite de Jésus 139

« Qu'êtes-vous allés voir au désert ? » (Mt 11.7)

« A qui comparerai-je cette génération ? » (Mt 11.16)

« Lequel de vous, s'il n'a qu'une brebis et qu'elle tombe dans un trou le jour du sabbat, n'ira pas la retirer de là ? » (Mt 12.11)

« Comment quelqu'un peut-il entrer dans la maison d'un homme fort et piller ses biens, s'il n'a pas d'abord attaché cet homme fort ? » (Mt 12.29)

« Races de vipères, comment pourriez-vous dire de bonnes choses ? » (Mt 12.34)

« Qui est ma mère et qui sont mes frères ? » (Mt 12.48)

« Pourquoi as-tu douté ? » (Mt 14.31)

« Pourquoi transgressez-vous le commandement de Dieu au profit de votre tradition ? » (Mt 15.3)

« Combien avez-vous de pains ? » (Mt 15.34)

« Ne comprenez-vous pas encore ? » (Mt 16.9)

« Qui suis-je, d'après les hommes ? » (Mt 16.13)

« Et d'après vous, qui suis-je ? » (Mt 16.15)

« Que servira-t-il à un homme de gagner le monde entier, s'il perd son âme ? Ou que pourra donner un homme en échange de son âme ? » (Mt 16.26)

« Jusqu'à quand serai-je avec vous ? Jusqu'à quand devrai-je vous supporter ? » (Mt 17.17)

« Les rois de la terre, de qui perçoivent-ils des taxes ou des impôts ? De leurs fils ou des étrangers ? » (Mt 17.25)

« Qu'en pensez-vous ? Si un homme a 100 brebis et que l'une d'elles se perde, ne laisse-t-il pas les 99 autres sur les montagnes pour aller chercher celle qui s'est perdue ? » (Mt 18.12)

« Pourquoi m'appelles-tu bon ? » (Mt 19.17)

« Que veux-tu ? » (Mt 20.21)

« Pouvez-vous boire la coupe que je vais boire ? » (Mt 20.22)

« Que voulez-vous que je fasse pour vous ? » (Mt 20.32)

« Le baptême de Jean, d'où venait-il ? Du ciel ou des hommes ? » (Mt 21.25)

« Qu'en pensez-vous ? » (Mt 21.28)

« N'avez-vous jamais lu dans les Écritures ? » (Mt 21.42)

« Pourquoi me tendez-vous un piège ? » (Mt 22.18)

« Que pensez-vous du Messie ? De qui est-il le fils ? » (Mt 22.42)

« Lequel est le plus grand : l'or ou le temple qui consacre l'or ? [...] Lequel est le plus grand : l'offrande ou l'autel qui consacre l'offrande ? » (Mt 23.17, 19)

« Comment échapperez-vous au jugement de l'enfer ? » (Mt 23.33)

« Pourquoi faites-vous de la peine à cette femme ? » (Mt 26.10)

« Vous n'avez donc pas pu rester éveillés une seule heure avec moi ? » (Mt 26.40)

« Penses-tu que je ne puisse pas faire appel à mon Père, qui me donnerait à l'instant plus de douze légions d'anges ? » (Mt 26.53)

« Comment donc s'accompliraient les Écritures, d'après lesquelles cela doit se passer ainsi ? » (Mt 26.54)

« Vous êtes venus vous emparer de moi avec des épées et des bâtons, comme pour un brigand ? » (Mt 26.55)

« Mon Dieu, mon Dieu, pourquoi m'as-tu abandonné ? » (Mt 27.46)

« Pourquoi raisonnez-vous ainsi dans vos cœurs ? » (Mc 2.8)

« Apporte-t-on la lampe pour la mettre sous un seau ou sous le lit ? N'est-ce pas pour la mettre sur son support ? » (Mc 4.21)

« A quoi comparerons-nous le royaume de Dieu ou par quelle parabole le représenterons-nous ? » (Mc 4.30)

« Pourquoi êtes-vous si craintifs ? Comment se fait-il que vous n'ayez pas de foi ? » (Mc 4.40)

« Quel est ton nom ? » (Mc 5.9)

« Qui a touché mes vêtements ? » (Mc 5.30)

« Pourquoi faites-vous ce tumulte et pourquoi pleurez-vous ? » (Mc 5.39)

« Vous aussi, vous êtes donc sans intelligence ? » (Mc 7.18)

« Ne comprenez-vous pas que rien de ce qui, de l'extérieur, entre dans l'homme ne peut le rendre impur ? » (Mc 7.18)

« Pourquoi cette génération demande-t-elle un signe ? » (Mc 8.12)

« Pourquoi raisonnez-vous sur le fait que vous n'avez pas de pains ? Ne comprenez-vous pas et ne saisissez-vous pas encore ? Avez-vous le cœur endurci ? Vous avez des yeux et vous ne voyez pas ?

Vous avez des oreilles, et vous n'entendez pas ? » (Mc 8.17-18)

« Comment se fait-il que vous ne compreniez pas encore ? (Mc 8.21)

« Pourquoi est-il écrit à propos du Fils de l'homme, qu'il doit souffrir beaucoup et être méprisé ? » (Mc 9.12)

« De quoi discutiez-vous en chemin ? » (Mc 9.33)

« Le sel est une bonne chose, mais s'il perd sa saveur, avec quoi la lui rendrez-vous ? » (Mc 9.50)

« Que vous a prescrit Moïse ? » (Mc 10.3)

« Pourquoi m'appelles-tu bon ? » (Mc 10.18)

« Que veux-tu que je fasse pour toi ? » (Mc 10.51)

« Pourquoi me tendez-vous un piège ? » (Mc 12.15)

« Vois-tu ces grandes constructions ? » (Mc 13.2)

« Pourquoi me cherchiez-vous ? Ne saviez-vous pas qu'il faut que je m'occupe des affaires de mon Père ? » (Lc 2.49)

« Pourquoi m'appelez-vous 'Seigneur, Seigneur !' et ne faites-vous pas ce que je dis ? (Lc 6.46)

« Où est votre foi ? » (Lc 8.25)

« Qu'est-il écrit dans la loi ? Qu'y lis-tu ? » (Lc 10.26)

« Lequel de ces trois te semble avoir été le prochain de celui qui était tombé au milieu des brigands ? » (Lc 10.36)

« Celui qui a fait l'extérieur n'a-t-il pas fait aussi l'intérieur ? » (Lc 11.40)

« Qui m'a établi pour être votre juge ou pour faire vos partages ? » (Lc 12.14)

« Qui de vous peut, par ses inquiétudes, ajouter un instant à la durée de sa vie ? » (Lc 12.25)

« Pourquoi ne discernez-vous pas par vous-mêmes ce qui est juste ? » (Lc 12.57)

« Si une femme a 10 pièces d'argent et qu'elle en perde une, ne va-t-elle pas allumer une lampe, balayer la maison et chercher avec soin jusqu'à ce qu'elle la retrouve ? » (Lc 15.8)

« Si vous n'avez pas été fidèles dans les richesses injustes, qui vous confiera les biens véritables ? » (Lc 16.11)

« Les dix n'ont-ils pas été guéris ? Et les neuf autres, où sont-ils ? » (Lc 17.17)

« Dieu ne fera-t-il pas justice à ceux qu'il a choisis et qui crient à lui jour et nuit ? » (Lc 18.7)

« Quand le Fils de l'homme viendra, trouvera-t-il la foi sur la terre ? » (Lc 18.8)

« Qui est le plus grand : celui qui est à table ou celui qui sert ? (Lc 22.27)

« Si l'on traite ainsi le bois vert, qu'arrivera-t-il au bois sec ? » (Lc 23.31)

« De quoi parlez-vous en marchant, pour avoir l'air si tristes ? » (Lc 24.17)

« Pourquoi êtes-vous troublés et pourquoi de pareilles pensées surgissent-elles dans votre cœur ? » (Lc 24.38)

« Avez-vous quelque chose à manger ? » (Lc 24.41)

« Que cherchez-vous ? » (Jn 1.38)

« Que me veux-tu ? » (Jn 2.4)

« Tu es enseignant d'Israël et tu ne sais pas cela ? » (Jn 3.10)

« Si vous ne croyez pas quand je vous parle des réalités terrestres, comment croirez-vous si je vous parle des réalités célestes ? » (Jn 3.12)

« Veux-tu être guéri ? » (Jn 5.6)

« Comment pouvez-vous croire, vous qui recevez votre gloire les uns des autres et qui ne recherchez pas la gloire qui vient de Dieu seul ? » (Jn 5.44)

« Si vous ne croyez pas aux écrits de Moïse, comment croirez-vous à mes paroles ? » (Jn 5.47)

« Où achèterons-nous des pains pour que ces gens aient à manger ? » (Jn 6.5)

« Cela vous scandalise ? » (Jn 6.61)

« Et vous, ne voulez-vous pas aussi vous en aller ? » (Jn 6.67)

« N'est-ce pas moi qui vous ai choisis ? » (Jn 6.70)

« Moïse ne vous a-t-il pas donné la loi ? » (Jn 7.19)

« Pourquoi vous irritez-vous contre moi parce que j'ai guéri un homme tout entier le jour du sabbat ? » (Jn 7.23)

« Où sont ceux qui t'accusaient ? Personne ne t'a donc condamnée ? » (Jn 8.10)

« Pourquoi ne comprenez-vous pas mon langage ? » (Jn 8.43)

« Qui de vous me convaincra de péché ? Si je dis la vérité, pourquoi ne me croyez-vous pas ? » (Jn 8.46)

« Comment pouvez-vous dire : 'Tu blasphèmes', et cela parce que j'ai affirmé : 'Je suis le Fils de Dieu' ? » (Jn 10.36)

« N'y a-t-il pas douze heures de jour ? » (Jn 11.9)

« Crois-tu cela ? » (Jn 11.26)

« Où l'avez-vous mis ? » (Jn 11.33)

« Comprenez-vous ce que je vous ai fait ? » (Jn 13.12)

« Comment peux-tu dire : 'Montre-nous le Père' ? Ne crois-tu pas que je suis dans le Père et que le Père est en moi ? » (Jn 14.9-10)

« Qui cherchez-vous ? » (Jn 18.4, 7)

« Ne boirai-je pas la coupe que le Père m'a donnée à boire ? » (Jn 18.11)

« Si j'ai mal parlé, explique-moi ce que j'ai dit de mal ; et si j'ai bien parlé, pourquoi me frappes-tu ? » (Jn 18.23)

« Est-ce de toi-même que tu dis cela ou d'autres te l'ont-ils dit de moi ? » (Jn 18.34)

« Femme, pourquoi pleures-tu ? Qui cherches-tu ? » (Jn 20.15)

« Les enfants, n'avez-vous rien à manger ? » (Jn 21.5)

« As-tu de l'amour pour moi ? » (Jn 21.17)

« En quoi cela te concerne-t-il ? » (Jn 21.22)

Cette liste de questions que Jésus a posées à diverses personnes n'est pas exhaustive. Mais j'espère que cela vous aide à réaliser que, dans sa façon de communiquer, Jésus ne ressemble ni à nos télévangélistes ni à nos prédicateurs. En réalité, pour accompagner des personnes à la suite de Jésus, nous devons apprendre à communiquer comme lui-même a communiqué. Gardez à l'esprit que les disciples qui ont accompagné Jésus sur les routes de Galilée se souvenaient de lui comme étant « un maître dans l'art de poser des questions ». D'après leur témoignage, on peut dire que même après sa résurrection, Jésus continuait à communiquer à l'aide de questions.

Notre problème, c'est que, à l'instar de beaucoup d'autres personnes, certains croyants aiment enseigner, donner des conseils, et corriger. Ils se savent porteurs d'un message qui est une réponse aux questions les plus importantes de l'existence. Encouragés par l'exemple de leurs pasteurs, et par une mauvaise traduction du mot grec *kerusso*, ils sont convaincus qu'ils doivent prêcher et que les autres doivent écouter. D'autres fidèles, au contraire, pensent qu'ils ne peuvent pas accompagner d'autres personnes à la suite de Jésus parce qu'ils ne connaissent pas assez bien le contenu de la Bible, ou parce qu'ils ne savent pas comment enseigner. Ces personnes ne se sentent pas capables de répondre aux questions qui leur seraient posées, ni de « prêcher l'Évangile » à un voisin. Ces deux cas révèlent une fois encore la mauvaise compréhension de beaucoup concernant la façon dont Jésus communiquait, et de la communication qui a lieu dans l'accompagnement dans le discipolat.

Une description de l'accompagnement dans le discipolat

Voici comment je décrirais la relation d'accompagnement à la suite de Jésus. Il s'agit de :

> *Deux apprentis, qui, pendant une période plus ou moins longue, décident de plein gré et d'un accord mutuel de s'encourager, s'exhorter, et s'édifier l'un l'autre dans le but de ressembler davantage à leur Maître, sous la direction de l'Esprit Saint et en toute liberté.*

Reprenons un par un les éléments de cette description.

« Deux apprentis... »

Il s'agit donc de deux individus qui se voient comme des « apprenants », même si l'un des deux suit Jésus depuis plus longtemps que l'autre. Je précise que cet accompagnement n'est pas l'œuvre exclusive des pasteurs, missionnaires, évangélistes, ou séminaristes. C'est une relation pour des croyants « ordinaires » qui veulent grandir dans leur relation avec Christ (Anderson et Reese 1999, 27).

C'est donc un échange entre deux personnes ayant lieu dans un contexte particulier. L'aspect majeur de ce contexte, c'est qu'il est relationnel. Au fond, l'accompagnement à la suite de Jésus, se base sur la conviction que deux amis peuvent s'aider mutuellement à comprendre et à mieux vivre selon son enseignement (Pr 27.17). Si cela nous semble évident, c'est tout simplement parce que par nature nous sommes des êtres relationnels. Selon l'étymologie traditionnelle, le mot « personne » vient du latin *persona*, terme lui-même dérivé, selon Keith Anderson et Randy Reese, du mot grec *prosopon*, qui peut être traduit par « face-à-face » (1999, 21). Chaque être humain est une personne dans la mesure où il se trouve face-à-face, tourné vers un autre être humain, engagé dans un dialogue. Dans l'accompagnement à la suite du Christ, nous vivons l'être-avec de l'homme et de son prochain qui reflète et sert l'être-avec de l'homme et de Dieu (Blocher 1988, 97).

Encore une fois, cet être-avec est spécifiquement un face-à-face de soumission l'un à l'autre (Ep 5.21) dans une attitude de bienveillance mutuelle, d'humilité et d'ouverture. Il s'agit d'une relation faite de transparence et de confiance dans laquelle les deux partenaires s'aident mutuellement à être honnête avec eux-mêmes et avec Dieu. C'est un échange dans lequel on se parle ouvertement et ouvre son cœur à l'autre sans aucune crainte (2 Co 6.11).

Lorsque vous accompagnez quelqu'un à la suite de Jésus, votre responsabilité est de veiller sur le *processus* du dialogue plutôt que sur son *contenu* (Webb 2012, 32-33). Par le « contenu » du dialogue, j'entends son sujet, les faits, les informations, les opinions échangées, etc. Le « processus » du dialogue, lui, fait référence à la manière dont le dialogue traite le contenu. Reprenons l'illustration que j'ai donnée plus haut. Si je donnais la priorité au « contenu » du dialogue, je ferais un exposé du texte biblique (Lc 10.38-42). J'insisterais sur le fait qu'il est important que le disciple de Jésus fixe un moment chaque jour où, comme Marie, il se met aux pieds de Jésus pour l'écouter. Je demanderais que l'autre s'engage à mettre en place cette pratique. En mettant l'accent sur le processus, je ne fais pas allusion à une méditation personnelle de la Parole de Dieu, ni à son importance. Au lieu de cela, j'accompagne l'autre de façon qu'il découvre par lui-même, la joie que l'on expérimente lorsqu'on se met aux pieds de Jésus pour l'écouter. Je ne lui dis pas que Dieu peut lui parler à travers sa Parole. En l'accompagnant dans cette expérience, par ma présence et par les questions que je pose, il entend lui-même la voix de Dieu. Et s'il se forge la conviction qu'il doit prendre du temps tous les jours pour se mettre à l'écoute du Christ, ce n'est pas parce que je le lui impose. D'ailleurs, sans même qu'il en ait conscience, il est déjà en train d'apprendre comment avoir une méditation personnelle. Il découvre personnellement comment appliquer dans sa vie le fruit de ses découvertes dans la Parole de Dieu (Clinton & Clinton 1991 ; Hendricks 1995).

Je suis professeur d'université et pasteur. Les différentes écoles, universités et séminaires que j'ai fréquentés m'ont formé à enseigner, à proposer des idées, et à trouver des solutions. Tout cela, c'est le « contenu ». Cela explique que, malgré tout ce que je viens de dire, lorsque je me retrouve dans une relation d'accompagnement, ma première réaction est de chercher à formuler un curriculum, à préparer des cours, des méditations, ou des études bibliques. Ma formation était axée sur le « contenu », avant tout, et non sur le « processus ». Et pourtant, qu'est-ce qui rend la conversation vraiment transformatrice ? Est-ce le « processus » ou le « contenu » ? (Kraft 1991, 37 ; Anderson & Reese 1999, 17). Dans l'accompagnement à la suite de Jésus, le « contenu » à lui seul, n'engendre pas la transformation ! La transformation vient avant tout de la qualité de la relation, de l'expérience d'être écouté et « interrogé », et de la motivation générée par le fait qu'en face de moi j'ai un vis-à-vis qui croit en moi. On peut dire que l'acquisition des nouvelles connaissances n'y joue qu'un rôle secondaire (Stoltzfus 2005, 290).

« . . . sous la direction de l'Esprit Saint . . . »

Lorsque nous accompagnons un croyant sur le chemin du discipolat, nous devons nous rappeler qu'il est, lui aussi, le temple de l'Esprit Saint. L'Esprit de Jésus, l'Esprit de vérité (Jn 14.16-17) qui à la fois enseigne et rappelle ce que Jésus a dit et fait, vit en lui (Jn 14.26). Ni vous, ni moi, ne pouvons nous substituer à l'Esprit Saint. Dans notre désir d'aider, nous pouvons si facilement l'oublier. Notre connaissance, notre expérience, notre discernement et notre intuition peuvent nous persuader, à tort, que nous savons de quoi l'autre a besoin (Webb 2012, 31).

Que pouvons-nous faire pour résister à la tentation de répondre avant d'avoir écouté ? (Pr 18.13). Nous pouvons demander à Dieu de nous donner de la sagesse et du discernement par son Esprit (Jc 1.5). Nous pouvons également chercher à ne pas réagir trop rapidement aux questions ou aux zones d'ombres que nous identifions dans la vie de celui que nous accompagnons (Jc 1.19). Quand nous voyons quelque chose dans sa vie, nous ne sommes pas obligés de le dire (du moins, pas tout de suite). La croissance ne se produit pas lorsque nous avons observé un besoin dans la vie de l'autre, mais lorsque celui que nous accompagnons est prêt à reconnaître ce besoin. Le progrès dans la connaissance du Christ est progressif (2 P 1.2-11). Ne soyons pas trop pressés. Cela nous permet d'ailleurs de rester souples. L'accompagnement personnel est particulier. Ce qui a aidé une personne que vous avez accompagnée n'aidera pas nécessairement une autre. Ce qui était utile pour quelqu'un dans le passé ne le sera peut-être plus aujourd'hui.

Dans le fond, la question qui se pose à nous est celle de notre confiance dans l'action de l'Esprit Saint agissant dans la vie de la personne que nous accompagnons. Sommes-nous convaincus qu'il n'est pas de notre responsabilité de faire de la personne que nous accompagnons un disciple du Christ ? Si l'Esprit Saint peut nous utiliser dans cette tâche, lui seul a le pouvoir de transformer la personne. C'est de son ressort. Nous avons le privilège de travailler en synergie avec lui afin que les conditions permettant une transformation soient optimales. Reconnaissons également qu'il n'est pas de notre responsabilité de « corriger » tout ce que nous pensons être une erreur ou une faute dans la conduite ou la doctrine de la personne que nous accompagnons. Il se peut que l'Esprit Saint vous utilise pour aider la personne que vous accompagnez à redresser quelque chose dans sa vie (comme c'était le cas pour Daniel dans l'illustration que j'ai donnée à la fin du chapitre 5). Il se peut aussi qu'il veuille utiliser un autre moyen, ou encore, que ce ne soit pas le bon moment dans la vie de celui que vous accompagnez pour effectuer ce changement.

Réalisez qu'avant votre arrivée dans la vie de celui que vous accompagnez, Dieu était déjà à l'œuvre en lui. Après votre départ Il poursuivra son travail. Comme l'a écrit l'apôtre Paul : « Je suis persuadé que celui qui a commencé en vous cette bonne œuvre la poursuivra jusqu'à son terme » (Ph 1.6). Nous devons discerner ce que Dieu est en train de faire dans la vie de l'autre et nous joindre à lui dans cette activité transformatrice.

« . . . en toute liberté, délibérément, et d'un accord mutuel . . . »

Les partenaires entrent dans cette relation « en toute liberté ». Ce n'est pas une relation imposée par un pasteur ou un berger. Si, dans ce type de cheminement à la suite du Christ, les partenaires n'ont pas une vraie estime et une solide affection l'un pour l'autre ils ne pourront pas se faire suffisamment confiance. Et s'il est vrai qu'une relation peut être cultivée quand deux personnes se sentent en sécurité et confiantes, elle ne peut être ni forcée ni imposée.

Les partenaires entrent dans cette relation « de leur plein gré ». Tony Stoltzfus raconte comment, à l'âge de 17 ans, il désirait désespéramment trouver une personne qui pourrait l'accompagner dans une relation semblable à celle que je décris dans ce chapitre. « Si seulement, écrit-il, j'avais une personne que je respecte qui puisse m'aider à comprendre et à vivre la vie chrétienne ! » Il témoigne du fait que l'adolescence a été pour lui une période difficile, marquée par la solitude spirituelle. Il raconte que quelques années plus tard, il avait confié cette phase pénible de sa jeunesse à un ami retraité de son père, qui avait été l'un des fidèles de la communauté chrétienne de son adolescence. Après l'avoir écouté ce monsieur lui a répondu : « Vous savez quoi ? À cette époque j'avais le désir de vous inviter à faire un bout de chemin avec moi, mais [...] j'avais peur de me lancer dans cette aventure » (2005, 282). Quelle histoire tragique ! Dieu avait entendu la prière de Tony qui cherchait quelqu'un pour l'accompagner à la suite de Jésus. Mais voilà, il n'a jamais reçu l'accompagnement pour lequel il avait prié.

Il est clair que cette relation ne naît pas par hasard. Il faut ajouter qu'il n'existe pas une bonne ou une mauvaise façon d'initier cet accompagnement. Vous pouvez le faire tout simplement en invitant quelqu'un à vous retrouver pour découvrir ensemble comment mieux suivre Jésus-Christ. Vous pourriez aussi l'inviter à faire avec vous une étude biblique sur la notion du discipolat pour voir s'il désire aller plus loin dans son cheminement avec Christ. Si vous avez déjà une bonne relation avec la personne, vous pouvez lui suggérer de faire un recentrage sur la personne de Jésus, etc.

J'insiste sur le fait que cette relation est unique, et que l'on y entre de son plein gré. C'est d'autant plus important qu'il s'agit là d'une relation dans laquelle chacun des partenaires, au lieu de regarder à ses propres intérêts, apprend concrètement à considérer aussi ceux de l'autre (Ph 2.4). La croissance spirituelle de l'autre est ce qui importe avant tout. Et dans ce souci, chacun donne à l'autre le don d'une relation, le cadeau de l'écoute, et la largesse de l'accueil. C'est d'ailleurs surtout le cas pour celui qui est le plus avancé dans la foi. Lorsque vous accompagnez un nouveau converti ou un jeune croyant, par exemple, ce sont les besoins de cette personne qui vous guident pour décider du contenu de vos conversations, des buts, des solutions et des applications.

« ... pendant une période plus ou moins longue ... »

Il y a des accompagnements qui durent quelques semaines, d'autres plusieurs mois, et dans certains cas cela peut durer des années. Ce qui est important, ce n'est ni la durée, ni la fréquence des rencontres, mais leur efficacité. Cet accompagnement est vraiment transformateur parce qu'il se focalise sur ce que Dieu est en train de faire dans la vie de la personne. C'est dans ces moments où la personne est réceptive, apte à apprendre, quand les circonstances de la vie la mettent sous pression, qu'elle a besoin d'un accompagnement transformateur. Quand, à un accompagnement personnel visant la croissance spirituelle, vient s'ajouter une situation de ce genre, le potentiel pour une transformation en profondeur s'amplifie.

Puisque l'accompagnement n'existe pas pour lui-même, mais qu'il se justifie uniquement dans la mesure où il favorise la transformation de vie, quand l'un ou l'autre des partenaires ressent que la relation ne joue plus ce rôle, cet accompagnement doit prendre fin (du moins sous cette forme). La fin d'un accompagnement n'indique pas que ce dernier a été un échec ! Soyez en certains. Dieu poursuivra ses projets dans la vie de la personne que vous avez accompagnée, et puis, grâce à cet accompagnement vous avez été vous-même enrichi et édifié dans votre vie avec Christ. Souvenez-vous que la personne n'est pas votre disciple ! Elle appartient au Christ qui vous a permis de faire un bout de chemin à deux.

«... s'encouragent, s'exhortent, et s'édifient l'un l'autre...»

Quand vous accompagnez quelqu'un dans le discipolat à la suite de Jésus, vous faites plusieurs choses dans la relation qui donnent à cette personne du courage, la poussent à se prendre en main, et la propulsent en avant.

La première de ces choses, c'est que vous l'écoutez. Cela est tellement rare dans nos cultures où on a plutôt tendance à finir la phrase de l'autre, ou à parler plus fort que lui pour se faire entendre. La deuxième, c'est que vous posez des questions. L'art de poser la bonne question est l'outil le plus important dont vous vous servirez dans l'accompagnement d'un disciple de Jésus. La troisième, c'est que vous observez plus que vous ne parlez. Il est des domaines où nous savons tous que nous pouvons progresser : devenir un meilleur parent, un époux plus aimant, mieux utiliser notre temps, etc. Mais, avant d'intervenir, il faut savoir attendre pour discerner le domaine où l'Esprit Saint est à l'œuvre dans la vie de celui que vous accompagnez. La quatrième, c'est que vous agissez davantage comme un coach et un mentor, qu'un superviseur[3]. Comme coach vous chercherez avant tout à développer les compétences de la personne, tandis que le mentor, lui, agit en guide expérimenté et vise le développement du caractère. En accompagnant quelqu'un dans le discipolat vous jouerez ce double rôle. La cinquième, c'est que vous lui suggérerez des tâches qui peuvent stimuler sa croissance spirituelle (cela pourrait être de jeûner pendant une journée, lire un livre, faire une étude biblique, apprendre un texte biblique par cœur, écrire une lettre à quelqu'un, donner son témoignage, aider un voisin qui est dans le

---

3. Dans leur usage populaire, le *conseiller* oriente, le *coach* développe une compétence ou des capacités dans un domaine particulier, le *consultant* recommande et le *mentor* tend non seulement à développer la motivation et la créativité de celui dont il est le mentor sur le plan professionnel, mais aussi à conforter son développement personnel par une relation humaine de grande qualité.

besoin, etc.). Mais toujours en respectant son libre arbitre. La sixième, c'est que vous lui rendrez un énorme service en le mettant face à ses responsabilités. La responsabilisation est au cœur du discipolat. Être responsable devant quelqu'un, c'est lui rendre des comptes pour un domaine précis de votre vie. La septième, c'est que vous montrerez votre amitié et votre engagement envers lui, et envers Jésus, en lui permettant de vous interroger au sujet de ce qu'il voit dans votre vie qui n'est peut-être pas entièrement conforme à l'exemple du Christ.

Même s'il est vrai que le « processus » est plus important que le « contenu », nous avons tout de même à transmettre un contenu dans cette démarche d'accompagnement. L'apôtre Paul dit aux croyants vivant à Colosse : « Comme vous avez accueilli le Seigneur Jésus-Christ, marchez en lui, soyez enracinés et fondés en lui, affermis dans la foi telle qu'elle vous a été enseignée, et soyez-en riches en exprimant votre reconnaissance à Dieu » (Col 2.6-7). Il est important d'observer que, dans cette instruction, le Nouveau Testament ne nous offre pas une séquence unique à suivre. Il est clair également que tout ne peut pas être appris simultanément (Hesselgrave 1982, 305-306). Je crois néanmoins que tout converti doit grandir dans les orientations, les compétences et les pratiques mentionnées ci-dessous :

— Se soumettre volontairement à l'autorité et à la Seigneurie de Jésus-Christ, en confessant ses péchés, et en s'offrant jour après jour à lui comme un sacrifice vivant et saint (Lc 6.40 ; 9.23 ; Rm 6.3-4 ; 12.1-2).

— Passer du temps régulièrement à se nourrir spirituellement par la lecture, l'écoute, et l'étude de la Parole de Dieu. Amener toute pensée captive à l'obéissance de Christ pour qu'elle obéisse à Christ (par la méditation), et chercher à conformer sa conduite à cette Parole (Jn 8.31-32 ; 14.21 ; Ph 4.8-9 ; 2 Co 10.5).

— Grandir dans son intimité et sa communication avec Dieu dans la prière. Confier à Dieu ses propres soucis et besoins, mais aussi ceux des autres, en demandant que la volonté de Dieu s'accomplisse. Sa prière est aussi marquée par la reconnaissance, la louange, et l'adoration (Jn 14.13-14 ; 15.7 ; 16.23-24 ; Ph 4.6-7).

— Grandir dans la charité, à l'image du Christ, en se mettant au service des autres, croyants ou non-croyants, dans l'humilité et la générosité (Ga 5.13 ; Ph 2.3-8 ; Jc 2.14-17 ; Es 58.6-12).

— Se soucier particulièrement de la santé et du développement spirituel, social, mental et physique des autres croyants (Hé 10.24-25 ; Ph 2.3-4 ; Jn 13.34-35).

— Se laisser conduire par l'Esprit Saint (Rm 8.4-14 ; Ga 5.16, 25).

— Profiter régulièrement des ordonnances (ou sacrements) que Jésus-Christ a établies pour la santé spirituelle de ses disciples (Mt 18.20 ; Mc 14.22-25 ; Lc 22.15-20 ; 1 Co 11.23-25).

— N'être ni rebelle ni indépendant. Chercher activement à découvrir comment les capacités, talents, dons spirituels et expériences particulières qui forment son identité peuvent être mis au service des autres (Rm 13.1-12 ; 1 P 5.5-6 ; Hé 13.17 ; 1 Co 13).

— Grandir dans l'art de la réconciliation. Être un artisan de paix. Poursuivre activement l'unité des disciples de Jésus (Jn 17.20-21 ; Rm 12.8 ; 2 Co 5.17-21).

— Respecter fidèlement ses engagements. Être un homme qui tient parole même lorsqu'il lui en coûte de le faire (Pr 20.6 ; 1 Co 4.2-5 ; 2 Tm 2.2 ; Ap 2.10, 13).

— Gérer tout ce qui a trait à l'argent et ses biens selon les principes bibliques (Mt 6.19-21, 25-34 ; Lc 6.38 ; Pr 11.24 ; Ph 4.19).

— Vivre sa sexualité en respectant l'enseignement biblique (Gn 2.24 ; Ga 5.19 ; 1 Th 4.3 ; 1 Co 6.13).

— Être continuellement en train d'apprendre. Ne pas se satisfaire du chemin parcouru, mais chercher activement à progresser dans la qualité de ses rapports avec son entourage, dans sa vie intellectuelle, et dans la sagesse divine (Rm 12.3, 16 ; Pr 10.17 ; 12.1 ; 25.2 ; 27.7).

— Grandir dans l'art d'écouter les autres et de leur poser des questions qui les font avancer (Pr 18.2 ; Jn 11.41-42 ; Jc 1.19 ; Pr 20.5).

— Conduire régulièrement des non-croyants à Jésus-Christ, par son témoignage en actes et en paroles. Accompagner ces personnes non seulement dans leur démarche de conversion, mais aussi à la suite du Maître (Mt 4.19 ; 6.33 ; 28.19-20 ; 2 Tm 2.2).

Cette liste est plus suggestive qu'exhaustive. Elle peut être élargie pour inclure des convictions et des compétences telles que : comment vivre comme disciple de Jésus en famille, comment donner et recevoir des conseils, comment développer une vision chrétienne du monde, comment résister au démon, comment maintenir des priorités, comment gérer son temps, comment fixer des objectifs, comment découvrir et agir en fonction des dons charismatiques, comment diriger une étude biblique en petit groupe, comment exercer le discernement, comment agir en conducteur spirituel.

«... dans le but de ressembler davantage à leur Maître. »

« Ceux qu'il [Dieu] a connus d'avance, il les a aussi prédestinés à devenir conformes à l'image de son Fils » (Rm 8.29). C'est par ces mots que Paul affirme que Dieu veut que nous croissions et développions les caractéristiques de Jésus-Christ. Ressembler à Jésus implique une transformation de notre caractère, et non de notre personnalité. Paul a écrit : « On vous a enseigné à vous débarrasser du vieil homme qui correspond à votre ancienne manière de vivre et se détruit sous l'effet de ses désirs trompeurs, à vous laisser renouveler par l'Esprit dans votre intelligence et à vous revêtir de l'homme nouveau, créé selon Dieu dans la justice et la sainteté que produit la vérité. » (Ep 4.22-24).

Nous constatons avec tristesse que des millions de chrétiens vieillissent mais ne semblent jamais croître. Ils s'enlisent dans une enfance spirituelle perpétuelle. La raison en est qu'ils n'ont jamais eu un accompagnement personnel qui aurait favorisé cette croissance. La croissance spirituelle n'est pas quelque chose d'automatique. Elle repose sur un engagement ferme à devenir semblable au Christ, qui nous motive à nous engager dans une relation d'accompagnement spirituel. Il faut vouloir changer, décider de croître, et s'engager dans une relation qui libère l'action de l'Esprit Saint. Ce processus de changement visant à ressembler à Christ commence toujours par une décision prise par deux personnes.

Contrairement à ce que nous avons l'habitude d'entendre autour de nous, la priorité, aux yeux de Dieu, n'est pas notre confort matériel. Le Seigneur cherche plutôt à transformer notre caractère. Dans ce chapitre, j'ai affirmé que cette transformation était liée à un *processus* plutôt qu'à une *connaissance*. Nos pratiques ressemblent étrangement à la façon dont les Grecs formaient les gens. Leur modèle était académique, basé sur un monologue qui avait lieu dans un petit groupe ou dans une salle de classe. C'était une démarche où l'apprenti était passif et l'instruction théorique. Rien d'étonnant à cela, puisque les philosophes grecs accordaient plus d'importance aux idées qu'aux réalités concrètes. Le modèle d'accompagnement à la suite de Jésus est plus conforme à une vision hébraïque de la formation d'une personne. Ce modèle est relationnel et favorise davantage les expériences que l'acquisition des connaissances théoriques. Pour les Hébreux, le formateur communique avec l'apprenti dans un dialogue et un échange actif et pratique. Le rôle du formateur dans ce modèle était de stimuler l'apprenti par les questions qu'il lui posait.

Conclusion

Accompagner quelqu'un à la suite de Jésus, c'est comme jouer au football. En lisant un livre sur ce sport, nul doute que vous développerez une bonne compréhension théorique du jeu. Mais si le lendemain vous allez sur le terrain, vous constaterez vous-même que ne serez pas plus apte à faire une bonne passe ou à marquer un but que vous ne l'étiez avant de lire ce livre. Le livre peut certes vous donner les informations dont vous avez besoin pour réussir, mais seule la pratique peut vous donner une véritable compétence. Quand on veut pratiquer un sport de haut niveau, il faut s'entraîner pour développer ses muscles, sa coordination et sa confiance. De même, la lecture d'un livre peut vous donner une compréhension conceptuelle suffisante pour vous permettre d'accompagner un individu en tête-à-tête, à la suite de Jésus. Cependant cette compréhension restera insuffisante pour transformer « automatiquement » vos relations avec les autres. À travers vos expériences passées, vous avez déjà acquis une certaine façon d'agir. Celle-ci n'est pas forcément adaptée à l'accompagnement des autres. D'où la nécessité de découvrir ce processus d'accompagnement des autres par l'expérimentation. Ne nous voilons pas la face, cela représente du travail. Accompagner quelqu'un dans une relation transformatrice nécessitera sans doute un changement de votre mentalité et de votre façon de faire.

Questions de discussion

1. À votre avis, pourquoi Jésus a-t-il posé tant de questions ? Quelles sont les forces et les faiblesses d'un enseignement donné à travers des questions qui sont posées ?

2. Pensez à quelqu'un que vous pourriez accompagner personnellement pendant un certain temps à la suite de Jésus-Christ. Comment pouvez-vous lui présenter cette idée ? Qu'est-ce qui vous empêche de le faire ?

3. Parmi les domaines ayant trait au discipolat, et qui figurent dans ce chapitre, dans quel aspect de votre vie de disciple sentez-vous que Dieu est à l'œuvre actuellement ? Qui, parmi vos connaissances, pourrait vous accompagner en tête-à-tête pour qu'une transformation profonde de ce domaine de votre vie puisse être favorisée ?

9

Le disciple de Jésus, le démon et la délivrance

Il y a une quarantaine d'années, Robert Boyd Munger (1910-2001) a rédigé une brochure qui est devenue un classique de la littérature chrétienne, et qui s'est vendue à plus de 10 millions d'exemplaires. Dans cet ouvrage intitulé *Mon cœur, la demeure de Christ*, l'auteur imagine et explore ce que ce serait que d'inviter Jésus dans la demeure de notre cœur (Munger 2002).

> D'une pièce à l'autre, nous considérons avec notre Seigneur ce qu'il veut pour chacun de nous. Sommes-nous prêts à passer du temps avec lui chaque jour dans notre salon ? Dans la salle à manger, nous examinons ensemble quels appétits devraient ou ne devraient pas nous contrôler. Y a-t-il un placard dans notre vie qu'il pourrait nous aider à nettoyer[1] ?

Le but de cette brochure est de nous amener à examiner ce que signifie faire de Jésus-Christ le Seigneur de chaque aspect de notre vie.

L'accompagnement personnel à la suite de Jésus vise cela aussi. Mais dans ce processus il nous arrive d'avoir des blocages, des moments où la personne que l'on accompagne n'arrive pas à avancer pour une raison qu'elle-même a du mal à comprendre. Ces blocages sont parfois l'œuvre des puissances démoniaques[2]. Reconnaître et traiter ces obstacles à la transformation spirituelle, tel est le sujet de ce chapitre.

---

1. Résumé du livre sur le site de l'éditeur (Bérékia), disponible sur http://www.ministereflamme.com/la-demeure-de-christ1.html.
2. Il y a plus d'une centaine de références aux démons dans le Nouveau Testament. Quatre mots grecs se réfèrent clairement aux démons. *Daimon* se trouve une fois (Mt 8.31). *Daimonion* y figure 63 fois, et *pneumata* (esprits) 43 fois. À plusieurs reprises le terme général pour signifier les anges, *angelos*, est employé pour désigner les démons (Mt 25.41 ; Ap 12.7, 9).

Le disciple de Jésus peut-il être démonisé ?

Pendant un an, j'ai eu le privilège de servir d'assistant au Dr Charles Kraft, autrefois missionnaire au Nigeria et professeur d'anthropologie et de la communication interculturelle à *Fuller Theological Seminary*. À cette époque le Dr Kraft proposait, une fois par semaine, d'accueillir le séminariste qui le désirait pour un temps de prière personnelle. Un soir, autant que je m'en souvienne, un homme âgé d'une trentaine d'années, accompagné de sa femme s'y est rendu. Ce chrétien engagé se plaignait de ne plus avoir envie depuis quelque temps de lire la Parole de Dieu. Il disait aussi qu'il avait beaucoup de difficultés à prier. Le Dr Kraft lui a demandé quand cela avait commencé. Après un temps de réflexion, il en a précisé le moment, et le Dr Kraft lui a demandé s'il y avait eu à ce moment-là des événements exceptionnels dans sa vie.

Tout de suite le visage de cet homme s'est éclairé. À ce moment-là, j'ai été guéri s'est-il exclamé joyeusement. Puis il a expliqué qu'il était né avec une jambe plus courte que l'autre, et que toute sa vie il avait dû porter une chaussure ayant une semelle épaisse de plusieurs centimètres pour compenser la différence de taille. Il a expliqué qu'il avait beaucoup souffert de cette condition physique et qu'il avait continuellement supplié Dieu de le guérir. Or, à l'époque en question, il avait assisté à une réunion chrétienne pendant laquelle il avait été guéri. Sa jambe avait poussé de plusieurs centimètres, et depuis il portait des chaussures normales sans tituber pour autant.

Après avoir écouté ce témoignage, le Dr Kraft lui a demandé, « Ne vous semble-t-il pas curieux que votre manque d'appétit pour la Parole de Dieu et vos difficultés à prier datent de ce moment où votre jambe a été guérie ? » Le jeune homme lui dit qu'il n'avait même pas pensé qu'il puisse y avoir un lien entre ces deux phénomènes. Le Dr Kraft a poursuivi la conversation en lui disant qu'il n'y avait peut-être aucun lien entre sa guérison physique et ses difficultés spirituelles, mais il lui a demandé si toutefois il serait prêt à 'tester' sa guérison pour voir si elle venait de Dieu ? » L'homme semblait troublé par l'idée que sa guérison puisse ne pas venir de Dieu, du fait qu'il était chrétien, séminariste, engagé pour Christ, et que la guérison avait eu lieu dans une réunion chrétienne. Comment pouvait-elle ne pas venir de Dieu ? N'était-ce pas là une réponse à ses prières ?

Le Dr Kraft lui proposa de prier ainsi : « Père céleste, si la guérison de ma jambe m'est venue de toi je l'accepte avec joie. Mais si elle n'est pas de

toi, je la rejette. Je préfère boiter dans ma chair et marcher droit avec toi[3]. »
L'homme a fait cette prière et dans les instants qui ont suivi cette prière sa jambe s'est rétrécie. Il quitta le lieu de leur rencontre en chancelant, mais il avait retrouvé le goût de la Parole de Dieu et de la prière.

Voilà donc l'exemple d'un disciple de Jésus qui avait des blocages spirituels dans son cheminement à la suite du Maître, et dont l'origine était spirituelle. Cette histoire illustre le fait que le Malin est très actif dans l'existence des non-croyants aussi bien que des croyants. Ses démons doivent parfois être confrontés lorsque la personne cherche à soumettre les domaines de sa vie à Jésus-Christ. Le Dr Kraft témoigne :

> Puisque mon travail consiste à former des missionnaires et des leaders chrétiens internationalement reconnus, j'ai souvent l'occasion de chasser des démons de la vie de ces personnes. Beaucoup parmi eux ont des démons dont ils ont hérité. D'autres ont été démonisées à travers les malédictions des gens au milieu desquels ils ont travaillé. Dans un certain lieu j'ai trouvé au moins quatre missionnaires qui, au cours de leur jeunesse, avaient eu des expériences avec le satanisme, et plusieurs autres qui avaient vécu dans des communes où il y avait une promiscuité sexuelle. Certains se battaient encore contre l'attrait de la pornographie. Ce qui est fréquent chez ceux qui ont connu de tels arrière-plans, c'est qu'ils sont glorieusement convertis et se donnent à l'œuvre de Dieu sans s'être complètement nettoyés auparavant. Les démons qui œuvrent dans leur vie sont assez malins pour se cacher jusqu'à ce que ces personnes s'engagent dans un travail qui est vraiment important pour le royaume de Dieu, et à ce moment-là ils agissent pour saboter l'œuvre de Dieu. J'ai rencontré de nombreux missionnaires qui ont vécu une expérience démoniaque paralysante à un moment critique de leur ministère (Kraft 1997, 250-251).

Il y a eu beaucoup de discussions autour de cette question : « Un chrétien peut-il oui ou non être démonisé ? Un des problèmes se situe au niveau de

---

3. Le Dr Kraft a expérimenté plusieurs cas de jambes qui ont poussé, et de nombreuses autres guérisons dans ses sessions (Kraft 1989, 127).

notre terminologie. On entend souvent parler de « possession démoniaque[4] ». Ceci est malencontreux, car le mot « possession » implique la notion d'appartenance. En réalité, les démons n'ont aucune possession, rien ne leur appartient ! Le Nouveau Testament les considère comme des envahisseurs qui occupent des lieux ne leur appartenant pas. En réalité, même les démons appartiennent à Dieu puisqu'il est, lui, leur Créateur et leur juge. De plus, la notion de « possession » démoniaque évoque toutes sortes de fausses images et nourrit la crainte.

Nous souhaiterions tous croire que le croyant est exempt de toute habitation démoniaque, mais l'expérience contredit une telle croyance. Ceux qui œuvrent dans le domaine de la délivrance spirituelle ont fréquemment à aider des chrétiens à retrouver la liberté spirituelle. Voyons ce qu'en dit C. Fred Dickason, dont le livre intitulé *Demon Possession & The Christian* traite cette question de façon exhaustive :

> Entre 1974 et 1987, j'ai rencontré au moins quatre cent cas de vrais chrétiens qui étaient démonisés [...] Je ne suis pas infaillible dans mon jugement, mais je connais les traits caractéristiques d'un chrétien et ceux d'une personne démonisée. Il peut arriver que je me trompe sur un cas ou deux, mais j'ai du mal à concevoir que je me trompe au sujet de plus de quatre cents cas (Dickason 1987, 175).

Le Dr Kraft écrit qu'il a connu plus de cinq cents cas de démonisation de personnes « incontestablement engagés à suivre Christ » (1997, 250). Les témoignages d'autres personnes concordent sur ce point[5]. Tous ces témoignages nous permettent de soutenir la thèse que les chrétiens peuvent être démonisés. Dickason conclut son témoignage en lançant un défi :

> Ceux qui nient que le chrétien puisse être démonisé doivent en apporter les preuves. Ils doivent fournir des évidences cliniques

---

4. Les pentecôtistes distinguent traditionnellement entre la « possession démoniaque » et « l'influence démoniaque ». Et tout en affirmant la possibilité qu'un croyant peut se trouver « affligé » par le démon, les commentateurs pentecôtistes refusent catégoriquement la possibilité d'une « possession démoniaque » parmi les chrétiens (McClung 1990, 206). Et les évangéliques semblent s'accorder pour dire qu'un chrétien ne peut pas être « possédé » par le démon (Reddin 1990, 191). Le Dr Kraft maintient qu'il faut éviter d'employer des termes comme « possession » ou même d' « oppression » en parlant de la démonisation. Il préfère voir les degrés de la démonisation sur une échelle allant de 1 à 10, avec le niveau 1 indiquant l'« attachement » le plus faible du démon à l'individu, et 10 l'attachement le plus fort (1989, 129).

5. Voir par exemple Bubeck 1975 ; Koch 1978 ; Murphy 1992 ; Unger 1977 ; White 1990.

> éliminant clairement la possibilité qu'aucun croyant ayant vécu ou vivant actuellement puisse avoir un démon. [...] Parmi ceux qui nient qu'un chrétien puisse être démonisé, la majorité n'a eu aucune expérience avec des personnes démonisées. Leur position est donc très théorique. (Dickason 1987, 175-176)

J'aimerais cependant ajouter un fait important, pas toujours mentionné par ceux qui traitent ce sujet de la démonisation :

> Les démons ne peuvent pas habiter dans un chrétien dans le même sens où ce dernier est habité par l'Esprit Saint. L'Esprit de Dieu entre dans le croyant au moment de son salut, et il y reste de façon permanente (Jn 14.16). Un démon, par contraste, entre comme un envahisseur et comme un squatteur pouvant être délogé à tout moment. Un démon n'habite jamais légitimement dans la vie d'un saint, comme le fait l'Esprit Saint (Unger 1977, 51-52).

Le Dr Kraft, quant à lui, maintient que, lorsqu'un être humain se donne à Dieu, l'Esprit Saint s'attache à la partie la plus intime de son être : son « esprit » ou son « cœur ». Cependant, même si après la nouvelle naissance les démons ne peuvent pas toucher à ce domaine exclusivement et éternellement réservé à l'Esprit de Dieu, ils peuvent, selon lui, influencer d'autres domaines de la vie du croyant :

> Je conclus donc que les démons ne peuvent pas vivre dans cette partie la plus intime d'un chrétien, l'esprit, puisqu'elle est remplie par l'Esprit Saint (voir Rm 8.16). Cette partie de notre être devient vivante avec la vie de Christ. Elle est inviolable par les représentants de l'adversaire. *Les démons peuvent cependant vivre dans la pensée du chrétien, dans ses émotions, son corps et sa volonté.* Nous devons régulièrement les chasser de ces aspects de la vie des chrétiens. Je pense qu'une des raisons pour lesquelles un démon peut exercer davantage de contrôle sur un non-croyant, c'est parce qu'il peut envahir son esprit (1994, 91).

J'ai souvent entendu le Dr Kraft comparer les démons aux rongeurs détestables que sont les rats d'égout (ou surmulot). Les rats provoquent des dégâts dans les maisons et transmettent des maladies dangereuses. Ce sont des rongeurs qui privilégient les habitations insalubres et humides, les égouts bien sûr et les rivières. Les rats d'égout sont attirés par les endroits malsains où se sont accumulés des détritus. Si nous trouvons des rats d'égout dans notre maison, nous devons nous préoccuper de ce qui les aurait attirés. Selon le Dr Kraft, il en est ainsi aussi pour les démons :

> À l'intérieur de l'être humain, les détritus émotionnels ou spirituels créent un lieu congénial pour les rats démoniaques. Là où de tels débris émotionnels ou spirituels existent, les rats démoniaques cherchent, et souvent trouvent, une porte d'entrée. Mais si l'on se débarrasse des ordures, les rats ne peuvent plus rester, ou, tout au moins, leur emprise sera diminuée. Que ce soit avec les personnes, comme avec les maisons, la solution au problème de l'infestation des rats n'est pas de chasser les rats, mais de nettoyer les détritus. *Le problème le plus pesant, ce n'est pas le démon, mais bien les ordures* (Kraft 1994, 97).

Je suis d'accord sur ce point avec le Dr Kraft. Les démons sont le plus souvent liés à des émotions blessées, ou à des péchés, (et parfois aux deux à la fois). Le démon désire trouver un domaine de notre vie où il peut s'attacher à nous afin d'empêcher notre progrès (Ep 4.27). Le Malin ne pouvait trouver aucun accès dans la vie de Jésus (Mt 4 ; Lc 4 ; 22.53 ; Jn 14.30 ; Hé 2.8 ; 4.15 ; 5.7-8). Mais il a eu du succès dans la vie de l'apôtre Pierre (Lc 22.31-34). Et il continue à avoir du succès dans la vie de beaucoup de croyants. Les croyants authentiques, nés de nouveau, et remplis de l'Esprit Saint, peuvent, (à travers les conditions exceptionnelles, créées par leur propre péché, ou le péché d'un autre), subir le contrôle complet ou partiel d'un aspect de leur vie par un démon (Murphy 1990, 60).

Le pouvoir du démon se trouve dans la tromperie

Je ne prétends pas traiter dans ce chapitre toutes les facettes de la démonologie. Je n'aborde ni l'activité des démons dans la vie d'un non-croyant ni sa délivrance du pouvoir des esprits grâce à l'intervention d'un saint. Je n'examine pas non plus la lutte contre les démons que l'apôtre Paul appelle les « autorités », les « souverains de ce monde de ténèbres », les « esprits du mal dans les lieux célestes » (Ep 6.12). Je me limite ici aux esprits du mal qui peuvent être à l'œuvre dans la vie d'un disciple de Jésus. Et dans la vie d'un disciple de Jésus, je persiste à dire que la tromperie est la tactique maîtresse de l'adversaire de notre âme. Dans Apocalypse 12.9, Satan est décrit comme « celui qui égare toute la terre ». C'est lui qui a conduit Adam et Eve dans l'erreur (Gn 3), et les démons lui ressemblent dans leurs tentatives de mettre le disciple de Jésus sur un mauvais chemin.

Lorsqu'on trompe quelqu'un, on lui fait faire une erreur de jugement. On lui fait prendre une chose pour ce qu'elle n'est pas. À ce sujet, le théologien Krister Stendahl dit : « Ce qui obstrue notre vision, ce n'est pas tant ce que nous ne connaissons pas, que ce que nous pensons savoir » (Stendahl 1976, 7). Beaucoup d'Occidentaux, par exemple, croient savoir que les démons n'existent pas. Et même ceux qui reconnaissent leur existence se trompent parfois en pensant qu'ils ne sont pas actifs aujourd'hui. Quelques écoles bibliques et séminaires évangéliques, par exemple, enseignent que même si les premiers disciples de Jésus chassaient des démons, et guérissaient des malades, leurs actions ont été l'exception et non la norme (Ac 5.12-14). Certains disent : « L'impératif missionnaire nous ordonne d'enseigner et de baptiser, et ne mentionne ni l'expulsion des démons ni la guérison des malades. » Ces individus se laissent berner par les démons lorsqu'ils en concluent que nous devons limiter notre ministère à l'enseignement (Brown 1979).

Les Africains, et les autres peuples de l'hémisphère sud, n'ont aucun problème à admettre la présence et l'activité des démons. Leurs cosmologies traditionnelles sont peuplées des esprits des Ancêtres, et d'autres esprits, génies, fées, et forces de tous genres qui sont capricieux et peuvent perturber l'équilibre de l'individu. Lorsque les membres de ces sociétés souffrent, ils tendent à croire qu'il y a quelqu'un qui leur aurait jeté un sort ou qu'il y a un mauvais esprit qui est contre eux. Cette optique explique en large partie la prolifération actuelle des exorcistes, des guérisseurs, et des chefs coutumiers qui 'connaissent' le remède et peuvent l'appliquer à la situation. Non, la majorité des habitants de notre monde n'est pas dupe en ce qui concerne l'activité réelle des démons.

Cependant, les démons trompent certains disciples de Jésus qui viennent de ces régions du globe lorsqu'ils les convainquent qu'ils ne peuvent pas lutter, eux-mêmes, contre leur pouvoir. Il est facile de croire que seuls les pasteurs, apôtres, prophètes ou autres « hommes de Dieu » peuvent lutter contre le démon. On développe facilement la pensée que Dieu répond favorablement aux prières et bénit uniquement ceux qui sont obéissants et victorieux sur le péché. Mais lorsqu'on a péché, que notre amour pour Dieu s'est refroidi et que l'on ne se sent pas très « spirituel », ou que l'on a négligé l'écoute de la Parole de Dieu et la prière – on pense logiquement que Dieu réagira en refusant sa bénédiction. Même s'il y a un peu de vérité dans cette logique, le démon se joue de nous en exagérant l'importance de notre piété et en diminuant notre compréhension de la largesse de la grâce de Dieu.

Le démon veut nous intimider. Parfois la réalité du péché et la présence du démon semblent plus réelles que la réalité et la présence de Dieu. Ceci fait partie de la tromperie du Malin. Mais son pouvoir est limité, et il a déjà été vaincu par la mort et la résurrection de Jésus-Christ. Une de ses ruses consiste à nous faire croire que nous ne pouvons rien faire contre lui. Mais Jésus a affirmé tout au long de son ministère que s'il chassait les démons, cela voulait dire que le royaume de Dieu était déjà venu jusqu'à nous (Lc 11.20). Tout au long de sa vie, Jésus a montré qu'il agissait avec l'autorité de Dieu. Il est venu vaincre Satan à la fois pendant son séjour en Galilée, et par sa mort et sa résurrection. Jésus a également montré clairement qu'il partageait son autorité avec ses disciples. Il a donné puissance et autorité aux douze pour leur permettre de chasser les démons et de guérir les maladies (Lc 9.1-2), ainsi qu'aux soixante-dix (Lc 10). Avec cette autorité, ils devaient montrer que le royaume de Dieu s'était approché (Lc 10.9). Plus tard il dira à ses disciples : « Tout comme le Père m'a envoyé, moi aussi je vous envoie » (Jn 20.21). Et, comme nous l'avons vu au chapitre trois, Jésus a ordonné à ses disciples d'enseigner les autres « à mettre en pratique » tout ce qu'il leur avait prescrit (Mt 28.20). Il avait déjà promis : « Celui qui croit en moi fera aussi les œuvres que je fais, et il en fera même de plus grandes, parce que je vais vers mon Père » (Jn 14.12).

Parfois les démons trompent les disciples de Jésus en leur faisant croire que s'ils sont actifs dans leur vie, c'est sûrement qu'ils ont un problème spirituel. Le Dr Kraft affirme que, dans la plupart des cas, la présence ou l'absence d'un démon n'a rien à voir avec la condition spirituelle de l'individu, si ce n'est pour la dégrader. Il écrit que les personnes qui montrent des signes d'activité démoniaque dans leur vie sont « très souvent des personnes qui montrent une grande maturité spirituelle, malgré l'activité des esprits à l'œuvre dans leur vie ». Dans la plupart des cas, écrit-il, « Ils ont hérité des démons, le plus souvent parce qu'ils ont subi une forme ou une autre d'abus, ou à travers leurs activités occultes avant d'être convertis, plutôt que par leur échec spirituel ou par la rébellion. Cependant, les démons les poussent à craindre le pire » (1994, 93).

Une des méthodes qu'emploient les démons pour nous induire en erreur, c'est de nous accuser. Le terme Satan, à l'origine, signifie « accusateur » (Unger 1977, 972). Bon nombre des accusations portées contre nous par les démons sont des phrases ou des pensées négatives que nous avons entendues d'autres personnes, imaginées ou réelles. Une des tactiques préférées des démons est de nous pousser à nous accuser nous-mêmes, à accuser les autres, et à accuser Dieu pour les circonstances difficiles dans lesquelles nous nous trouvons :

> Les démons encouragent les rumeurs, les cassures dans les relations provoquées par les mécompréhensions, et la colère contre Dieu du fait de ce qu'il permet dans notre vie. Dans l'arsenal de leurs arnaques, il y a celle-ci : pousser les gens à se sentir coupables même après avoir obtenu le pardon divin. En agissant ainsi, ils convainquent leurs victimes qu'elles souffrent de maux incurables. Ils les convainquent aussi de blâmer les autres pour les abus qu'ils ont subis. Et les démons les persuadent que pour les punir de leurs échecs, Dieu leur impose des circonstances difficiles (Kraft 1994, 95).

Dans son Sermon sur la montagne (Mt 7.22-23) et dans son Discours sur le Mont des Oliviers (Mt 24.4, 23-25), Jésus a pris la tromperie très au sérieux.

Le disciple de Jésus est attentif à ses avertissements. Le premier stade de la séduction consiste à croire qu'on ne peut pas être séduit. Si Paul craignait que les Thessaloniciens ou les Corinthiens ne soient séduits, ce n'est probablement pas parce qu'ils ne pouvaient pas l'être (2 Th 2.2 ; 2 Co 11.2-4). Le disciple de Jésus se souvient que puisque Satan lui-même se déguise en ange de lumière (2 Co 11.14) il n'est pas étrange que les démons n'agissent pas ouvertement. Mais comme lui, leur but est de « voler, égorger, et détruire » (Jn 10.10). Le Dr Kraft précise que même si les démons ne peuvent pas créer des problèmes à partir de rien, ils peuvent se servir des choses qui existent déjà. Pour cela, écrit-il, « ils poussent, incitent, tentent, et encouragent les mauvais choix. Ils travaillent à faire empirer les choses » (Kraft 1994, 91-92).

Le disciple de Jésus et la délivrance

S'il est vrai que les démons, tout comme les rats d'égout, sont attirés par les détritus, le disciple de Jésus a intérêt à ne pas se laisser duper par l'impression qu'il n'y a pas dans sa vie des éléments qui doivent être nettoyés (1 Jn 1.8). Bon nombre de disciples de Jésus souffrent d'une démonisation parce qu'ils gardent de la rancune, qu'ils ne pardonnent pas, qu'ils cherchent à se venger, qu'ils vivent dans la crainte, etc. D'autres ouvrent la porte aux démons parce qu'ils succombent régulièrement aux tentations (par exemple, les drogues, la pornographie ou la fornication, le mensonge). Il y en a aussi qui héritent des démons par les péchés de leurs pères, les vœux, les malédictions, les initiations dans les sociétés secrètes, et par les drames vécus par leurs ancêtres, etc. Apparemment le démon n'a aucun accès de l'intérieur chez ceux qui sont spirituellement propres (Jn 14.30 ; Pr 26.2). Mais il y a beaucoup de gens (y compris des croyants) qui portent en eux-mêmes assez de déchets pour donner à l'ennemi un accès dans leur vie.

Se fondant sur l'analogie des démons et des rats d'égout, le Dr Kraft tire la conclusion que l'infestation démoniaque implique toujours un problème à deux niveaux : un problème humain et un problème démoniaque. Et il affirme qu'il n'y a jamais un problème qui est *soit* émotionnel, *soit* spirituel. Il s'agit toujours, selon lui, d'un problème qui est *à la fois* émotionnel *et* spirituel. Et il dit : « S'il y a un démon, il y a automatiquement un problème émotionnel ou spirituel qui doit être résolu, soit avant, soit après que le démon soit expulsé » (Kraft 1997, 244).

L'expulsion d'un démon est parfois vécue comme une lutte violente et fracassante entre deux puissances. Neil Anderson maintient que nous devrions la voir plutôt comme une rencontre entre la vérité et la tromperie (Anderson 1990). Jésus dit : « Si vous demeurez dans ma parole [. . .] vous connaîtrez la vérité, et la vérité vous rendra libres » (Jn 8.31-32). C'est à travers la tromperie que le monde entier est sous la puissance du mal (1 Jn 5.19). Pour reprendre l'image développée par le Dr Kraft, il faut commencer par « nettoyer » les détritus, en appliquant la vérité. Il affirme que quand on procède de la sorte, les démons lâchent leur prise presque toujours sans violence (Kraft 1997, 244). Anderson regroupe en sept catégories les domaines où le démon envahit la vie d'un croyant : (1) les expériences occultes et dans les sociétés secrètes, (2) la tromperie, (3) la rancune, (4) la rébellion, (5) l'orgueil, (6) le péché, et (7) le péché des ancêtres y compris les malédictions (Anderson 1991). Ce qui suit est tiré de son chapitre dans un livre collectif[6].

La démarche vers la délivrance

Cette démarche peut être faite par la personne que vous accompagnez à la suite de Jésus-Christ. La personne qui se trouve bloquée quelque part dans son cheminement avec Christ doit prier elle-même les prières et les affirmations

---

6. Neil T. ANDERSON, « Finding Freedom in Christ », in C. Peter WAGNER et Douglas PENNOYER, sous dir., *Wrestling With Dark Angels*, Ventura, Regal Books, 1990, p. 125-159.

de foi qui vont suivre. S'il y a un démon qui se manifeste pendant la session, vous pouvez affirmer qu'il doit se taire, et qu'il ne peut faire de mal à aucun de vous. La démarche commence par la prière, la confession de ses faiblesses et la demande de la présence active de Dieu et de son discernement (Kraft 1989, 149-151).

L'imitation opposée à l'authentique

La première étape vers la liberté en Christ consiste à renoncer à toute participation, passée ou actuelle, à des pratiques occultes ou à de fausses religions inspirées par Satan. Vous devez rompre avec toute activité ou groupe de personnes qui nient Jésus-Christ, prodigue des conseils provenant d'une source autre que l'autorité absolue de la Parole écrite de Dieu, ou qui exige une initiation secrète. Un disciple de Jésus n'a rien à faire dans un groupe où la totalité des activités n'est pas entièrement transparente (1 Jn 1.5-7).

Il est nécessaire non seulement de choisir la vérité, mais encore de renier Satan et ses mensonges. Il n'y a pas de terrain neutre en matière de vérité. Vous pouvez faire un inventaire écrit de toutes les expériences spirituelles de la personne que vous accompagnez pour identifier les pratiques occultes auxquelles elle a pris part.

Prière :

> Père céleste, je te demande de me révéler toute pratique occulte ou toute fausse religion à laquelle j'ai participé, ainsi que tout faux prophète que j'ai écouté ou suivi, et ce, de manière consciente ou inconsciente (Ps 139.23-24).

Écrivez tout ce que Dieu vous rappelle. Une fois que la liste est complète, faites la prière suivante :

Confession :

> Seigneur, je confesse que j'ai participé à _____. Je te demande de me pardonner et je renonce à _____ qui n'est qu'une imitation de ce que tu veux pour moi.

La tromperie opposée à la vérité

Dieu veut la vérité dans l'homme intérieur (Ps 51.6). C'est pour cette raison que Paul nous exhorte à nous dépouiller du mensonge, et à vivre dans la vérité (Ep 4.25).

Prière :

> Père céleste, je sais que tu désires que la vérité habite au plus profond de mon être, et que, pour être libéré, il faut que je regarde cette vérité en face (Jn 8.32). Je reconnais que j'ai été trompé par le père du mensonge (Jn 8.44) et que je me suis trompé moi-même (1 Jn 1.8). Au nom du Seigneur Jésus-Christ, je te prie, Père céleste, de réprimer tout esprit de mensonge, en vertu du sang répandu et de la résurrection de notre Seigneur Jésus-Christ. Puisque, par la foi, je t'ai reçu dans ma vie et que je suis désormais assis avec Christ dans les lieux célestes (Ep 2.6), j'ordonne à tout esprit de mensonge qui habite en moi de sortir maintenant. Je demande à présent au Saint Esprit de me conduire dans toute la vérité (Jn 16.13). Je te demande de me sonder, ô Dieu, et de connaître mon coeur, de m'éprouver et de connaître mes préoccupations, de regarder si je suis sur une mauvaise voie et de me conduire sur la voie éternelle (Ps 139.23-24). C'est au nom de Jésus que je prie. Amen.

L'amertume opposée au pardon

La majeure partie du terrain que Satan parvient à gagner dans la vie des chrétiens est due à la rancune (2 Co 2.10-11). Dieu nous demande de pardonner à nos frères de tout coeur, sans quoi il nous livrera aux bourreaux. (Mt 18.34-35).

Reconnaissons que Dieu ne nous a pas donné ce que nous méritons. Il nous a donné ce dont nous avions besoin selon sa miséricorde. À notre tour, nous devons être miséricordieux, tout comme notre Père céleste est miséricordieux (Lc 6.36) Nous devons pardonner tout comme nous avons été pardonnés (Ep 4.32).

Mais pardonner n'est pas oublier. Ceux qui essaient d'oublier constatent qu'ils en sont incapables. Dieu déclare qu'il « *ne se souviendra plus* » de nos péchés (Hé 10.17) ; et pourtant, Dieu étant omniscient, il ne peut oublier. Il veut dire par là qu'il n'utilisera jamais notre passé contre nous (Ps 103.12).

L'oubli peut être une conséquence du pardon, mais ce n'en est jamais le moyen. Quand nous évoquons un passé douloureux où quelqu'un nous a fait souffrir, c'est que nous ne lui avons pas pardonné. Le pardon est un choix, une phase critique de la volonté. Puisque Dieu nous demande de pardonner, c'est que nous en sommes capables. Cependant nous avons du mal à pardonner parce que cela va à l'encontre de l'idée que nous nous faisons de la justice. Nous, nous préférons réclamer vengeance pour les préjudices que nous avons subis. Mais il nous est dit de ne jamais nous venger nous-mêmes (Rm 12.19).

Alors nous protestons : « Mais pourquoi devrais-je passer l'éponge ? » Certes, vous passez l'éponge, mais Dieu ne passe jamais l'éponge sur la faute de quelqu'un. Il s'en occupe toujours, avec impartialité – ce dont nous sommes incapables. Christ se remettait à *Celui qui juge justement* (1 P 2.23).

Si vous ne pardonnez pas à ceux qui vous ont offensés, vous restez liés à eux. Quand vous pardonnez à quelqu'un, vous ne le faites pas seulement dans son intérêt, mais aussi dans le vôtre : pouvoir être libéré. La nécessité de pardonner ne se situe pas entre vous et la personne qui vous a offensé, mais entre vous et Dieu (Mt 6.14-15).

Comment pardonner du fond du cœur ? Demandez à Dieu de vous rappeler les personnes auxquelles vous devez pardonner en lisant à haute voix la prière suivante :

Prière :

> Père céleste, je te remercie pour les richesses de ta bonté, de ta générosité et de ta patience, sachant que ta bonté m'a conduit à la repentance (Rm 2.4). Je confesse que je n'ai pas fait preuve de la même patience ni de la même bonté envers ceux qui m'ont offensé, mais que j'ai plutôt entretenu de l'amertume et du ressentiment. Je prie qu'au cours de cet examen de conscience, tu me rappelles uniquement les personnes auxquelles je n'ai pas pardonné, afin que je puisse le faire (Mt 18.35). Je prie également que, si j'ai offensé quiconque, tu me rappelles uniquement ceux à qui il me faut demander pardon et que tu me révèles à quel point j'ai besoin de recevoir le pardon (Mt 5.23-24). Je demande cela au nom de Jésus. Amen.

Placez la liste des personnes qui vous ont offensé devant la croix :

Seigneur, je pardonne à _____(son nom) pour _____
_____ (le mal qu'il a fait)

La rébellion opposée à la soumission

Nous vivons au milieu d'une génération de personnes rebelles. Nous sommes aussi tentés de nous rebeller contre l'autorité.

La Parole de Dieu nous montre notre responsabilité face aux autorités : L'autorité civile (Rm 13.1-5 ; 1 Tm 2.1-4 ; 1 P 2.13-16), l'autorité familiale (Ep 6.1-3 ; 1 P 3.1-2), et l'autorité professionnelle (1 P 2.18-21). Accepter de se soumettre à l'autorité humaine est une preuve de foi.

Demandez à Dieu de vous pardonner pour les fois où vous n'avez pas fait preuve de soumission. Après avoir confessé à Dieu toute rébellion délibérée de votre part, exprimez à haute voix la prière suivante :

Prière :

> Père céleste, tu as dit que la rébellion est aussi grave que le péché de divination, et l'insoumission aussi grave que l'injustice (1 S 15.23). Je sais que, aussi bien par mes actions que par mon attitude, j'ai péché contre toi en ayant un cœur rebelle. Je te demande de me pardonner ma rébellion et je prie qu'en vertu du sang répandu par le Seigneur Jésus-Christ, le terrain qu'auraient pu gagner des esprits mauvais à cause de mon attitude rebelle soit entièrement repris. Je prie que tu m'éclaires sur mon comportement afin que je prenne conscience de l'ampleur de ma rébellion et que je choisisse d'adopter un esprit de soumission et un cœur de serviteur. Au nom du Christ Jésus. Amen.

L'orgueil opposé à l'humilité

L'orgueil est fatal. Il dit « Je peux y arriver seul, je n'ai pas besoin de Dieu ». Selon Jacques 4.6-10 et 1 Pierre 5.1-10, les conflits spirituels sont dus à la manifestation de l'orgueil.

Exprimez votre engagement à vivre humblement devant Dieu par la prière suivante :

Prière :

> Père céleste, tu as dit que l'orgueil précède le désastre et qu'un esprit arrogant précède la chute (Pr 16.18). Je confesse que je n'ai pas renoncé à moi-même et que je ne me suis pas chargé de ma croix chaque jour pour te suivre (Mt 16.24). Par mon attitude, j'ai cédé du terrain à l'ennemi dans ma vie. J'ai cru pouvoir m'en sortir et vivre dans la victoire par mes propres forces. Je confesse à présent que j'ai péché contre toi en plaçant ma volonté avant la tienne et en vivant centré sur moi plutôt que sur toi. Je renonce désormais à ma propre vie et reprends ainsi tout le terrain gagné

en moi par les ennemis du Seigneur Jésus-Christ. Je prie que tu me diriges, afin que je ne fasse rien par rivalité ou par vaine gloire, mais que, dans l'humilité, j'estime les autres supérieurs à moi-même (Ph 2.3). Donne-moi assez d'amour fraternel pour servir et honorer les autres (Rm 12.10). Je te le demande au nom du Christ Jésus, mon Seigneur. Amen.

L'esclavage opposé à la liberté

Le disciple de Jésus apprend à sortir du cycle péché-confession-péché, en rendant compte de sa vie à celui qui l'accompagne à la suite de Jésus (Jc 5.16). David a fait cela lorsqu'il a écrit le Psaume 51. Le but de cette démarche n'est ni le commérage, ni l'abaissement de soi, ni le soulagement d'un sentiment de culpabilité. Il s'agit d'un acte par lequel on permet à quelqu'un de confiance de connaître ses faiblesses et ses échecs afin d'obtenir son soutien dans la prière. Dans cette démarche, le disciple de Jésus compte sur la promesse de Dieu selon laquelle si nous reconnaissons nos péchés, il est fidèle et juste pour nous les pardonner et pour nous purifier de tout mal (1 Jn 1.9).

Faites la prière suivante,
<u>Confession</u> :

> Père céleste, tu nous as dit de nous revêtir du Seigneur Jésus-Christ et de ne pas nous laisser entraîner par notre nature charnelle pour en satisfaire les désirs (Rm 13.14). Je reconnais avoir succombé aux désirs charnels qui font la guerre à mon âme (1 P 2.11). Je te remercie parce qu'en Christ, mes péchés sont pardonnés. Mais j'ai enfreint ta sainte loi et donné à l'ennemi l'occasion de combattre dans mes membres (Ep 4.27 ; Jc 4.1 ; 1 P 5.8) Je me présente devant toi en reconnaissant ces péchés et en te demandant de me purifier (1 Jn 1.9), afin que je sois délivré de l'esclavage du péché (Ga 5.1). Je te demande à présent de me révéler de quelle manière j'ai enfreint ta loi morale et attristé le Saint-Esprit.

Après avoir confessé tous les péchés dont vous avez connaissance, priez ainsi :
<u>Prière</u> :

> Père céleste, je te confesse maintenant ces péchés et, en vertu du sang du Seigneur Jésus-Christ, je te demande de me pardonner et de me purifier. Je reprends tout le terrain que des esprits

mauvais ont pu gagner en profitant de mon péché délibéré. Je te demande cela au nom de mon Seigneur et Sauveur Jésus-Christ. Amen.

Le consentement opposé à la renonciation

La dernière étape vers la liberté consiste à rompre avec les péchés de vos ancêtres et avec toute malédiction dont vous avez pu faire l'objet (Ex 20.4-5).

Si vous avez été soumis à des rituels sataniques, il y a de fortes chances que vous ayez un « gardien » ou un « parent » spirituel. Vous devez renoncer spécifiquement à ces relations spirituelles, ainsi qu'à tout pacte de sang vous liant à quiconque excepté Dieu.

Prière :

> Père céleste, je me présente devant toi comme ton enfant racheté par le sang du Seigneur Jésus-Christ. Sans plus tarder, je rejette et renie tous les péchés de mes ancêtres. Ayant été délivré du pouvoir des ténèbres et transporté dans le royaume de ton Fils bien-aimé, je neutralise toute influence démoniaque qui aurait été transmise par mes ancêtres. Ayant été crucifié et ressuscité avec Christ, et étant désormais assis avec lui dans les lieux célestes, je rejette tout moyen et toute cause par lesquels Satan pourrait prétendre me posséder. Je me déclare éternellement et entièrement dédié et consacré au Seigneur Jésus-Christ. J'ordonne à présent à tout démon familier et à tout ennemi du Seigneur Jésus-Christ qui serait en moi et autour de moi, de fuir hors de ma présence et de ne jamais revenir. Je te demande maintenant, Père céleste, de me remplir de ton Saint Esprit. Je te soumets mon corps afin de pouvoir te glorifier dans mon corps. Je désire, comme toi, qu'il soit un instrument de justice entre tes mains et un sacrifice vivant. Je fais tout cela au nom et sous l'autorité du Seigneur Jésus-Christ. Amen.

La délivrance

Remporter une victoire ne signifie pas que la guerre soit gagnée. Néanmoins, en rapport avec l'intrusion des démons, la Parole de Dieu nous enseigne que la délivrance et la liberté en Christ, est l'héritage de tout disciple de Jésus (Jn 8.36 ; 2 Co 2.14 ; Ga 5.1, 13 ; 1 Jn 5.4-5).

La délivrance du pouvoir du démon passe par la vérité, et la force du disciple de Jésus réside dans la vérité, tandis que la puissance de Satan réside dans le mensonge. Une des raisons pour lesquelles le disciple de Jésus doit rechercher la vérité, c'est que de la vérité dépend l'efficacité d'un affrontement avec le démon.

Questions de réflexion

1. Que pensez-vous de l'affirmation selon laquelle la confrontation avec le démon est davantage une affaire de vérité que de puissance ?

2. Parmi les sept pas vers la liberté, décrits par Anderson, lesquels vous semblent les plus importants dans votre vie personnelle ? Et en ce qui concerne la vie des gens avec qui vous cheminez à la suite de Jésus ?

3. Selon vous, devrait-on proposer cette démarche de la liberté en Christ à tous les disciples de Jésus, ou seulement à ceux qui expérimentent un blocage dans leur cheminement spirituel ? Pourquoi ?

10

Le disciple de Jésus et l'*ecclésia*

Je commence ce chapitre en examinant rapidement la vie et l'œuvre de deux hommes qui vécurent pendant la même période historique. Il y a de nombreuses similitudes entre ces deux personnes, entre les communautés qu'ils fondèrent, et les mouvements de renouveau qu'ils initièrent. Mais il y a aussi quelques différences importantes. Si j'ai choisi d'ouvrir notre réflexion sur le disciple de Jésus et l'*ecclésia* par l'étude de ces deux hommes, c'est parce que leur contexte ressemble étrangement à notre situation actuelle (Holl 1980). Tout d'abord, ces hommes vécurent une période de transition culturelle importante (entre le Moyen Âge et la Renaissance). En Afrique, nous sommes aussi en train de vivre une période de transition culturelle avec, entre autres, la naissance des états, l'urbanisation rapide des populations, et l'occidentalisation de la culture traditionnelle.

Une autre similarité entre l'époque de ces hommes et notre contexte existe au niveau des expériences religieuses. La religion de l'époque de ces hommes avait commercialisé Jésus. Bon nombre de gens devenaient responsables religieux dans un souci de gagner leur vie. Au niveau de l'enseignement, les sermons étaient soit tellement académiques qu'ils étaient incompréhensibles pour l'homme ordinaire, soit standardisés au point d'être banals. Les laïcs se sont sentis abusés par les professionnels de la religion. Et la religion fut dangereusement entremêlée au monde du pouvoir, de la politique, et de la guerre. Pour ces raisons et d'autres encore, les gens n'hésitaient pas à pratiquer la religion tout en suivant des spiritualités occultes, et en revenant aux pratiques traditionnelles.

En outre, il s'agit d'une période de l'histoire qui vit la naissance d'une économie fondée sur le mercantilisme et nourrie d'un capitalisme agressif. Le désir du gain, la convoitise de ce que possédaient les autres, et la poursuite du plaisir furent les moteurs de la société. Ajoutez à tout cela que les chrétiens de l'époque faisaient la guerre aux musulmans.

Je vous laisse faire, vous-même, la comparaison entre l'époque de ces hommes et votre contexte actuel.

Pierre Valdo (1140-1217)

Pierre, un marchand et citoyen de Lyon, vivement frappé de la mort subite de l'un de ses amis, dans une réunion de plaisir, est allé demander à un théologien le chemin vers le ciel. En réponse, il reçut l'injonction de Jésus au jeune homme riche : « Si tu veux être parfait, va vendre ce que tu possèdes, donne-le aux pauvres et tu auras un trésor dans le ciel » (Mt 19.21). Valdo prit la résolution de renoncer au monde et de mettre en pratique l'enseignement du Christ. Il remboursa ses créanciers, distribua aux pauvres l'argent qu'il avait amassé, et commença à mendier son pain quotidien (Tourn 1980). Pierre donnait toute son attention à la lecture de la Bible. On dit même qu'il en traduisit quelques livres du latin en langue vulgaire. Inspiré par ce texte traduit, il se lança à imiter Christ (Jalla 2003). Antoine Monastier nous donne d'autres détails sur lui :

> Il prêchait dans les rues et sur les places publiques, l'Évangile et les choses qu'il avait apprises de mémoire. Il encourageait hommes et femmes à en faire de même, les rassemblant auprès de lui, et les affermissant dans la connaissance des Évangiles. Il envoyait même prêcher dans les campagnes environnantes des hommes de tous métiers, même les plus vils. Ces hommes et ces femmes, ignorants et illettrés, parcouraient les campagnes, pénétraient dans les maisons de la ville et prêchaient sur les places publiques (Monastier 1847).

Pierre attira rapidement d'autres personnes qui voulaient vivre selon l'enseignement de Jésus. Ses disciples se donnèrent le nom de « Spirituellement Pauvres » ou des « Pauvres de Lyon ». Ils vinrent de toutes les souches de la société, mais pour la plupart ce furent des gens simples. La plupart étaient des laïcs. Dès le départ, imitant le Christ et les apôtres, ce qu'ils soulignaient c'était la piété personnelle et les bonnes œuvres (Audisio 1990 ; Santini 1999). Le détachement du monde et le zèle pour l'avancement du règne de Jésus-Christ, selon l'Évangile, sont les caractères distinctifs du mouvement. Suivant ce qu'ils comprenaient de l'exemple de Jésus et des apôtres, ils partirent deux par deux, simplement vêtus, pieds nus, vivant uniquement de ce que leurs auditeurs voulaient leur donner à manger. Même leurs ennemis les décrivaient comme non prétentieux, adroits, travaillant de leurs mains, chastes, modérés dans ce qu'ils mangeaient et buvaient, sobres et honnêtes dans leurs propos, évitant la colère, et considérant l'accumulation des richesses comme étant quelque chose de mal (Le Goff 1968).

J'emploie Pierre Valdo et ses disciples comme le premier exemple de ce que j'appelle « l'*ecclésia*-mouvement ». Nous reviendrons plus longuement sur le sens de cette expression, mais tout d'abord examinons le deuxième exemple, celui d'un homme que l'historien Latourette décrit comme « l'un des hommes les plus captivants de toute l'histoire chrétienne » (1975, 429).

François d'Assise (1182-1226)

Né à Assise (en Italie) en 1182, d'où l'appellation « François d'Assise », François est issu d'une famille riche. Il vit, comme tous les jeunes de son âge et de son époque, diverses expériences : les fêtes, les escapades et même la guerre durant laquelle il est fait prisonnier et souffre de maladie. Durant sa convalescence, il ressentit une insatisfaction profonde face à la vie.

Dans sa quête de mieux vivre, il fréquenta des chapelles en mauvais état. Un jour, alors qu'il était en prière devant le crucifix de la chapelle Saint-Damien, il entendit le Christ lui parler au cœur: « François va, et répare ma maison, qui, tu le vois, tombe en ruine ! » Prenant cet ordre au pied de la lettre, il vendit des marchandises du commerce de son père pour pouvoir restaurer la vieille chapelle délabrée (Longpré 1966, 21).

Furieux des excentricités de son fils, Pierre Bernardonne exige qu'il lui rende des comptes et le convoque en justice. François, se réclamant d'un statut de pénitent qui le fait échapper à la justice laïque, sera alors convoqué par l'évêque. Lors de son audition sur la place d'Assise, au printemps 1206, François rend alors l'argent qui lui reste, ainsi que ses vêtements et, se retrouvant nu, il dit à son père et à la foule rassemblée: « Jusqu'ici je t'ai appelé père sur la terre ; désormais je peux dire : "Notre Père qui êtes aux cieux", puisque c'est à Lui que j'ai confié mon trésor et donné ma foi » (Schneider 1953, 32). L'évêque d'Assise le prend alors sous sa protection. François part pour Gubbio. Revenant à Assise vers l'été 1206, il mendie pour obtenir de la population des pierres nécessaires à la reconstruction et restaure successivement quelques chapelles (Arnold et Fry 1988).

Au début de 1208, dans la chapelle de la Portioncule, François comprend enfin le message de l'Évangile : « En chemin, [...] ne prenez ni or, ni argent, ni monnaie dans vos ceintures, ni sac pour le voyage, ni deux chemises, ni sandales, ni bâton, car l'ouvrier mérite sa nourriture » (Mt 10.7-10). Il se retire dans une pauvreté absolue, se consacrant à la prédication et gagnant son pain par le travail manuel ou l'aumône. Il change son habit d'ermite pour une tunique simple. La corde remplace sa ceinture (Green 1983, 83).

Après sa « conversion », François se lança dans la prédication publique, et attira rapidement d'autres personnes qui se joignirent à lui. Il leur apprit à vendre tout ce qu'ils possédaient et à donner l'argent ainsi ramassé aux pauvres. Ils devaient partir sans tunique, ni argent, ni nourriture, prêchant le royaume de Dieu et guérissant les malades. Latourette dit de la prédication de François et ses disciples qu'elle fut « simple et directe », soulignant l'adoration de Dieu, la repentance, la générosité et le pardon des fautes des autres : « Elle prônait l'amour du prochain et des ennemis, l'humilité, l'abstention des vices, y compris les vices de la chair » (Latourette 1975, 431). Mais ce qui est plus remarquable encore, c'est que François et ses compagnons vivaient leur message. François donnait tout ce qu'il possédait parce qu'il voulait montrer aux autres qu'il est réellement possible de faire confiance à Jésus en toutes choses. Il voyageait partout pieds nus, embrassait les plaies des lépreux et les nettoyait parce qu'il voulait qu'ils connaissent l'amour de Dieu. En plein milieu de l'hiver, il donnait les vêtements qu'il portait aux gens qui mouraient de froid, et les remerciait pour l'opportunité qu'ils lui donnaient de le faire. Il disait : « Prêche tout le temps l'Évangile et, si nécessaire, utilise des mots ».

François, et ses compagnons, sont donc mon deuxième exemple d'une « *ecclésia*-mouvement ». Mais ce ne sont pas les seuls. Nous pourrions, par exemple, prendre aussi Benoît et le mouvement monastique, Philipp Spener et le *collegia pietatis*, Nicolas von Zinzendorf et l'*Unitas Fratrum*, et John Wesley et les méthodistes (à leurs débuts), comme des « *ecclésia*-mouvements ». Dans tous ces cas, (et bien d'autres que je n'ai pas nommés) il s'agit de mouvements qui sont nés d'un souci de vivre un attachement plus radical[1] à Jésus-Christ. Cet attachement plus profond et essentiel au Christ, vu d'abord dans la vie concrète d'une personne, devient le modèle pour d'autres. Il s'agit à la fois d'une réorganisation des habitudes, de la discipline

---

1. Le mot « radical » veut dire ce qui appartient à l'essence d'une chose, à sa nature profonde. Dans ce sens ces exemples historiques démontrent l'*ecclésia* qui surgit lorsque les hommes et les femmes s'appliquent à apprendre en communauté, comment vivre selon l'exemple et l'enseignement de Jésus (Clark 1972, 70).

corporelle, d'un engagement dans l'honnêteté, l'intégrité et la pureté, d'un désir de suivre l'exemple de Jésus nourri par l'étude biblique, la prière, et, avant tout de mener une vie responsable devant les autres pour ses actes.

Jésus dit en Matthieu 18.20 : « Là où deux ou trois sont rassemblés en mon nom, je suis au milieu d'eux ». Il s'agit, sans doute, d'une des affirmations les plus étonnantes des Écritures saintes. Ce verset se trouve, cependant, à la fin d'un discours de Jésus au sujet du péché, des conflits, de la nécessité de se tenir mutuellement responsables pour nos actes, et de la repentance. Nous pouvons donc comprendre que Jésus va beaucoup plus loin que de donner la simple promesse de sa présence au milieu des gens qui se rassemblent en communauté de foi. Il parle spécifiquement de sa présence au milieu de deux ou trois personnes qui se réunissent afin de s'accompagner mutuellement dans le discipolat à sa suite.

L'*ecclésia*-institution

Malgré le fait que l'*ecclésia* dans ses débuts fut un réseau informel, relativement peu organisé, avec une connaissance très rudimentaire de la foi, construit sur l'attachement à la personne de Jésus-Christ, Avery Dulles explique qu'elle a été lentement institutionnalisée jusqu'au XIIIe siècle quand ce processus a accéléré (Dulles 1987). À l'époque de Valdo & François, Zinzendorf, Wesley et son frère Charles, elle avait largement évolué en *ecclésia*-institution. On peut dire qu'historiquement, l'*ecclésia*-institution considérait l'assemblée des fidèles comme étant une société qui devait être gérée. Elle était cléricaliste, car elle considérait les pasteurs comme la source de tout pouvoir et de toute initiative. Elle était également juridique, car elle se voyait habilitée à rendre justice, et à trancher les litiges qui lui étaient soumis. Elle était aussi triomphaliste, car elle présentait l'assemblée comme une armée qui se dressait contre Satan et les puissances du mal.

Nous nous trouvons donc devant deux expressions historiques de l'*ecclésia* : l'*ecclésia*-mouvement (fondée sur les laïcs qui cherchent à vivre l'enseignement du Christ) et l'*ecclésia*-institution (fondée sur les pasteurs qui cherchent à préserver l'orthodoxie et l'orthopraxie de la foi)[2]. Nous

---

2. Ces deux formes de l'*ecclésia* me rappellent la thèse de Ralph Winter. Selon lui, dans le Nouveau Testament et au travers des siècles qui ont suivi, ces deux expressions de l'*ecclésia* ont toujours coexisté. D'un côté, les *ecclésias* du Nouveau Testament rassemblent jeunes et vieux, hommes et femmes. Winter les appelle des « modalités ». D'un autre côté, l'équipe

verrons comment les membres de ces deux formes de l'*ecclésia* se voient, mais arrêtons-nous tout d'abord sur le sens de l'*ecclésia*.

Qu'est-ce que l'*ecclésia* ?

Notre mot « église » est une traduction du mot grec *ecclésia* qui signifie « appelé hors de » (du grec *ek* voulant dire « hors de » et du verbe *kaleo*, signifiant « appeler »). Comme E. W. Bullinger le dit, ce mot a été employé en rapport avec « une assemblée, mais plus particulièrement de citoyens, ou à une sélection d'entre eux, les "bourgeois" » (Bullinger 1995, 72). Dans le Nouveau Testament, il est utilisé 115 fois, dont trois occasions où il est traduit par « assemblée », et 112 fois où les traducteurs ont opté pour le mot « église ». Un regard sur les trois fois où ce mot est traduit comme « assemblée » suffit à nous montrer que son usage ne s'appliquait pas exclusivement aux assemblées chrétiennes. En effet, Actes 19, en se référant à une manifestation contre l'apôtre Paul, ayant eu lieu à Éphèse, dit :

> [32] Les uns criaient d'une manière, les autres d'une autre, car le désordre régnait dans l'assemblée (grec : *ecclésia*), et la plupart ne savaient pas pourquoi ils s'étaient réunis. [. . .] [35] Cependant le secrétaire, ayant apaisé la foule, dit [. . .] [39] « Si vous avez en vue d'autres objets, ils se régleront dans une assemblée (grec : *ecclésia*) légale. [40] [. . .] Après ces paroles, il congédia l'assemblée (grec : *ecclésia*).

Il ressort de ce passage que le mot « ecclésia » a été employé pour désigner les non-chrétiens, et, comme on peut le constater dans ce cas précis, même pour signifier les assemblées antichrétiennes !

Ce sens général du mot « *ecclésia* » qui est « assemblée », est également apparent par son usage dans la Septante[3]. Dans cette version de l'Ancien Testament en grec, ce mot est utilisé 71 fois, toutes servant de traduction du mot hébreu « *qahal* » qui signifie « un regroupement, un rassemblement, une assemblée, une congrégation, une réunion ; et dans un sens plus large toute

---

missionnaire de Paul – une « sodalité » selon Winter – considérée comme un prototype des équipes missionnaires ultérieures. Elle rassemble des ouvriers engagés en vue d'exercer une responsabilité qui dépasse la première structure. Les deux sont légitimes et nécessaires (Winter 1995).

3. Au IIIe siècle av. J.-C., les Juifs d'Égypte traduisent la Bible dans leur langue habituelle, le grec. La « Septante » classe les livres en quatre ensembles (Loi, Histoire, Poésie, Prophétie) et intègre des livres rédigés à une période plus récente soit en grec soit en hébreu.

assemblée ou multitude d'hommes, de troupes, de nations, d'injustes, de justes, etc. » (Wilson 1987, 92). J. P. Lewis précise que même si cette assemblée se fait souvent dans un but religieux, elle peut également avoir un dessein ignoble (Gn 49.6 ; Ps 26.5), politique (1 R 2.3 ; Pr 5.14 ; 26.26 ; Jb 30.28), ou violent (Nb 22.4 ; Jg 20.2, etc.) (Lewis 1980). Ce sont les armées philistines et juives « assemblées » (hébreu : *qahal* ; grec : *ecclésia*) qui témoignent de la lutte entre David et Goliath (1 S 17.47). Dans le livre de la Genèse la multitude des nations est appelée « *qahal* » (grec : *ecclésia*) (Gn 35.11), ce même mot est employé dans Genèse 28.3 et 48.4 pour signifier un groupe de peuples. Et Proverbes 21.16 parle même de « l'assemblée (hébreu : *qahal*, grec : *ecclésia*) des défunts ».

Pour conclure, disons donc que le sens général du mot que nos Bibles traduisent par « église », est « assemblée » (Grudem 1994, 854, note 3). En fait, le texte biblique ne donne pas au mot « ecclésia » le sens qu'il a pris de nos jours. Ce mot n'a pas été utilisé exclusivement pour des assemblées chrétiennes, ni pour désigner des bâtiments qui abritaient de telles assemblées. En revanche, au moment où le Nouveau Testament fut rédigé, (et même 300 ans avant la naissance de Jésus-Christ), il s'agissait d'un terme général qui était employé pour désigner toute assemblée de quelque nature qu'elle soit. Wayne Grudem nous rappelle que la Septante était la Bible que les auteurs du Nouveau Testament utilisaient. Ils ne pouvaient donc pas ignorer la nature variée des assemblées que mot *ecclésia* y désigne (Grudem 1994, 854, note 2).

Le problème est que nous tendons à identifier l'*ecclésia* avec le culte du dimanche, les fidèles qui fréquentent les activités hebdomadaires, la construction d'édifices à usage religieux, les finances, les comités, la chorale, le système sonore, la prédication, les ordonnances (ou sacrements), les réunions de prière, et les pasteurs et évangélistes, etc. Mais le mot *ecclésia* veut dire tout simplement une « assemblée », ou un « rassemblement ». Et il faut reconnaître qu'il n'y a pas un seul modèle chrétien quant à la forme et la nature de ce rassemblement (Dulles 1987 ; Brunner 1952). C'est pourquoi je suggère que l'expression la plus fondamentale de l'*ecclésia* a lieu lorsque deux ou trois personnes se rassemblent au nom de Jésus Christ dans le but d'apprendre comment être ses disciples (cf. Mt 18.20).

C'est Jésus, lui-même, qui bâtit le rassemblement des « deux ou trois » en son nom (Mt 16.16-19). Et ce rassemblement se fait sur la révélation qu'il est le Messie, le Fils du Dieu vivant (Mt 16.16-17 ; 1 Co 3.11). Il se fait également sur le fondement des apôtres et des prophètes (Ep 2.20), c'est-à-dire sur la base de l'ensemble des Écritures inspirées, car elles témoignent de Jésus (Jn

5.39). L'apôtre Paul, qui emploie le mot *ecclésia* plus fréquemment que les autres auteurs du Nouveau Testament, affirme que ce rassemblement au nom de Jésus est l'œuvre de l'Esprit de Dieu et non des hommes (1 Co 2.1-16).

Une fois encore, l'*ecclésia* n'est ni un bâtiment, ni une dénomination, ni un ministère, ni une méthode, ni une position doctrinale, ni une organisation, ni une dispensation, ni une institution. L'*ecclésia* est le regroupement au nom de Jésus, de ceux (ne serait-ce que deux ou trois) en qui l'Esprit de Christ habite par la foi (cf. Rm 8.9 – « Si quelqu'un n'a pas l'Esprit de Christ, il ne lui appartient pas »). À l'origine, l'*ecclésia* apostolique fut un mouvement proscrit, plus ou moins clandestin, où la menace du glaive était suspendue au-dessus des têtes de ceux qui se regroupaient. Les membres de ce mouvement se recrutaient dans la classe moyenne inférieure, parmi les ouvriers et artisans, des anciens esclaves libérés, et dans la grande classe des esclaves domestiques et industriels. Sa propagation fut l'œuvre immense des milliers de croyants anonymes, des travailleurs, qui au hasard des voyages et des rencontres, commencèrent à gagner des âmes au Christ. Son style « *ecclésia*-mouvement », c'est-à-dire son mode d'expression et sa manière habituelle de se présenter comme un réseau relationnel et informel fut largement le produit de son statut illégal. Le gouvernement romain, qui cherchait à contrôler les habitants de l'Empire, se sentait menacé par ce mouvement[4].

Mais au IVe siècle, il y a eu un renversement de situation. Constantin, empereur romain, par l'édit de Milan en 313, confie au christianisme un caractère officiel et l'*ecclésia*-mouvement fut transformée. Rapidement il y eut la mise en place définitive d'une organisation ecclésiastique qui copiait celle de l'État. Au Concile de Nicée, en 325, on a posé les principes fondamentaux de la hiérarchie. Ensuite, de Concile en Concile, on travaille à mettre au point les rouages ; on confirme de vieux usages, on adopte des

---

4. Ainsi, vers les années 110, pour formuler l'opposition entre le Règne de Dieu et l'Empire romain, l'auteur de la *Lettre à Diogète* trouvera-t-il cette formule admirable : « Les chrétiens habitent une terre, mais comme s'ils n'y faisaient que passer. Point de contrée étrangère qui ne leur soit une patrie, point de patrie qui ne leur soit étrangère » (Département de Théologie Spirituelle de la Sainte Croix, 2014). Et un peu plus tard, Tertullien écrira, plus rudement : « Pour nous, chrétiens, rien n'est si étranger que la république ! Nous ne reconnaissons qu'une république, celle de tous les hommes ! » (Tertullien 1914) Origène (*Contre Celse* III.29-30) précise que l'Église de Jésus avait une *politeia*, ou conception de la citoyenneté, différente de celle des adorateurs des démons. Les chrétiens étaient des étrangers, mais même leurs membres les plus humbles et les moins dignes étaient beaucoup plus « sages » que les païens. En raison de leur conduite morale, leurs surveillants et conseillers – même les moins parfaits – étaient moralement supérieurs aux conseillers et dirigeants des municipalités existantes.

règles dont l'occasion a révélé le besoin. Comme notre clergé moderne, celui du IVe siècle, nettement distingué des fidèles, constitue une catégorie sociale à part.

L'Église institutionnelle connut un grand succès – son identification croissante avec l'ensemble de la société contemporaine signifiait que dans l'ensemble on était en possession du christianisme sans être chrétien, et qu'on ne le possédait guère, bien qu'on se nommât chrétien. Avec l'édit de Thessalonique promulgué en 380 par l'empereur Théodose, tout citoyen devait abandonner le culte des dieux antiques au profit du christianisme, sous peine de faire l'objet d'une répression de l'État romain. L'entrée en masse de ces « convertis » dans l'*ecclésia*-mouvement eut aussi une influence énorme sur son évolution en *ecclésia*-institution. L'âme engagée commence à être, comme dira Péguy, une âme « habituée » (Rakotoarison 2014). « Aller à l'église », s'écrie Jean Chrysostome, « c'est souvent une affaire d'habitude. [...] Jadis, les maisons étaient des églises, maintenant ce sont les églises qui n'apparaissent plus que comme de banales maisons ! » (Pargoire 1900).

Je ne suis pas en train de dire que l'*ecclésia*-institution est mauvaise, ni qu'elle doit être abandonnée ! Je crois que l'Esprit Saint était à l'œuvre, guidant le peuple de Dieu, tout au long de ce processus de transformation. Mais je veux mettre en question notre compréhension de ce qu'est l'*ecclésia*. Mon argument est que l'*ecclésia*-mouvement est autant une expression de l'*ecclésia* que ne l'est l'*ecclésia*-institution[5]. Si j'ai raison, alors on a tort d'affirmer par exemple : « Nous sommes un mouvement, nous ne sommes pas une église. » Car cela reviendrait à dire : « Nous sommes un mouvement, nous ne sommes pas un rassemblement de disciples de Jésus. » Ce que cette affirmation, « Nous ne sommes pas une église », veut réellement signifier, c'est que le groupe d'appartenance de celui qui le dit se voit comme une expression de l'*ecclésia*-mouvement plutôt que comme une expression de l'*ecclésia*-institution.

Pourquoi tout cela est-il important ? Parce que les dynamiques et les structures de l'*ecclésia*-mouvement et de l'*ecclésia*-institution ne sont pas semblables. Selon Richard Niebhur, les différences essentielles entre

---

5. L'Église catholique reconnaît, par exemple, de nouveaux mouvements ecclésiaux qui s'affirment en son sein à partir des années 1970 et qui signalent la reprise d'une spiritualité laïque. Ils s'expriment sous la forme de l'exigence d'une foi retrouvée par une démarche spirituelle intérieure et l'expression communautaire comme signe visible et réalisation concrète de ce même réapprentissage spirituel. C'est cette exigence qui distingue nettement les nouveaux mouvements ecclésiaux des différentes associations de fidèles promues auparavant par la structure ecclésiale.

l'*ecclésia*-institution et *ecclésia*-mouvement sont que l'une est conservatrice, tandis que l'autre est progressiste. Selon lui l'*ecclésia*-institution est plus ou moins passive et soumise à des influences extérieures, tandis que l'*ecclésia*-mouvement exerce une influence plus qu'elle n'en subit. Finalement, Niebhur dit que l'*ecclésia*-institution est davantage tournée vers le passé, tandis que l'*ecclésia*-mouvement est tournée vers l'avenir (Niebuhr 1959, 11). David Bosch ajoute que l'*ecclésia*-institution est craintive, et veut protéger ses frontières, mais que l'*ecclésia*-mouvement est prête à prendre des risques en franchissant ses frontières (Bosch 1995, 69). Nous verrons un peu plus loin les types de tensions qui naissent naturellement entre ces deux expressions de l'*ecclésia*. Mais auparavant, je veux examiner plus en détail quelques spécificités de l'*ecclésia*-mouvement, car l'histoire indique que la multiplication des disciples de Jésus a lieu primairement à travers l'*ecclésia*-mouvement.

Les facteurs qui ont accompagné la multiplication des disciples de Jésus

Les exemples de Jean Valdo et de François d'Assise, et bien d'autres encore, indiquent que la multiplication des disciples de Jésus a lieu très souvent pendant des périodes de tension sociétale, économique, culturelle, politique ou religieuse. Cette tension crée un environnement de mécontentement lié aux conditions existantes et un désir profond de changement.

L'histoire nous enseigne aussi que Dieu utilise très souvent un individu pour promouvoir cette nouvelle compréhension. Le niveau d'engagement des baptisés varie énormément. Quant au renouveau[6] et à la multiplication des disciples de Jésus dans l'*ecclésia*-institution, c'est toujours le fruit de l'obéissance radicale de quelques-uns. Autrement dit, l'accompagnement personnel dans le discipolat précède le renouveau spirituel de l'*ecclésia*-institution. La motivation fondamentale et primaire de Valdo, de François, et de leurs compagnons n'était pas le renouveau de l'*ecclésia*-institution. Ce qu'ils recherchaient avant tout, c'était plutôt l'obéissance radicale au Christ. Ceux qui veulent renouveler l'*ecclésia*-institution doivent commencer par

---

6. J'emploie le mot « renouveau » et non pas « réforme » en parlant de l'*ecclésia*-institution. La « réforme » de l'ecclésia veut dire améliorer l'ecclésia en éliminant ou en abandonnant ses imperfections et ses fautes. Le « renouveau » de l'*ecclésia*-institution signifie plutôt la restauration de la vigueur spirituelle des personnes qui sont « assemblées » autour de Jésus dans l'*ecclésia*-institution.

leur propre renouvellement spirituel. Cela est vrai quelle que soit la personne qui cherche le renouveau spirituel de l'*ecclésia*-institution : pasteur, prêtre, évêque, apôtre, ou simple laïc. Les exemples historiques indiquent que le renouveau spirituel de l'*ecclésia*-institution se produit lorsqu'il y a renouveau spirituel d'une poignée de personnes qui approfondissent leur connaissance du Christ et conforment leur vie à son enseignement.

Ces personnes qui sont totalement engagées envers Christ et qui sont, de ce fait, minoritaires dans l'*ecclésia*-institution, sont plus efficaces dans l'évangélisation et la formation de nouveaux disciples de Jésus en dehors de l'*ecclésia*-institution lorsqu'elles se regroupent en communautés de personnes qui partagent la même vision, les mêmes valeurs, la même passion, la même identité, et les mêmes projets (l'*ecclésia*-mouvement). L'*ecclésia*-mouvement peut être décrite comme une communauté hétérogène et diffuse de personnes qui poursuivent intentionnellement le but commun de se conformer à la vie et à l'enseignement de Jésus-Christ. Je dis que l'*ecclésia*-mouvement est hétérogène parce qu'elle relie les gens venant d'arrière-plans et d'*ecclésias*-institutions multiples. Je prétends aussi que l'*ecclésia*-mouvement est diffuse, parce qu'elle tend à être disséminée et décentralisée dans ses fonctions organisationnelles. L'engagement profond et entier à la suite de Jésus-Christ est le ciment qui unit les membres de l'*écclésia*-mouvement. Il s'exprime dans un style de vie commun.

L'*ecclésia*-mouvement est de nature missionnaire. Les exemples historiques montrent qu'à cause de leur but et de leur mission, ces mouvements adoptent des structures souples. L'*ecclésia*-mouvement préfère des structures organisationnelles qui s'adaptent aux contextes dans lesquels elle se trouve. Pour l'*ecclésia*-mouvement les activités et les programmes peuvent varier, se transformer, voire disparaître entièrement selon les besoins de la mission. Les principes que Wesley mettait en place expriment cette optique : ne rien changer quand cela n'est pas nécessaire, mais éliminer ou remplacer tout ce qui empêche la propagation de l'Évangile.

La simplicité et la spécificité du message de l'*ecclésia*-mouvement sont liées à ce que je viens de dire au sujet de leur orientation missionnaire. Dans les exemples historiques que nous pouvons étudier, nous trouvons une communication simple du message évangélique concernant la réconciliation avec Dieu par le don de Jésus-Christ sur la croix, et un appel très clair à la repentance et à la conversion au Christ. Valdo, François et les autres, avaient un message spécifique à communiquer. Ils proclamaient le salut personnel grâce à Jésus-Christ. Et ils ne séparaient pas cet appel à la conversion spirituelle d'un appel à la transformation de la vie du croyant. Cela explique qu'en lien avec la communication de l'Évangile, ils soulignaient l'importance de nourrir les affamés, de revêtir les pauvres, d'aider l'étranger, de rendre visite aux malades et aux prisonniers.

Revenons maintenant à l'expérience de Valdo et de François, pour voir comment l'*ecclésia*-institution perçoit l'*ecclésia*-mouvement et le piège que cela représente pour nous qui voulons faire des disciples de Jésus qui multiplient ce qu'ils reçoivent dans la vie des autres.

La réponse de l'*ecclésia*-institution à Valdo et à François
La transformation de l'*ecclésia*-mouvement de Valdo

Le mouvement commencé par Valdo ne cherchait pas à changer les dogmes de l'*ecclésia*-institution de son époque. Il ne voulait pas non plus devenir une nouvelle *ecclésia*-institution. En fait, les conducteurs religieux de l'*ecclésia*-institution n'auraient trouvé aucune raison de combattre les membres de ce mouvement si ces derniers ne s'étaient pas permis de prêcher en public. C'est la prédication non autorisée des laïcs en public qui a réveillé des suspicions et conduit l'archevêque de Lyon à s'opposer à eux.

Devant l'opposition de l'archevêque, Valdo fit appel au pape. Celui-ci portait un regard favorable sur le style de vie adopté par les membres de ce mouvement dans l'imitation du Christ. Il leur donna donc l'autorisation de prêcher dans les diocèses où les évêques étaient d'accord. Bientôt, cependant, les membres de cette *ecclésia*-mouvement trouvèrent que cette décision du pape limitait trop leurs ambitions apostoliques. Se soumettre à la décision du pape aurait signifié pour eux la fin de leur prédication dans quelques diocèses. C'est pourquoi ils ont désobéi au pape. L'opposition à leurs activités a redoublé de force. Ils demandèrent l'autorisation au troisième Concile de Latran (1179) de prêcher là où ils se sentaient conduits par l'Esprit Saint, même si l'évêque des lieux ne voulait pas d'eux, et cela leur fut refusé. Malgré cela, ils continuèrent.

Jusqu'ici les membres de ce mouvement n'ont proféré aucune doctrine qui pourrait être considérée comme une hérésie. Ils ne faisaient que rejeter les pratiques de l'*ecclésia*-institution qui étaient clairement contraires à la Parole de Dieu. Ils fréquentaient les cultes de l'*ecclésia*-institution, et travaillaient à maintenir leurs propres réunions privées. Bien que Valdo et ses disciples (qu'on appelle vaudois) n'avaient aucun problème avec les doctrines de Rome, leur désobéissance au pape concernant la prédication en public, conduisit en 1184 à leur condamnation par un synode d'évêques. À leur grande consternation, Valdo et ses amis furent exclus de l'*ecclésia*-institution, et déclarés hérétiques (Le Goff 1968).

Malgré les persécutions, les vaudois ont continué leur expansion en France, en Italie, en Allemagne et jusqu'en Hongrie et en Pologne. Mais leur exclusion de l'*ecclésia*-institution les a poussés à réexaminer leurs dogmes et à embrasser des enseignements qui étaient considérées schismatiques par l'*ecclésia*-institution médiévale. Désormais ils n'écoutaient ni pape ni évêque, et ils enseignaient que les laïcs, hommes et femmes, pouvaient prêcher en public. Ils critiquaient les prières faites en latin parce qu'elles n'étaient pas comprises par le peuple, et se moquaient de la liturgie de l'*ecclésia*-institution. Ils enseignaient qu'on ne devait obéir qu'aux prêtres et aux évêques qui adoptaient leur forme de discipolat. Ils appreniaient à ceux qui les écoutaient que tout mensonge est un péché mortel, que les vœux, même devant un tribunal, sont contraires aux commandements du Christ. Ils observaient ensemble l'eucharistie (la Sainte Cène), et considéraient qu'en cas de nécessité, n'importe quel laïc pouvait l'administrer. Leurs seules formes de prière furent le « Notre Père » et la bénédiction des repas. Ils possédaient leur propre clergé avec des évêques, prêtres et diacres, et quelqu'un placé à la tête de leur mouvement.

Les Vaudois sont devenus l'*ecclésia*-institution non-conformiste la plus répandue au Moyen Âge. Ces membres furent excommuniés et massacrés. Pendant 682 ans, ils furent pourchassés. Ils se cachaient dans des cavernes. Ils furent persécutés, et exterminés comme de la vermine. Avec la Réforme, bon nombre des rescapés sont devenus protestants. L'*ecclésia*-institution vaudoise dénombre environ 20 000 fidèles aujourd'hui en Italie et peut-être 5 000 en diaspora (Thouzellier 2010).

La préservation de l'*ecclésia*-mouvement de François d'Assise

François était tout, sauf un hérétique. Simple laïc, il se soumettait volontiers aux autorités de l'*ecclésia*-institution. En 1209, il partit à Rome accompagné de plusieurs de ses disciples pour obtenir la permission du pape de poursuivre le style de vie qu'ils avaient choisi. Il cherchait à suivre l'exemple de Jésus autant qu'il le pouvait. Lui et les membres de son mouvement ne posséderaient aucun bien de ce monde, mais se vêtiraient des habits usés des plus pauvres. Ils vivraient dans des cabanes faites de branches pendant l'hiver, et ils erreraient avec les indigents sur les routes de l'Europe, cherchant à gagner leur pain quotidien. Ils ne seraient pas soumis à un emploi du temps rigide, ne suivraient pas de règles compliquées, n'auraient aucune hiérarchie, et ne se soumettraient pas à des pratiques austères au-delà de ce que leur style de vie leur imposerait. Il n'y aurait pas de noviciat, et les membres pourraient partir librement s'ils trouvaient qu'ils ne pouvaient pas vivre selon les idéaux de la communauté. Non seulement ils s'occuperaient des pauvres, des affamés, des malades et des persécutés, mais ils se joindraient à eux.

Le pape Innocent III (1196-1215) fut ému par leur idéalisme, mais il doutait qu'ils puissent vivre selon leurs aspirations. Néanmoins, il leur donna la permission de poursuivre la vie qu'ils se proposaient, et leur promit de les protéger. Il est étonnant qu'il ait agi de la sorte, étant donné que sans règle, et sans hiérarchie, chaque franciscain serait libre d'agir comme bon lui semblerait. Il est vrai que les franciscains se rassemblaient une fois par an, mais c'était pour partager leur vision et leurs expériences, plutôt que pour fixer des règles ou arbitrer des disputes. François pensait que chaque personne était responsable de ses propres choix et de ses actions. Nous avons là un élément primitif de la croyance franciscaine selon lequel chaque personne peut refuser un ordre qu'elle estime être immoral ou injuste (Thompson 2012).

Cependant, cette conviction que chaque personne est responsable de ses propres actions n'a pas été utilisée par François et ses disciples comme prétexte pour ne pas se soumettre à l'*ecclésia*-institution. Par exemple, la prédication publique faite par les laïcs était l'un des idéaux des franciscains comme c'était le cas pour les vaudois. Après des hésitations, et une investigation poussée faite par la curie romaine, le pape a donné à François et ses disciples laïcs la permission de continuer. Mais il a posé la condition naturelle (la même condition qui avait été imposée aux vaudois) qu'ils obtiennent préalablement la permission de l'évêque du diocèse, et qu'ils élisent un supérieur qui serait responsable de leurs actions. Les franciscains se sont volontairement soumis à cette décision. Ils sont partis prêcher uniquement dans les diocèses où l'évêque leur donnait son accord.

Ayant reçu la bénédiction du pape, François et ses amis revinrent à Assise où ils commencèrent à mener le style de vie qu'ils avaient proposés. Ils démontrèrent la puissance de l'Évangile. Et ils donnèrent de l'espoir aux pauvres, aux exclus, aux mal aimés par leur amour de l'être humain et leur passion pour le Christ. La conséquence fut que le mouvement s'est développé au-delà de ce que François et le pape avaient anticipé. Des milliers de laïcs se joignirent au mouvement, et certaines personnes dans l'*ecclésia*-institution commencèrent à craindre cette impulsion populaire, indépendante, suscitant et formant ses propres conducteurs, vivant de ses propres ressources, se perpétuant elle-même, créant sa propre énergie et impulsion, et échappant au contrôle des autorités ecclésiales instituées. Cela explique que dès cet instant, on commença à chercher à maîtriser le mouvement. François partit se joindre à la cinquième croisade avec le souci d'évangéliser les musulmans (1219-1220), et pendant son absence, un groupe puissant a commencé à transformer ce mouvement en un ordre religieux, comme les bénédictins, les clunisiens, les cisterciens, etc. François se dépêcha de rentrer pour arrêter ces transformations, mais il ne pouvait le faire sans accepter la mise en place d'un représentant du pape qui établit un noviciat, et refusait que ceux qui se joignaient au mouvement puissent un jour le quitter s'ils le souhaitaient. François fut également contraint à rédiger une règle pour ce qui est devenu essentiellement un nouvel ordre religieux. Il semblerait même que l'on exerça une pression considérable sur lui pour qu'il tempère quelques-unes de ses croyances originelles. C'est peut-être par découragement, ou parce qu'il ne se sentait pas capable de gérer un mouvement aussi grand et aussi complexe que François quitta toutes ses fonctions à la tête de ce mouvement, et mourut dans un lieu à l'écart, en 1226.

En résumé, nous pouvons dire que le rapport de François et de son mouvement à l'*ecclésia*-institution fut un rapport de dialogue mais aussi de conviction, de créativité sans rupture. Exigeant pour lui-même et pour ses frères, il a créé une dynamique qui donnait un nouveau visage à une *ecclésia*-institution engourdie. Mais François et ses communautés marchaient sur un chemin difficile. Ils restèrent dans l'*ecclésia*-institution au risque de voir leur mouvement confisqué par d'autres et détourné de ses intuitions initiales. La période qui a suivi la mort de François vit la naissance de trois groupes dans le mouvement, chacun affirmant que leur approche était celle du fondateur. Les « franciscains spirituels » voulaient maintenir l'idéal de pauvreté, s'opposaient à ce que le mouvement soit transformé en un ordre religieux, et protestaient contre les frères qui commençaient à travailler dans les universités, étudiaient le droit, et devenaient les administrateurs de l'*ecclésia*-institution. Ils appelaient le mouvement à un retour aux idéaux de départ. Le parti de « l'assouplissement » favorisait l'abandon des principes de la pauvreté et de la simplicité qui étaient à l'origine du mouvement. Le groupe le plus important, c'était les « modérés ». Ils pensaient que les membres du mouvement pouvaient poursuivre la pauvreté et la simplicité, tout en ayant un rôle dans l'éducation et en exerçant une influence dans l'*ecclésia*-institution (Dennis, Nagle, Lobeda et Taylor 2003).

Une dernière remarque au sujet de François : Latourette dit qu'il était « résolument et joyeusement missionnaire dans ses projets et dans sa pratique » (Latourette 1975, 432). C'est-à-dire qu'il ne se contentait pas de faire des disciples à l'intérieur de l'*ecclésia*-institution. Il traversa la plupart de l'Italie, communiquant l'Évangile et appelant à la conversion. Il désirait aller vers les musulmans. Il partit pour la Palestine, mais fut arrêté quand son navire a chaviré. Il alla en Espagne pour atteindre des musulmans qui y avaient pris refuge. Mais il fut arrêté par la maladie et il dut revenir en Italie. Finalement, en 1219, il voyagea avec la cinquième croisade jusqu'en Égypte. Il fut troublé par le manque de discipline et le style de vie corrompu de beaucoup de ces militaires qui portaient le signe de la croix. Parmi eux, il en gagna quelques-uns qui participaient à la propagation du mouvement dans le nord de l'Europe. Il présenta l'Évangile au Sultan et gagna, paraît-il, son estime. Il rentra en Italie via la Palestine et la Syrie. Et il a envoyé ses frères en mission en Europe et au Maroc.

Quel regard portent les membres de l'*ecclésia*-institution sur l'ecclésia-mouvement ?

Les responsables de l'*ecclésia*-institution considèrent que celle-ci est l'outil principal dont Dieu se sert dans son projet de salut dans notre monde. C'est pourquoi les structures et les activités de l'*ecclésia*-institution ne sont pas fondamentalement remises en question. Les périodes de déclin ou d'infidélité dans l'histoire de l'*ecclésia*-institution sont perçues comme le fruit du caractère de ses leaders, ou des forces culturelles néfastes. On imagine mal comment ces périodes de déchéance pourraient naître de l'*ecclésia*-institution elle-même. En fait, la stabilité institutionnelle et la survie de l'*ecclésia*-institution, en dépit des périodes de déclin, d'opposition, ou de fragilité sont montrées comme étant la gloire de l'*ecclésia*. Elles révèlent la sagesse de la providence divine qui établit l'*ecclésia*-institution comme moyen d'apporter la Bonne Nouvelle au monde.

Vu sous cet angle, il n'y a jamais de problème fondamental avec l'*ecclésia*-institution. La question de la propagation du message du Christ et le renouveau de l'*ecclésia* est donc, quasi exclusivement, celle du renouvellement spirituel et de la mobilisation des membres de la congrégation. Le problème est simplement que les gens ne croient pas et n'agissent pas comme ils devraient le faire. Ils doivent assister aux réunions qui sont organisées (surtout le culte du dimanche), subvenir aux besoins financiers, et accompagner leurs amis non-croyants vers ces activités afin qu'eux aussi puissent entendre la Bonne Nouvelle. Nous comprenons bien que, selon ce schéma, les conducteurs de l'*ecclésia*-institution sont perçus comme le point de départ de tout nouvel élan spirituel ou évangélisateur.

C'est pour ces raisons que les initiatives que prennent des laïcs en dehors de l'*ecclésia*-institution suscitent aussitôt de la suspicion, voire de l'hostilité. Les personnes investies dans l'*ecclésia*-institution soupçonnent que de telles initiatives visent la récupération de leurs fidèles. Ils ont du mal à comprendre comment il pourrait en être autrement. Il est impensable pour eux qu'un mouvement puisse naître en marge de leur *ecclésia*-institution sans qu'il n'ait pour but la création d'une nouvelle *ecclésia*-institution. La présence de l'*ecclésia*-mouvement est également ressentie comme une remise en question implicite de la validité de l'*ecclésia*-institution sous sa forme actuelle. Ces tensions sont inévitables, et les résultats sont prévisibles. Il en résulte que l'*ecclésia*-mouvement va partir dans l'une ou l'autre de ces trois directions :

1. L'*ecclésia*-mouvement deviendra de plus en plus extrémiste et sera obligé, éventuellement, de quitter l'*ecclésia*-institution, comme ce fut le cas pour les Vaudois. C'est la tendance qui se dessine surtout lorsqu'il y a des forces au sein des deux expressions de l'*ecclésia* qui poussent à la séparation ou au schisme. Lorsque cela a lieu, trois possibilités apparaissent. En fonction de l'extrémisme des membres de l'*ecclésia*-mouvement et de la violence de leurs critiques à l'égard de l'*ecclésia*-institution, et selon la réaction de l'*ecclésia*-institution, ce groupe : (a) formera une nouvelle *écclésia*-institution ou secte ; (b) disparaîtra, ou (c) trouvera une position de compromis avec l'*ecclésia*-institution qui lui laisse une mesure d'autonomie en échange d'une reconnaissance de sa légitimité. C'est l'attitude des membres de l'*ecclésia*-mouvement, les facteurs socio-économiques et la virulence de la réaction de l'*ecclésia*-institution qui, en large partie, détermineront le chemin que prendra l'évolution de la situation.

2. Autre possibilité : l'*ecclésia*-mouvement perdra sa vitalité au point de ne plus présenter une menace pour l'*ecclésia*-institution.

3. Mais l'*ecclésia*-mouvement peut s'accommoder à l'*ecclésia*-institution en acceptant une place limitée à l'intérieur de cette dernière, comme ce fut le cas pour les franciscains. Dans le cas des franciscains, en s'adaptant à l'*ecclésia*-institution, leur dynamisme et leur zèle missionnaire ont largement contribué au renouveau de l'*ecclésia*-institution. D'un autre côté, le processus d'accommodation a donné naissance à des conflits aigus au sein du mouvement, comme le remarque Latourette : « En fait, aucun autre grand ordre de l'Église catholique n'a eu une histoire si explosive, ou n'a été déchiré par autant de schismes » (Latourette 1975, 434).

Conclusions

Dans ce chapitre, j'ai soutenu la thèse que l'*ecclésia* est essentiellement une assemblée ou un regroupement de personnes autour de Jésus-Christ. Ce regroupement peut être structuré autour de programmes, avec à sa tête un pasteur ou un autre « professionnel religieux ». Dans certains cas, ce rassemblement est structuré autour d'une petite communauté et ses activités sont conduites par un laïc formé. Et dans le cadre de notre réflexion sur l'accompagnement personnel d'un laïc par un autre laïc à la suite de Jésus, je prétends que, là aussi, nous avons une expression de l'*ecclésia*. Mais dans tous les cas, je dis que les structures existent pour favoriser la formation des disciples de Jésus. L'*ecclésia*-institution tend à voir l'accompagnement dans le discipolat comme un moyen de promouvoir la croissance spirituelle et numérique des membres la congrégation. J'insiste cependant sur le fait qu'il s'agit là d'une erreur de compréhension. Le Nouveau Testament ne nous dit nulle part, de façon explicite, d'implanter des *ecclésias*. Le texte biblique nous ordonne par contre, et là, de manière explicite, de faire des disciples de Jésus (Mt 28.19-20). J'en conclus que le but n'est pas l'*ecclésia*. Autrement dit, l'assemblée chrétienne n'est pas l'objectif de la mission. Le but de la mission, c'est la formation des disciples de Jésus-Christ – et lorsque nous rassemblons deux ou trois personnes autour de Jésus, dans le dessein de lui ressembler et de vivre selon son enseignement, nous avons « implanté une *ecclésia* ». Le rassemblement existe pour le bien des disciples de Jésus, et non le contraire !

Je le répète. Nous implantons une *ecclésia* lorsque nous accompagnons quelqu'un dans l'apprentissage à la suite de Jésus (Mt 18.20). Mais nous ne faisons pas nécessairement des disciples de Jésus en multipliant les structures, les réunions, les événements, ou les programmes ecclésiaux. Je dirais même qu'il y a bon nombre d'éléments dans nos assemblées qui nuisent à la formation de disciples de Jésus : il y a trop de prédications et trop de réunions. Il y a également des éléments qui manquent : trop peu d'occasions pour les laïcs d'exercer leurs ministères, trop peu d'enseignement, trop peu d'accompagnement personnel et de droit de regard dans la vie des autres, trop peu de temps passé ensemble en dehors des réunions « officielles », trop peu de pratique intentionnelle du discipolat.

Ce que je propose dans ce livre, c'est un retour vers l'*ecclésia*-mouvement fondée sur la multiplication des laïcs qui apprennent et qui enseignent à d'autres comment devenir des disciples de Jésus. Un mouvement d'hommes et de femmes qui se mettent volontairement et intentionnellement dans une position qui permet une transformation profonde de leur façon de penser et de vivre. Les exemples de Valdo et de François d'Assise montrent qu'un tel mouvement peut naître à partir d'une personne qui vit et qui promeut cette vision. Leurs histoires illustrent aussi les tensions qui naissent entre ce type d'expression « apostolique » de l'*ecclésia* et l'*ecclésia*-institution. Si vous commencez à accompagner des individus dans un apprentissage à la suite de Jésus, et que ces derniers se trouvent en dehors de votre *ecclésia*-institution, si vous les formez et leur permettez de reproduire la même chose autour d'eux, sans chercher à les incorporer dans l'*ecclésia*-institution de votre appartenance, vous serez peut-être mal compris, et critiqué par vos amis qui s'opposeront à vous. Mais Jésus nous ordonne de faire de toutes les nations ses disciples – il ne nous ordonne pas de faire grandir l'*ecclésia*-institution de notre appartenance. Cela dit, je suis convaincu qu'un mouvement de disciples de Jésus qui font des disciples de Jésus, sans être programmé, contrôlé, ni même financé par une *ecclésia*-institution, renouvelle et fait grandir cette dernière.

Au milieu de la folie qui régnait en Allemagne nazie, le théologien Dietrich Bonhoeffer, dans une lettre adressée à son frère, écrit ces paroles :

> La restauration de l'Église viendra sûrement d'un monachisme nouveau qui partage avec le monachisme primitif l'attitude sans compromission d'une vie vécue selon le Sermon sur la Montagne à la suite du Christ (Cité dans Wilson-Hartgrove 2010, 15).

Questions de réflexion

1. Que pensez-vous de la distinction que l'auteur fait entre l'*ecclésia*-mouvement et l'*ecclésia*-institution ? Quels exemples connaissez-vous de ces deux expressions ecclésiales ?

2. Quelles sont deux leçons que vous retenez de l'exemple de Valdo et de François d'Assise ? Quel rapport peut-il y avoir entre ce que vous venez de souligner et l'action d'accompagner d'autres dans l'apprentissage à la suite de Jésus ?

3. Qu'est-ce qui pose le plus de problèmes en ce qui concerne un mouvement de disciples faiseurs de disciples en dehors des *ecclésias*-institution ? Est-ce le fait qu'il est, ou peut devenir plus grand qu'une *ecclésia*-institution ? Ou le fait qu'il ne peut pas être contrôlé par l'*ecclésia*-institution ? Est-ce le côté financier ? Autres ?

11

Comment aider les membres d'une *ecclésia* existante à faire des disciples de Jésus

Nous venons de voir deux mouvements que Dieu a utilisés en marge de l'*ecclésia*-institution pour renouveler son peuple et pour atteindre les gens qui n'avaient pas entendu parler du Christ. Comme les vaudois, les franciscains voulaient rejoindre les hommes de leur temps en témoins et annonciateurs de l'Évangile, tout en se voulant – par le mode radical de leur pauvreté – totalement libérés des attaches du monde. Ces deux mouvements ne furent pas le fruit des projets missionnaires de l'*ecclésia*-institution. Ils ne surgirent pas des stratégies formulées par les pasteurs ou autres conducteurs officiels de l'*ecclésia*. Au contraire, ils naquirent spontanément lorsque Pierre Valdo et François d'Assise, deux laïcs, se mirent à se comporter selon l'exemple et l'enseignement de Jésus-Christ.

Le fait que Dieu ait utilisé deux laïcs d'une telle façon ne devrait pas nous surprendre. Dans son livre, *A History of Christian Missions*, Stephen Neill note que le plus gros de l'œuvre de l'*ecclésia* naissante était porté par les laïcs. Soulignant le fait que l'ensemble des fidèles était actif dans la mission de l'*ecclésia*, il ajoute :

> Là où il y avait des chrétiens, il y avait une foi vivante et vibrante, et rapidement celle-ci donnait naissance à une communauté grandissante. Plus tard les grandes églises cherchaient à relier leur origine à l'œuvre apostolique – car avoir pour fondateur un apôtre apportait un degré de respectabilité. Mais, en fait, peu, et peut-être même aucune, des grandes églises ne furent réellement

fondées par les apôtres. Rien n'est plus notable que l'anonymat des premiers missionnaires. (Neill 1990, 22)

Robert Tuttle remarque à ce sujet que le message du Christ impacte davantage les non-croyants, lorsqu'il vient des pauvres et des gens simples, plutôt que par des personnes de pouvoir ou de prestige[1] (Tuttle Jr. 2006, 122). Et il précise :

> Au milieu des persécutions, le christianisme était fondamentalement un mouvement laïc. Jusqu'à la fin des persécutions qui ébranlaient l'Empire, le ministère était – avant tout – perpétué par les laïcs dans les endroits ruraux. Ce n'est pas qu'il n'y eût pas d'évêques et de prêtres urbains, mais ceux-ci périrent massivement sous le glaive. C'est surtout le fait que, pendant les 150 premières années du christianisme, chaque croyant fut un prêtre. Pendant les 150 années qui suivirent, la majorité des fidèles continua de prendre l'impératif missionnaire comme un mandat personnel (Tuttle Jr. 2006, 132).

Dans son étude de la propagation de l'Évangile par l'*ecclésia* primitive, Michael Green dit qu'une des choses les plus marquantes est la diversité de personnes qui y participaient. Il écrit que cette tâche n'était pas réservée aux gens les plus zélés, ni à une catégorie de professionnels. Au contraire, c'était la prérogative et le devoir de chaque membre de la communauté : « Les fidèles ordinaires de l'église le voyaient comme leur responsabilité : Le christianisme fut suprêmement un mouvement laïc, répandu par des missionnaires informels » (Green 2001, 332).

Le problème avec les mouvements est que, tôt ou tard, ils cessent de mouvoir (Neill 1990, 440). Cela semble être dans la nature des choses que finalement, avec le temps qui passe, tôt ou tard l'inertie s'impose. Et dans le cas de l'ecclésia, il y a eu des forces puissantes qui ont accéléré ce processus, en séparant le clergé des laïcs et en transférant le poids du ministère à des personnes spécialement ordonnées. Il en résulte que certains théologiens insistent aujourd'hui en disant que les laïcs ne doivent pas prendre l'initiative dans la communication de l'Évangile et l'accompagnement spirituel

---

1. Tuttle souligne également que la majorité des premiers chrétiens furent des « gens de couleur ». En l'an 70 de notre ère 0.1 pour cent de la population mondiale était chrétienne, et 85 pour cent de ces personnes étaient « de couleur ». En l'an 150 de notre ère presque 2 pour cent de la population du monde était chrétienne, et 75 pour cent de ces personnes étaient « de couleur ». Cette situation est restée inchangée jusqu'à ce que les scolastiques du neuvième siècle aient fait du christianisme une religion de « blancs » (Tuttle Jr. 2006, 82).

(Lloyd-Jones 1972, 101). Selon cette optique, la prédication, l'exhortation et l'édification, ainsi que l'évangélisation et la formation des disciples de Jésus, se font seulement par ceux qui sont « appelés par un acte spécial de Dieu » à une vocation qui va au-delà de l'appel que reçoivent la majorité des fidèles à suivre Jésus.

Le sens historique des laïcs et du laïcat

De nos jours, cette distinction tranchante entre le pasteur et les autres membres de la communauté de foi est de plus en plus remise en question. Il me semble d'ailleurs que ceux qui critiquent cette notion s'appuient sur des bases solides.

Le mot laïc nous vient du mot grec *laikos*, qui veut dire « du peuple ». Dans le christianisme primitif, ce terme venait à connoter « le peuple élu de Dieu, » un sens dérivé du mot grec *laos* (« peuple d'origine inconnue »). Dans le Nouveau Testament une distinction est faite entre le peuple juif (*laos*) et ses prêtres et dirigeants (cf. Mt 26.23 ; Ac 5.26 ; Hé 7.5, 27).

Avant la fin du Ier siècle de notre ère, le terme *laos* avait pris une connotation ecclésiastique. Le mot *laikos* est employé par Clément d'Alexandrie (200 de notre ère) pour distinguer un laïc d'un diacre et d'un presbytre. Dans les *Canons Apostoliques,* les laïcs (*laikoi*) sont différenciés du clergé. Stanley Lusby nous informe que la distinction entre les laïcs et le clergé fut modelée par la différenciation politique des Grecs qui distinguaient entre les *klèros* (d'où nous avons le mot clergé), et le peuple (*laos*), c'est-à-dire les deux groupes de personnes qui formèrent l'administration d'une cité (Lusby 1987).

Comme nous l'avons souligné au chapitre précédent, c'est Constantin qui, le 13 juin 313, à Milan, octroie aux fidèles de l'*ecclésia*-mouvement la liberté de pratiquer leur religion. Il leur restitue les biens confisqués et met un terme définitif aux persécutions. Avant la fin du IVe siècle la conversion au Christ était obligatoire pour tous les habitants de l'Empire romain. À l'époque, neuf générations après Christ, 7.3 pour cent de la population du monde était chrétienne. Dans les deux siècles suivants, ce nombre grandira pour atteindre presque 20 pour cent. Il fallait donc maintenant que l'*ecclésia*-mouvement s'organise. C'est précisément pendant cette période de l'institutionnalisation de l'ecclésia, marquée par les défis et les controverses au sujet des affirmations de la foi chrétienne, que s'est creusé le fossé entre les laïcs et le clergé.

Plus tard, dans la tradition protestante, Luther et Calvin cherchaient à atténuer la différence qui s'était installée entre le laïc et le clerc. Ils insistaient sur le sacerdoce universel des croyants, et ne voyaient pas de différence ontologique entre les pasteurs et les laïcs. Cependant, ils reconnaissaient des ministères particuliers par nécessité fonctionnelle. À leurs yeux, il fallait pour le bon ordre de la vie ecclésiale et la fidélité aux origines, qu'il y ait des personnes spécialement chargées de la prédication et des sacrements (Willaime 2002, 436).

Je suis convaincu que la tendance actuelle à ramener tout au culte dominical avec sa professionnalisation du témoignage du peuple de Dieu, a largement affaibli la participation chrétienne des laïcs. Il est indéniable que malgré la redécouverte de la notion de « sacerdoce universel des fidèles » de Luther et Calvin, la conception dominante demeure celle d'un ministère chrétien monopolisé par des hommes consacrés à cet effet. Malgré le fait que Jésus a rompu avec toute la tradition juive en choisissant ses disciples non pas dans la classe sacerdotale, mais parmi les pêcheurs, les collecteurs d'impôts et leurs semblables ; et en dépit du fait que les Églises pauliniennes ne sont pas appelées « synagogues », mais simplement des rassemblements (cf. 1 Co 11.17-18, 20, 33, 34 ; 14.23, 26) et que dans celles-ci – qui avaient lieu principalement dans des maisons privées durant trois siècles – le ministère a été compris presque exclusivement en fonction de ministres consacrés (Bosch 1995, 626).

De plus, la notion de ministre placé au centre de l'Église et doté d'une autorité considérable[2] fait que l'Église est largement comprise comme une société strictement sacrée dirigée par un « personnel de maison », avec le pasteur ou le ministre, installé dans une position privilégiée et centrale (Burrows 1981, 61, 74).

Le rôle biblique des laïcs et du laïcat

Le texte biblique qui, pour moi, explique le plus clairement l'articulation entre les laïcs et les clercs dans la mission de Dieu se trouve dans l'épître de Paul aux Éphésiens chapitre 4.1-15 :

> Je vous exhorte donc, moi, le prisonnier dans le Seigneur,
> à marcher d'une manière digne de la vocation qui vous a été

---

2. Du point de vue protestant, cette notion s'est nettement répercutée dans les trois ministères de pasteur, ancien et diacre.

adressée, en toute humilité et douceur, avec patience, vous supportant les uns les autres avec charité, vous efforçant de conserver l'unité de l'esprit par le lien de la paix. Il y a un seul corps et un seul Esprit, comme aussi vous avez été appelés à une seule espérance par votre vocation; il y a un seul Seigneur, une seule foi, un seul baptême, un seul Dieu et Père de tous, qui est au-dessus de tous, et parmi tous, et en tous. Mais à chacun de nous la grâce a été donnée selon la mesure du don de Christ. [. . .] Et il a donné les uns comme apôtres, les autres comme prophètes, les autres comme évangélistes, les autres comme pasteurs et docteurs, pour le perfectionnement des saints en vue de l'œuvre du ministère et de l'édification du corps de Christ, jusqu'à ce que nous soyons tous parvenus à l'unité de la foi et de la connaissance du Fils de Dieu, à l'état d'homme fait, à la mesure de la stature parfaite de Christ, afin que nous ne soyons plus des enfants, flottants et emportés à tout vent de doctrine, par la tromperie des hommes, par leur ruse dans les moyens de séduction, mais que, professant la vérité dans la charité, nous croissions à tous égards en celui qui est le chef, Christ.

Nous pouvons aborder ce texte en identifiant tout d'abord à qui il s'adresse. Qui sont les personnes que Paul désigne par « vous » dans les versets 1 à 6 ? Au début de l'épître, l'apôtre dit qu'il s'adresse « aux saints qui sont à Éphèse et qui sont fidèles en Jésus-Christ » (1.1). Qui étaient ces personnes que Paul appelle des « saints » ? Dans un texte bien connu, l'apôtre spécifie qu'il s'agit de personnes faibles, basses et méprisées du monde (1 Co 1.27). Nous savons que bon nombre parmi eux furent des pauvres et des esclaves (Col 3.22). Le philosophe cynique Celsus – cité par Origène – écrit avec mépris au sujet de ceux qui suivaient Christ : « Nous voyons ceux qui travaillent la laine et le cuir, et des gens on ne peut plus ignorants et ordinaires qui n'osent même pas dire un mot en présence de leurs maîtres plus âgés et plus sages[3]. » Un contemporain de Celsus, l'apologiste Athenagoris, nous donne une autre perspective : « Avec nous, vous trouverez des gens illettrés, des artisans et des vieilles dames, qui, malgré le fait qu'ils ne peuvent pas exprimer par leurs paroles les avantages de notre instruction, démontrent par leurs actes la valeur de leurs principes » (Chadwick 1984, 54). Et Pline,

---

3. *Contra Celsum*, 3,55.

en parlant de la communauté de foi de Bithynie, affirme que les personnes venant de toutes les souches de la société faisaient partie de cette assemblée[4].

Les personnes que Paul appelle des « saints » étaient donc des personnes ordinaires. En fait, l'appellation de « saint » est le titre le plus fréquent dans le Nouveau Testament de la Bible pour parler des croyants qui plus tard seront connus comme des laïcs (Beckwith 1988, 609). L'appellation de « saint », lorsque celle-ci s'applique à ceux qui suivent Jésus-Christ, ne veut pas dire qu'ils sont sans péché, ou qu'ils vivent la perfection morale. Il signifie avant tout que la personne n'est pas séculière ou profane ! Selon Kenneth Wuest :

> Cette personne est appelée un *hagios*, un individu mis à part pour Dieu, une personne consacrée. En tant que telle, elle est considérée comme une personne non séculière, une personne singulièrement religieuse dans la mesure où elle a été mise à part pour Dieu, pour son adoration et à son service. (Wuest 1966, 18)

Ce texte de la lettre aux Éphésiens s'adresse donc à ceux que nous pouvons appeler des « laïcs consacrés[5] ». Tout laïc qui est né d'en haut, et en qui réside l'Esprit de Jésus, est un « saint ». Il est « consacré » parce qu'il est voué au service de Dieu. Il n'est pas question de sa fonction dans la communauté de foi. Cela ne dépend pas de ses capacités, de son milieu, de son éducation, de son sexe, ou de son statut sociétal. Tous n'ont pas la même profession (métier, fonction, occupation qui est leur gagne-pain), mais tous ont la même vocation (appel, mission). Les laïcs ne sont pas seulement le *but* (des âmes à sauver), ils sont aussi le *moyen* par lequel s'accomplit la mission de Dieu dans le monde. Sans exception ni exclusion, ils sont mis à part pour cette mission : faire des disciples de Jésus.

Il arrive que dans certains milieux évangéliques subsiste l'idée que les pasteurs, évangélistes et missionnaires, sont des « saints » parce qu'ils exercent des activités sacrées, tandis que les laïcs sont profanes parce qu'ils exercent des activités séculières. C'est une erreur. Dieu ne nous a pas placés dans un monde où certaines activités et certains objets sont sacrés, et où

---

4. Pliny the Younger, *Correspondence with Trajan from Bithynia (Epistles X)*, Warminster, Wiltshire, Aris & Phillips, 1990.

5. À ne pas confondre avec les « laïcs consacrés » du monde catholique qui se veulent un reflet de ce qui se pratique au sein des congrégations religieuses. Les laïcs consacrés catholiques choisissent d'offrir radicalement leur vie au Christ en vivant dans le monde en suivant les conseils évangéliques de pauvreté, chasteté et obéissance. Ils ne mènent pas la vie commune des religieux et exercent habituellement une profession. Mon argument est que tout laïc qui suit Jésus est consacré, c'est-à-dire, mis à part pour son service.

tout le reste est séculier. Le monde lui appartient – avec tout ce qui existe. Nous sommes tous des créatures de Dieu – chacun de nous, et toutes les parties de notre être. La création toute entière devient sacrée lorsque nous reconnaissons qu'elle appartient à Dieu et qu'elle existe sous la souveraineté de Christ.

Cet état des choses sanctifie toutes les activités humaines légitimes. Il n'est pas sans intérêt que la Bible utilise le même mot, *havoda* pour signifier à la fois le labeur manuel, et les actes d'adoration faites par le peuple Juif (Gesenius 1952, 715). Comme le disait William Tyndale, connu comme étant le premier traducteur du Nouveau Testament depuis le texte grec dans une langue moderne[6] : « Aucune action n'est préférable à une autre, aucune ne plait davantage à Dieu : verser de l'eau, faire la vaisselle, être cordonnier ou apôtre, tout est un. Faire la vaisselle ou prêcher, en tant qu'actions, plaisent pareillement à Dieu. » Autrement dit, les laïcs ne sont pas moins « consacrés », parce qu'ils exercent un métier séculier, que les pasteurs et tous ceux qui exercent un métier religieux.

Je ne vais pas commenter ce qu'écrit l'apôtre dans les six premiers versets du chapitre 4 de sa lettre aux « saints » d'Éphèse. Notons simplement qu'il y a un contraste entre les versets 6 et 7, car Paul passe de « vous tous » à « chacun de nous » : « Mais à chacun de nous la grâce a été donnée selon la mesure du don de Christ. » Lorsque Paul parle de « chacun de nous », il ne veut pas dire : « Mais (contrairement à ce qui *vous* concerne) à chacun de *nous* (apôtres, prophètes, évangélistes, bergers, enseignants) la grâce a été donnée selon la mesure du don de Christ. » Une telle lecture du texte trahirait la pensée de l'apôtre. Paul n'est pas en train de dire qu'il existe une classe de personnes dans la communauté de foi qui aurait reçu un don exceptionnel de la grâce ! En fait, il dit tout le contraire. Il a déjà écrit que la grâce « salvatrice », celle qui sauve les pécheurs, est accordée à tous ceux qui croient (Ep 2.5-8). Maintenant il affirme que la grâce « pour le service » est accordée à tous les « saints » (Stott 1995, 150).

Paul avait déjà parlé de cette grâce « pour le service » lorsqu'au début du chapitre 3 de son épître, il écrit : « [...] vous avez appris, quelle est la dispensation de la grâce de Dieu, qui m'a été donnée pour vous » (v.2). Dans ce texte Paul parle de la « dispensation » de la grâce divine. L'expression

---

6. William Tyndale ou Tindale (né dans le Gloucestershire en 1494 – exécuté par strangulation le 6 octobre 1536 à Vilvorde). Brillant érudit protestant, il parlait l'hébreu, le grec, le latin, l'espagnol et le français, « si bien que chacune de ces langues aurait pu être sa langue maternelle ».

signifie la gestion d'un travail, ou d'une charge (Col 1.25). Paul fait référence à l'équipement qu'il avait reçu et qui lui permettait de mener à bien sa mission (Ep 3.7-8) (Wood 1978, 45). C'est dans ce sens qu'il parle de la grâce que « chacun de nous » a reçue. La notion de la grâce implique le « don », et Paul souligne le fait que chaque « saint », (chaque laïc) a reçu de la part du Christ, l'équipement dont il a besoin pour mener à bien sa mission. Cela étant, nous pourrions nous demander quel est le rôle spécifique des pasteurs et autres leaders de la communauté de foi.

Paul écrit que le Seigneur « a donné les uns comme apôtres, les autres comme prophètes, les autres comme évangélistes, les autres comme pasteurs et docteurs, pour le perfectionnement des saints en vue de l'œuvre du ministère et de l'édification du corps de Christ » (Ep 4.11-12). Le but des ministres est clairement mentionné dans ces versets. C'est le perfectionnement des saints en vue de l'œuvre du ministère. Le mot traduit par « perfectionnement » est le mot grec *katartizo*, qui veut dire « rectifier. » En médecine, on utiliserait ce mot pour indiquer qu'on a remis en place un os cassé (Wood 1978, 58). Dans le Nouveau Testament ce mot est employé pour la réparation des filets de pêche (Mt 4.21 ; Mc 1.19) et le redressement de celui qui a été surpris en faute (Ga 6.1 ; 2 Co 13.11). Il peut également signifier la réalisation d'un projet (1 Co 1.10 ; 1 Th 3.10) ou la formation du caractère (Lc 6.40 ; Hé 13.21 ; 1 P 5.10). Toutes ces personnes, dans leurs fonctions exceptionnelles, n'ont qu'une seule raison d'être : le perfectionnement des « saints », c'est-à-dire des laïcs.

Et pourquoi le Seigneur cherche-t-il le perfectionnement des laïcs ? Il le fait « en vue de l'œuvre du ministère ». La grâce de Dieu pour le service est donnée à chacun d'entre nous. Chaque « saint » reçoit la faveur divine nécessaire à l'accompagnement des autres dans le discipolat à la suite de Jésus. La raison d'être des conducteurs de la communauté chrétienne est de préparer les laïcs à cette tâche (Julien 1976, 141). Paul dit à Timothée qu'il doit se fortifier dans la grâce qui est en Jésus-Christ, juste avant de l'exhorter à transmettre à d'autres ce qu'il avait lui-même reçu (2 Tm 2.1). Les conducteurs de la communauté chrétienne ont ce rôle. Ils doivent réparer, redresser, exhorter et encourager les « saints » à vivre pleinement la grâce qu'ils ont reçue et qui leur permet de faire des disciples de Jésus.

Le ministère chrétien appartient aux laïcs ! Dans l'optique biblique, les laïcs n'ont pas pour rôle de soutenir les conducteurs de la communauté chrétienne dans leurs ministères. Les conducteurs de la communauté chrétienne existent parce que les laïcs ont été mis à part pour l'œuvre de Dieu dans notre monde. Le problème est que nos communautés de foi ont renversé les rôles. On compare nos communautés de foi à des matchs de football. Pendant un match de football, il y a 22 joueurs sur le terrain qui ont besoin d'un peu de repos, et qui sont regardés, encouragés et applaudis par une foule de personnes dans les gradins qui, elle, a besoin d'un peu d'exercice. Il en est de même dans nos communautés de foi. Nous y trouvons une poignée de personnes spécialisées qui sont censées « faire le ministère », et qui sont regardées, encouragées et soutenues par une foule de personnes par ailleurs inactives.

Comment transformer la pratique actuelle ?

C'est maintenant que les choses se corsent. Rien de plus facile que de lire le récit des autres au sujet d'un accompagnement personnel, en tête-à-tête, à la suite de Jésus. De même, il n'est pas trop ardu de comprendre comment le ministère chrétien est passé de la vie des laïcs à la sphère des professionnels. Mais comment revenir au modèle biblique ? Comment lancer un mouvement de multiplication spirituelle par la reproduction de laïcs disciples de Jésus dans un milieu ecclésial qui a perdu de vue cette optique ? Il n'existe pas de réponses simples à ces questions. Cependant, nous pouvons souligner les éléments importants qui doivent figurer dans la démarche.

Soyez un facilitateur

Vous ne pourrez pas susciter un mouvement de disciples faiseurs de disciples si vous n'avez pas embrassé personnellement, profondément, et durablement la mission de l'impératif missionnaire. Cet engagement naît dans la rencontre personnelle avec Dieu dans la prière, dans sa Parole, et dans l'obéissance à son Esprit. Il s'approfondit lorsque vous accompagnez personnellement les autres à la suite de Jésus et les libérez pour suivre d'autres personnes.

En tant que facilitateur, votre responsabilité est de faire en sorte que d'autres se reproduisent spirituellement. Vous faites cela en créant un environnement dans lequel ils sont encouragés et aidés en vue de la multiplication spirituelle. Cela veut dire, par exemple, que vous devez renoncer dès le départ à la tentation de tout maîtriser. Il vous faudra aussi permettre que les personnes soient accompagnées à la suite de Jésus sans vous. Vous ne devez mettre en place que les structures ou les activités qui sont absolument nécessaires pour promouvoir la croissance, et éviter les structures qui visent la gouvernance. Bref, vous devez être prêt à prendre des risques.

« Susciter » ou « lancer » veut dire pousser en avant, engager quelque chose dans une direction et un but déterminés, et avec une certaine force ; provoquer un phénomène ; libérer ce qui est bloqué ; mettre en motion. Vous suscitez un mouvement quand vous accompagnez vos premiers disciples de Jésus. Et vous renforcerez ce processus en luttant contre les blocages du conformisme, des prévisions calculées, ou du « micro management ».

Ne déléguez pas à quelqu'un d'autre l'initiative de susciter un mouvement de disciples de Jésus, faiseurs de disciples de Jésus. Si vous déléguez ce rôle à quelqu'un d'autre, vous n'aurez pas la passion (étymologie = souffrir avec) nécessaire pour faire des sacrifices qu'exige un mouvement de disciples faiseurs de disciples.

Développez une vision biblique

Les mouvements d'accompagnement dans le discipolat naissent là où il existe une vision claire, une sorte de philosophie ou de credo qui exprime ce que l'on cherche à être et faire, les valeurs et les principes sur lesquels les actions seront basées. J'ai affirmé dans ce livre que la mission que Jésus-Christ a confiée à ses disciples devrait déterminer la validité, ou non, de tout ministère chrétien. Les laïcs dans nos communautés de foi sont-ils en train d'accomplir la mission que Jésus-Christ a confiée à ses disciples ? Sont-ils en train de faire des disciples de Jésus qui font des disciples de Jésus ? Sommes-nous en train de reproduire la vie, ou bien des activités et des structures ? Notre mission est-elle définie par nos moyens matériels, nos activités religieuses, et nos actes officiels ?

Randy Pope affirme que pour réintroduire la pratique du discipolat chrétien dans nos assemblées, il faut commencer par réfléchir aux questions suivantes avec une « brutale franchise » :

> Posez-vous ces questions. Puis écoutez vos réponses. Sommes-nous efficaces dans la formation des disciples de Christ ? Nos petits groupes aident-ils vraiment à la formation spirituelle de nos fidèles ? Le nombre de leaders dans notre communauté de foi stagne-t-il ? (Pope 2013, 193)

Le Pasteur Sam Rainer propose lui aussi une liste de questions qui peuvent aider dans le développement d'une vision biblique (Rainer 2009) :

— Comment le disciple de Jésus est-il défini dans le Nouveau Testament ?

— À quoi ressemble le disciple de Jésus selon le Nouveau Testament ?

— Comment le processus contribuant à former un disciple de Jésus est-il décrit dans le Nouveau Testament ?

— Quelles sont les phases spécifiques du discipolat qui apparaissent dans le modèle biblique ?

— Comment tous les fidèles de notre assemblée pourraient-ils connaître ce processus ?

— Quelles valeurs doivent être présentes pour que la formation de disciples de Jésus ait lieu dans notre assemblée ?

— Comment notre assemblée peut-elle viser la formation des disciples de Jésus (à tous les niveaux) ?

— Comment les pratiques de notre assemblée maintiendront-elles la vision de faire des disciples de Jésus ?

— Comment notre assemblée va-t-elle susciter, reconnaître, et libérer les leaders qui font des disciples de Jésus ?

— Comment notre assemblée brillera-t-elle comme une lumière sur une colline ?

— Comment notre assemblée mobilisera-t-elle des laïcs pour faire des disciples de Jésus dans notre communauté ?

Il est d'une importance capitale que vous développiez une vision précise de l'appel que vous avez reçu. Vous aurez à y revenir sans cesse. C'est la seule façon permettant d'arriver à l'harmonie, l'unité, et l'intégrité entre votre intention et votre mission, entre vos rôles et vos objectifs, et entre vos priorités et vos projets. C'est ainsi que vous éviterez que vos programmes ne soient corrompus par l'appât du gain ou par l'égoïsme des leaders (Putman, Harrington et Coleman 2013, 218).

Les pasteurs et autres responsables chrétiens savent que nous devons faire des disciples de Jésus-Christ. Mais lorsqu'on leur demande s'ils accompagnent personnellement les autres dans le discipolat, ils répondent fréquemment par : « J'aimerais bien le faire, mais avec toutes mes responsabilités, je n'en ai pas le temps, » ou par « Je n'ai pas trouvé une personne avec qui je me sens à l'aise dans un tel rôle » (Johnston 2014, 1). Et vous, comment répondez-vous à ces questions ? Etes-vous motivé par le projet important et irrésistible de faire des disciples de Jésus ? Votre vie, vos activités et vos préoccupations sont-elles organisées autour de cette vision ?

Alvin Reid et Mark Liederbach disent que, lorsqu'une assemblée chrétienne perd de vue, oublie, ou ne vise pas intentionnellement l'accomplissement d'une vision missionnaire, elle quitte la dynamique d'un mouvement et entre dans une dynamique d'institutionnalisation (Liederbach et Reid 2009, 145). Nous devons regarder notre vrai visage, ne pas nous mentir à nous-mêmes, et répondre honnêtement à ces questions d'une importance capitale. Aux États-Unis et en Europe, les communautés de foi connaissent des difficultés importantes, et en Afrique les vies des fidèles ne sont pas toujours transformées en profondeur par leur participation au culte. Bon nombre de croyants évangéliques pensent que nous devons être plus actifs dans l'évangélisation. Certains disent que nous devons gagner davantage d'âmes pour Jésus. Quant à moi, j'affirme qu'il nous faut apprendre davantage comment ressembler à Jésus, et comment accompagner d'autres dans une démarche de discipolat.

Robert Coleman explique le cœur de la vision en ces termes :

> L'impératif missionnaire ne consiste pas seulement à aller jusqu'au bout du monde pour y prêcher l'évangile (Mc 16.15), ni à baptiser beaucoup de convertis au nom du Dieu trinitaire, ni même à leur enseigner les préceptes du Christ, mais à faire des « disciples » – c'est-à-dire à former des gens comme eux-mêmes. Ils étaient tellement saisis par cette mission, ce mandat du Christ qu'ils ne se sont pas uniquement mis à sa suite, mais qu'ils ont conduit d'autres à suivre son chemin. (Coleman 1972, 101)

Le but de nos assemblées n'est pas de rassembler une foule afin de lui donner des informations. Il ne doit pas être non plus de créer une expérience émotionnelle qui motivera les fidèles pendant quelques heures, et leur donnera envie de revenir. Le but n'est pas de prier pour les malades et de chasser les esprits mauvais. L'objectif de nos assemblées chrétiennes est de susciter et de former des laïcs, disciples de Jésus, et de les disperser dans le monde afin, qu'à leur tour, ils puissent susciter et former d'autres disciples de Jésus.

Si nous voulons voir une transformation dans nos assemblées chrétiennes, elle doit s'enraciner dans une nouvelle vision. Tout changement exige l'abandon des priorités et des valeurs existantes. Les fidèles doivent voir que la nouvelle vision est plus significative que la situation et la direction actuelle. Sans cette compréhension, ils ne voudront ni ne pourront pas faire les sacrifices nécessaires pour accomplir la nouvelle vision.

L'importance des petits groupes

Bill Hull croit que l'accompagnement dans le discipolat chrétien doit avoir lieu dans le contexte d'un petit groupe (Hull 2010, 219). Jim Putman et Bobby Harrington sont d'accord avec lui, mais eux insistent sur le fait que pour jouer ce rôle, le petit groupe doit se focaliser sur la Parole de Dieu et viser intentionnellement le discipolat :

> Nous ne préconisons pas des petits groupes visant seulement une meilleure connaissance et un partage les uns avec les autres. Nous définissons un petit groupe comme un rassemblement intentionnel, conduit par une personne qui est spirituellement mûre et qui comprend que son rôle est d'aider les participants à grandir en tant que disciples de Jésus. (Putman, Harrington et Coleman 2013, 135)

Selon ces auteurs « le groupe existe pour développer des relations avec d'autres qui favorisent le discipolat ». Randy Pope fait une distinction entre le type de petits groupes qui existent déjà dans quelques *ecclésias*, et ceux qui favorisent réellement le cheminement dans le discipolat. D'après lui, les premiers cherchent intentionnellement un *transfert* de connaissances, tandis que les seconds visent une *transformation* de vie. Dans le premier cas, c'est le *dirigeant* qui prépare le contenu du temps en petit groupe ; dans le second cas, ce sont tous les *participants* qui le préparent. Les petits groupes existants exigent *peu d'engagement* de la part des laïcs qui y participent, selon Pope, tandis que les petits groupes qui visent intentionnellement la formation de disciples de Jésus exigent d'eux un *grand investissement* personnel. Il observe également que ce sont normalement les *participants qui choisissent* leur petit groupe, alors que dans le modèle qu'il préconise, ce sont les *conducteurs* de l'*ecclésia* qui forment les groupes. Actuellement, les petits groupes comptent entre 8 et 25 membres. Dans le modèle qui vise le discipolat, il faudrait le réduire entre 4 à 10 personnes. Selon Pope, les petits groupes traditionnels se centrent sur l'enseignement, la prière, le partage, et le souci des uns des autres pour renforcer les *liens communautaires* de l'*ecclésia*. Les petits groupes du discipolat, eux, recherchent la transparence, la formation, la responsabilité personnelle, la mobilisation et l'ouverture aux autres dans le but de produire des *laïcs formés* et fidèles à leur vocation. Dans bon nombre de cas actuels, le petit groupe rassemble des laïcs croyants et non-croyants, des hommes et des femmes. Mais dans le petit groupe qui est plus propice à la formation de disciples, Pope suggère l'élimination de ce type de mixité. Dans les petits groupes traditionnels, le leader se voit comme un *enseignant*, tandis que dans le modèle mis en avant par Pope, le leader est un disciple de Jésus qui joue le rôle de *mentor* et de *coach*. Finalement, Pope affirme que les petits groupes actuels renforcent la *communion fraternelle*, alors que les groupes qu'il recommande cherchent à reconnaître, former et envoyer de *nouveaux leaders* (Pope 2013, 211).

Quelle devrait être votre attitude si vous êtes actuellement dans une *ecclésia* dans laquelle existent des petits groupes qui n'ont pas la prétention de former des disciples de Jésus ? Les dissoudre afin de les remplacer avec des groupes qui visent plus intentionnellement le discipolat ? Ce n'est probablement pas la meilleure solution. Pourquoi tuer un ami ? On pourrait également donner aux leaders des groupes existants une série d'études bibliques à faire sur la notion du discipolat. Même si, en soi, une telle démarche n'est pas mauvaise, elle semble moins efficace pour transformer l'ensemble d'une *ecclésia* qu'une troisième façon de procéder.

Je vous conseille de garder les petits groupes existants, en affirmant publiquement leur contribution à l'ensemble de l'œuvre de l'*ecclésia*. Puis, de façon discrète et non programmée, commencer un ou deux petits groupes nouveaux qui fonctionnent selon le modèle décrit ci-dessus. Bill Hull dit que ces nouveaux groupes pourront fonctionner comme des prototypes. C'est dans ce cadre que les membres apprendront les aptitudes essentielles à ce type de rassemblement qui vise le discipolat :

> Dans ce groupe, vous servirez de modèle dans plusieurs domaines : la façon d'animer une discussion biblique, comment conduire un temps de prière, comment discerner les besoins actuels des participants, et comment renforcer les liens communautaires. Les membres de ce groupe-pilote apprendront aussi dans la mesure où, à tour de rôle, ils animent les réunions. [...] En tant que groupe, vous demanderez des comptes et vous

serez redevables pour les projets, et vous vous épaulerez dans les épreuves. (Hull 2006, 230)

Votre rôle dans un tel petit groupe sera d'aider les participants à chercher activement et intentionnellement à ressembler davantage à Jésus-Christ. Vous aiderez ceux qui sont plus mûrs dans la foi à accompagner les plus jeunes en Christ ou ceux qui connaissent des difficultés dans leur relation avec Dieu. Vous chercherez à discerner là où se trouve chaque membre du groupe dans sa vie avec Christ, et dans quel domaine il doit progresser. En même temps, vous serez attentif aux signes qui indiquent que Dieu est en train de faire émerger l'un ou l'autre membre qui pourrait devenir votre apprenti, et à son tour un leader.

Les membres de ce petit groupe doivent vous autoriser à parler avec eux de ce que vous voyez dans leur vie. C'est une chose qu'ils devraient chercher activement, du fait qu'ils possèdent une vision biblique de la croissance et de la maturité. En effet, ceux qui sont spirituellement mûrs désirent que les autres les aident à voir ce qui doit changer dans leur vie afin que celle-ci ressemble davantage à celle du Christ. C'est un élément-clé de la vision que vous voulez établir dans l'ecclésia. Les fidèles doivent comprendre que quand quelqu'un partage une parole honnête d'encouragement ou de remise en question, il s'agit là d'un acte courageux d'amour fraternel. Au lieu d'en être offensé, le chrétien adulte réagira avec humilité et reconnaissance. Les membres de l'*ecclésia* doivent comprendre qu'un petit groupe est plus qu'un club ; c'est un groupe qui se réunit avec un but précis – grandir de plus en plus à l'image du Christ (Putman, Harrington et Coleman 2013, 148).

L'accompagnement personnel

En ce qui me concerne, je préfère commencer par l'accompagnement personnel d'une ou deux personnes en dehors des groupes ou activités ecclésiales. L'idéal, c'est d'accompagner tout d'abord les gens sur le chemin de la conversion au Christ. L'accompagnement personnel dans le discipolat se greffe naturellement sur cette expérience. Et je préfère attendre un peu avant d'introduire ce nouveau converti dans un petit groupe. Je veux que l'accompagnement personnel qu'il reçoit devienne l'expérience fondamentale qui influencera sa façon de vivre toutes les autres dimensions de sa vie comme disciple de Jésus. En fait, je vous conseille d'accompagner vos nouveaux convertis personnellement et régulièrement, en tête à tête, pendant deux ou trois mois avant de les regrouper dans un petit groupe. De cette façon ces laïcs apprendront comment accompagner d'autres là où un groupe n'existe pas, et l'action d'accompagner les autres dans le discipolat sera gravée dans leur ADN spirituel.

Mes expériences m'ont convaincu de ceci. Si « vos convertis » entrent trop vite dans un petit groupe, (même dans un petit groupe qui vise le discipolat), cela tend à ralentir le processus de multiplication des disciples. Car, une fois confortablement installés dans un groupe, la majorité d'entre eux a la plus grande difficulté à se mobiliser dans une démarche d'investissement personnel dans la vie de quelqu'un d'autre.

Si vous êtes un des responsables d'une communauté de foi, vous pouvez aussi introduire ce modèle d'accompagnement personnel dans l'*ecclésia* en suivant l'un ou l'autre de vos leaders/anciens :

— En priant pour lui chaque jour par son nom.

— En lui offrant une écoute attentive, un soutien et un accompagnement à la vie spirituelle et émotionnelle.

— En vous retrouvant régulièrement avec lui, seul à seul, en tête à tête pour un accompagnement personnel et adapté à ses besoins.

— En lui donnant des choses à faire (étude biblique, mémorisation, tâche concrète, livre à lire) pour l'aider à avancer dans les domaines de sa vie où il a besoin de grandir.

— En le conseillant dans l'accompagnement de son premier disciple de Jésus.

Si vous vous retrouvez régulièrement en petit groupe, avec les anciens et autres conducteurs de l'*ecclésia*, vous pouvez profiter de ces occasions pour leur transmettre la vision du discipolat. Il s'agit aussi d'un moment au cours duquel vous pouvez partager les « hauts et les bas » de vos expériences dans l'accompagnement personnel.

J'ai déjà parlé dans ce livre de l'importance de rendre régulièrement compte aux autres de ce que nous vivons. L'absence de ce type de rapport entre les croyants est une des faiblesses les plus criantes de l'*ecclésia* contemporaine. Et puisque ces relations ne naissent pas spontanément, il faut entrer intentionnellement dans ce genre d'accompagnement. Reconnaissons également qu'il y a parmi nous des personnes qui ne veulent pas accorder aux autres un « droit de regard » sur toutes les facettes de leur vie. Une des raisons pour cette réticence est le fait que nous avons du mal à comprendre le but recherché par ce type d'accompagnement. Il ne s'agit pas uniquement d'éviter aux autres de tomber dans de graves péchés. Il est utile aussi pour les aider à respecter leurs engagements envers Dieu. Il les aide à vivre leur vocation en tant que laïcs mis à part pour l'œuvre de Dieu dans notre monde. Chacun des membres de l'assemblée chrétienne est censé vivre de façon à soutenir les autres dans ce but. Les paroles magnifiques de Paul aux « saints » de Thessalonique me viennent à l'esprit : « Nous vous y invitons, frères et sœurs : avertissez ceux qui vivent dans le désordre, réconfortez ceux qui sont abattus, soutenez les faibles, faites preuve de patience envers tous » (1 Th 5.14).

Rappelez-vous ce que nous avons vu au début de ce chapitre. Les conducteurs de la communauté chrétienne existent parce que les laïcs ont été mis à part pour l'œuvre de Dieu dans notre monde. Vous devez aider vos anciens et autres leaders de l'*ecclésia* à refaire avec quelques laïcs le même type d'accompagnement que vous faites avec eux. S'ils ne veulent pas accompagner des laïcs dans le discipolat, j'ai du mal à comprendre comment ils peuvent justifier leur titre d'ancien.

Tout « saint » né de l'Esprit de Dieu est mis à part pour l'œuvre de Dieu. Mais sans la multiplication des laïcs formés, motivés, et libérés, la décentralisation du ministère n'aura pas lieu.

Pour commencer ce processus dans une *ecclésia*-institution, je vous suggère de faire la démarche simple proposée par le philosophe évangélique, Dallas Willard :

> Je vous recommande de ne pas annoncer que vous allez changer quoi que ce soit. Commencez simplement par faire les choses différemment, y compris bien sûr, par apprendre aux gens à faire ce que Jésus a enseigné. Commencez par un enseignement sur ce qu'est le discipolat, en posant son fondement théologique et biblique. Poursuivez en cherchant à susciter des relations qui forment des disciples dans toutes les activités et tous les programmes de l'Église. Enseignez en profondeur les éléments essentiels des doctrines du Nouveau Testament : l'existence et la nature de Dieu, son Royaume, la personne de Jésus dans ce schéma, le discipolat en tant que façon de vivre, et comment devenir quelqu'un qui, grâce à une transformation de ses pensées, de sa volonté, de son corps, de son âme, et de ses relations sociales, fera ce que Jésus attend de lui. Voici la méthode

qui, à travers tous les âges, a permis la croissance de l'Église : des chrétiens de plus en plus matures. Et c'est précisément cela que Jésus nous a dit de faire. (Willard 2009)

Questions de réflexion

1. En quoi l'étude du début du chapitre a-t-elle brusqué ou conforté votre compréhension du rôle des laïcs et de leur relation avec le clergé ?

2. D'après votre expérience, quelles sont les mentalités et les pratiques qui empêchent les fidèles laïcs d'assumer pleinement leur vocation ?

3. Comment décririez-vous la vision actuelle qui domine l'*ecclésia* que vous fréquentez ? En quoi contredit-elle la vision qui consiste à faire des laïcs des disciples de Jésus qui reproduiront cette relation au Christ dans la vie de quelqu'un d'autre ?

12

Le disciple de Jésus et l'unité

> Jean prit la parole : « Maître, dit-il, nous avons vu un homme qui chassait les esprits mauvais en usant de ton nom et nous avons voulu l'en empêcher, parce qu'il n'appartient pas à notre groupe ». Mais Jésus lui répondit : « Ne l'en empêchez pas, car celui qui n'est pas contre vous est pour vous » (Lc 9.49-50, Bible en français courant).

Comme c'est le cas pour beaucoup d'entre nous, l'apôtre Jean aimait se démarquer des autres. Dans son optique, il y avait ceux qui, comme lui-même, se trouvaient clairement du côté de Jésus, et d'autres qu'il voyait comme étant différents de lui. Dans cet incident, Jean rencontre un homme qui faisait des exorcismes. Il chassait les esprits mauvais en faisant appel au nom de Jésus. Mais Jean ne le connaissait pas !

Il y avait beaucoup d'exorcistes à l'époque. Ces exorcistes faisaient appel à toutes sorte de noms : de celui de Belzébul jusqu'à celui de Salomon. Mais Jean a rencontré un homme qui utilisait le nom de Jésus. Cet exorciste faisait appel à un nom qui avait beaucoup d'importance pour Jean. Ce dernier avait passé des années avec Jésus, et il ne connaissait pas cet homme. Par quelle autorité cet homme utilisait-il le nom de Jésus, car, de toute évidence, il n'était pas l'un des disciples ? Jean pensait qu'il devait l'empêcher d'agir ainsi. Il a sûrement dû dire à cet inconnu qu'il n'avait pas le droit d'employer le nom de Jésus.

« Maître, dit-il, nous avons vu un homme qui chassait les esprits mauvais en usant de ton nom et nous avons voulu l'en empêcher... » Pourquoi Jean a-t-il voulu empêcher l'inconnu de chasser les démons au nom de Jésus ? Il l'a fait parce que cet homme « n'appartenait pas au groupe de ceux qui suivaient le Maître » : à « notre groupe » dit Jean. C'est exactement cela ! Si tu ne suis pas Jésus « avec nous » tu n'as aucune raison de faire appel au nom de Jésus.

Mais Jésus n'est pas d'accord avec Jean. « Ne l'empêchez pas » ! Tel est l'ordre donné par Jésus. Laissez-le tranquille ! Vous n'avez apparemment pas compris que celui qui n'est pas contre vous est pour vous. Cet homme n'est pas contre vous, et il n'est pas avec vous, mais il est pour vous.

Nous avons toujours du mal à reconnaître la légitimité des autres. Nous imaginons difficilement comment quelqu'un qui n'est pas avec nous peut être pour nous. Et cela crée des divisions scandaleuses entre les disciples de Jésus qui appartiennent à des traditions ecclésiales différentes. Il y a plus de trente ans Paul Billheimer écrivait :

> Le problème le plus important, le plus grand, le plus crucial – et en même temps le plus ignoré, et le plus négligé auquel l'Église est confrontée depuis sa naissance jusqu'à nos jours – est le problème de son manque d'unité. La fragmentation continue et répandue de l'Église a été le scandale de toutes les époques. La division des chrétiens est la principale stratégie de Satan. Le péché de la désunion entre les chrétiens a probablement provoqué la perte d'un plus grand nombre d'âmes que tous les autres péchés réunis. Il est possible que la discorde et la séparation, plus que toute autre chose, lient les mains de l'Esprit Saint et l'empêchent d'accomplir son œuvre qui consiste à confondre le monde en matière de péché, de justice, et de jugement (cf. Jean 16.8). (Billheimer 1981, 7)

Je pense, par exemple, à l'expérience de ma mère qui a grandi dans une petite ville au nord de l'État du Minnesota, aux États-Unis. Les catholiques et les protestants dans cette ville s'évitaient mutuellement. Ils se promenaient sur les trottoirs opposés de la rue, faisaient leurs courses dans des magasins différents, étudiaient dans des écoles qui leur étaient réservées, votaient pour des candidats politiques différents, et évitaient de se trouver ensemble dans les rassemblements publics. Les rapports entre les membres de ces deux familles chrétiennes qui se trouvaient dans cette communauté rurale étaient caractérisés par la méfiance, l'animosité, et de temps en temps de l'hostilité ouverte.

Et ce type d'hostilité ne date pas d'aujourd'hui. Des querelles entre personnes, des querelles pour des questions de connaissance et de doctrine, de sympathie et d'antipathie, d'amertume, de jalousie et de recherche d'honneur – tout cela a fait son travail destructeur dès les débuts de la première assemblée chrétienne. Et depuis des siècles, au lieu de combattre et de prier pour rétablir et maintenir l'unité, tout le monde s'est presque habitué progressivement à toutes ces divisions. C'est devenu une structure permanente. Il y a parfois des réunions qui regroupent des fidèles venant d'horizons différents, mais une fois qu'elles sont terminées, tout le monde regagne sa propre assemblée.

La plupart des chrétiens ont pris leur parti de cet état de fait. On ne croit tout simplement plus qu'on peut en finir avec tous les désaccords, les divisions et les scissions entre les vrais disciples ici sur la terre. La cause de tout désaccord est en fait le péché sous toutes ses formes. Depuis la sympathie et l'antipathie jusqu'à la jalousie, l'orgueil et l'intolérance (Staal 2014).

Dans ce dernier chapitre, je suggère l'idée qu'une appréciation nouvelle de la notion biblique du discipolat, peut nous aider à transcender quelques-unes des questions qui ont provoqué de si nombreuses divisions dans le passé. Mon argument est le suivant : notre mission commune exige que nous prenions au sérieux la prière de Jésus pour l'unité de ceux qui le suivent :

> Père [. . .] Ce n'est pas seulement pour [les hommes que tu m'as donnés du milieu du monde] que je te prie ; c'est aussi pour ceux qui croiront en moi grâce à leur témoignage. Je te demande qu'ils soient tous un. Comme toi, Père, tu es en moi et comme moi je suis en toi, qu'ils soient un en nous pour que le monde croie que c'est toi qui m'as envoyé (Jn 17.20-21, Bible du Semeur).

Quelle est la mission que nous avons en commun ?

Tout au long de notre parcours, j'ai insisté sur le fait que Jésus nous a appelés à une seule tâche. Dans Matthieu 4.19, Jésus dit à Pierre et à son frère André : « Suivez-moi et je ferai de vous des pêcheurs d'hommes. » Nous sommes appelés à suivre Jésus, et à accompagner d'autres personnes dans leur cheminement à sa suite. Nous appelons cela le discipolat. Jésus confirme cet appel dans Matthieu 28.19 : « Allez [donc], faites de toutes les nations des disciples. » C'est là l'appel que Jésus lance à tous ceux qui s'attachent à lui – faire des disciples qui peuvent faire des disciples. Le Dr Howard Hendricks résume ce fait lorsqu'il affirme : « Faites des disciples ! C'est le mandat du Maître. Nous pouvons faire semblant d'ignorer cette exigence, mais en fin de compte nous ne pouvons pas l'éviter » (Henrichsen 1974, 5).

Qui que nous soyons : protestants évangéliques, catholiques, orthodoxes, presbytériens, méthodistes, luthériens, pentecôtistes, apostoliques, mennonites, ou d'une autre tradition qui se réclame du Christ, nous sommes appelés à faire des disciples de Jésus. Voilà notre mission commune. Nous sommes appelés à faire des disciples de Jésus !

Maintenant, nous nous trouvons devant une question importante. Si l'on fait des disciples de Jésus surtout dans une relation d'accompagnement personnel dans laquelle les partenaires rendent mutuellement compte de leur vie, et cherchent intentionnellement à s'aider mutuellement à ressembler davantage au Christ, pouvons-nous légitimement supposer qu'il y a des membres de nos communautés de foi qui ne sont pas réellement des disciples de Jésus ? Le fait que quelqu'un soit membre de l'une ou l'autre de ces traditions de foi, garantit-il qu'il se soumet volontairement chaque jour à l'autorité et à la seigneurie de Jésus ? Le fait qu'une personne fréquente régulièrement les réunions de sa tradition religieuse indique-t-il qu'elle cherche activement à renouveler son intelligence afin de se conformer au modèle et à l'enseignement du Christ ? Bref, quelqu'un peut-il être baptiste, ou évangélique, ou catholique, ou méthodiste, ou pentecôtiste, ou presbytérien, ou orthodoxe, etc. sans jamais devenir un disciple de Jésus ? La réponse à cette question est clairement, « Oui ». Il semble n'y avoir aucune assemblée chrétienne qui soit formée uniquement de véritables disciples de Jésus-Christ.

En même temps, s'il est vrai que tous les fidèles d'une assemblée ne sont pas de réels disciples de Jésus-Christ, il semble qu'il y ait quelques disciples à l'intérieur de chacune de ces communautés de foi. Vous pouvez être un disciple de Jésus tout en étant protestant évangélique, ou pentecôtiste, ou catholique, ou presbytérien, ou luthérien, etc. Le discipolat n'est pas une question d'affiliation ecclésiale. L'appartenance à une tradition chrétienne spécifique ne fait pas de la personne, automatiquement un disciple de Jésus-Christ. Elle ne l'en exclut pas non plus !

Ce n'est donc pas la tradition chrétienne à laquelle la personne s'identifie qui est d'importance primordiale, mais le discipolat. Jésus nous appelle à nous attacher à lui-même et à son enseignement. Les multiples traditions chrétiennes offrent des ressources précieuses qui encouragent et soutiennent cette relation, mais elles ne peuvent pas la remplacer (Bjork et March 2006). De même, notre mission consiste à promouvoir Jésus-Christ, et non notre tradition de foi. C'est la Bonne Nouvelle que nous sommes appelés à partager avec notre monde. C'est ce que l'apôtre Paul dit en 1 Corinthiens

2.2, « J'avais décidé de ne connaître parmi vous rien d'autre que Jésus-Christ, et Jésus-Christ crucifié. » Jésus-Christ est le message que nous avons à annoncer à toute la création. Il est l'Évangile, le cœur du message et de l'expérience chrétiens.

Nous tombons parfois dans le piège qui consiste à croire que notre tradition « possède » Jésus ; que ceux qui appartiennent à une autre tradition ne peuvent pas le suivre comme nous le faisons. Il s'agit d'une erreur très répandue. Par exemple, les protestants évangéliques pensent souvent que chacun doit mettre sa confiance en Jésus et commencer à le suivre de la même façon. Puisque beaucoup de catholiques, de presbytériens, de luthériens, etc. ne suivent pas ce modèle, les évangéliques ont du mal à comprendre comment les membres de ces communautés de foi peuvent jouir de la même relation avec Jésus qu'ils pensent connaître[1].

J'aimerais dire ici que ce qui importe, ce n'est pas la façon dont quelqu'un commence à suivre Jésus, ni même la tradition chrétienne à laquelle il s'identifie, mais le fait qu'il continue d'avancer par la foi et la soumission à Jésus-Christ. Il est le même Seigneur de tous, et pourtant il n'existe pas deux vies qui soient exactement pareilles. Et Dieu ne veut pas qu'elles le soient. Ce qu'il désire avant tout c'est que chacun de nous reste en contact avec Jésus à notre façon, en tenant compte de notre personnalité et de notre histoire particulières, avec notre héritage et nos expériences chrétiennes distinctes. Ce qui compte, c'est l'attachement conscient, intentionnel, et continu à Jésus. C'est là notre appel commun. Il constitue notre mission commune.

---

1. Scott McKnight affirme qu'il y a trois orientations fondamentales en ce qui concerne la conversion : la socialisation, les actes liturgiques, et le choix personnel. Autrement dit, McKnight reconnaît que bon nombre de gens « deviennent chrétiens » en grandissant dans un milieu marqué par la foi, et qu'ils éduquent de la même façon leurs propres enfants dans cette foi. Ces personnes, il les appelle des « convertis socialisés ». Les convertis « liturgiques » sont ceux qui sont « devenus chrétiens » par les rites accomplis par la communauté de foi en leur faveur (catéchisme, baptême, confirmation, etc.). Et la troisième orientation souligne l'importance d'une foi personnelle de la part du converti. Quelques-uns appellent cela le christianisme des « nés de nouveau ». Chacune de ces orientations à la conversion « est alignée sur un segment important de l'Église, écrit McKnight, et semble être allergique aux autres » (2002, 1).

Témoignage personnel[2]

J'ai commencé à apprécier cette vérité en 1981. Deux années plus tôt, ma femme et moi, avec notre fille de quatre ans et notre fils de deux ans, nous nous étions installés en Normandie afin de commencer un ministère consistant à amener des Français, hommes et femmes, à une adhésion personnelle au Christ et à les regrouper afin de donner naissance à une Église évangélique. Nous savions que la plupart des Français étaient catholiques, mais nous avions la certitude qu'ils avaient toujours besoin qu'on leur apporte le message du Christ. Malgré la présence des bâtiments d'Églises catholiques dans chaque ville et village de France, nous savions que beaucoup de Français n'avaient pas expérimenté une conversion personnelle au Christ, ne pratiquaient plus, qu'ils étaient déchristianisés, et résistants à l'Église catholique.

Après avoir emménagé dans un appartement d'une ville d'environ 100 000 habitants, j'avais démarré un petit groupe de discussion autour de l'Évangile avec quelques étudiants de l'université locale. C'était un groupe intéressant constitué de jeunes hommes. Si vous leur aviez posé des questions sur leur identité et leurs croyances, ils auraient probablement répondu quelque chose comme ceci : « Je suis français. Je suis catholique. Je crois à la réincarnation. Je suis athée. Je suis scientifique. Je vais parfois voir un guérisseur quand je suis malade. Je suis rationaliste ».

Comme vous pouvez l'imaginer, nous avions des discussions très vives sur la vie et l'enseignement de Jésus de Nazareth. Seuls un ou deux de ces étudiants avaient déjà ouvert une Bible. Un seul parmi eux pratiquait régulièrement dans sa paroisse catholique. Aucun d'eux n'avait auparavant étudié le récit évangélique dans ce genre d'environnement.

Pendant plusieurs mois, à raison d'une rencontre par semaine, nous avons parcouru lentement l'Évangile. Chaque semaine, c'était passionnant de voir la façon dont ces jeunes hommes réagissaient devant l'exemple, l'enseignement et les exigences de Jésus. Un soir, après notre étude, Marc et Henri m'ont demandé de les accompagner à l'Église catholique le dimanche suivant.

Je me suis alors trouvé face à un dilemme. Ces étudiants universitaires commençaient à prendre au sérieux la personne et l'enseignement de Jésus-

---

2. Ce témoigne a aussi été partagé dans les deux précédents livres de l'auteur: David E. BJORK *Unfamiliar Paths: the Challenge of Recognizing the Work of Christ in Strange Clothing*, Pasadena, William Carey Library, 1997, p. 14-20; David E. Bjork and Stephen J. MARCH, *As Pilgrims Progress: Learning How Christians Can Walk Hand in Hand When They Don't See Eye to Eye*, San Diego, Aventine Press, 2006, p. 17-21.

Christ. Leurs nouvelles découvertes avaient apparemment provoqué en eux l'étincelle d'un désir d'adoration. Par conséquent, pour la première fois depuis leur enfance, ils voulaient retourner à l'église. Mais le problème était que je n'avais pas encore fondé d'église, but pour lequel j'avais été envoyé en France. De plus, Marc et Henri ne voulaient pas simplement aller à l'église, ils voulaient aller dans leur église. Ces hommes avaient fidèlement assisté à mon étude et voilà que maintenant ils cherchaient mon conseil dans leurs premiers pas vers l'église à laquelle ils appartenaient par le baptême. Avec beaucoup d'hésitations, à contrecoeur, (peut-être même avec la peur au ventre), j'ai fini par céder à leur demande.

Je n'oublierai jamais les émotions mélangées que j'ai ressenties quand je suis entré dans l'église Saint-Pierre pour la première fois. Même si j'avais déjà visité plusieurs cathédrales et bâtiments d'église en France, je n'avais encore jamais assisté à la messe et ne savais vraiment pas à quoi m'attendre. La première chose qui m'a frappé, c'était le nombre important de personnes présentes à la messe. Il y avait dans cette église entre 600 et 650 pratiquants. C'était en contradiction avec tout ce que j'avais toujours entendu. J'imaginais les Églises catholiques de notre région pratiquement vides. En fait, j'ai découvert un peu plus tard que trois années auparavant, seules quelques dizaines de personnes assistaient régulièrement à la messe dans cette même paroisse. Et voilà qu'ici, à mon grand étonnement, beaucoup de monde assistait à la célébration dominicale.

Je me sentais aussi très mal à l'aise dans cet environnement liturgique. C'était un milieu qui m'était totalement étranger. J'ignorais quand je devais m'asseoir ou me mettre debout (j'avais l'impression que les catholiques étaient continuellement en train de bouger) ou encore quand je devais parler ou être silencieux. J'éprouvais de la difficulté à suivre le déroulement de la célébration dans le livre de messe. La musique des chants m'était totalement inconnue, et je ne pouvais même pas réciter le « Notre Père » avec les fidèles (ce n'était pas quelque chose que j'avais appris en français). Je me sentais complètement dépaysé.

En comparaison avec l'expérience dévastatrice qui a eu lieu dans mon cœur au milieu de la messe, ce sentiment de dépaysement, bien que très fort, était insignifiant. Ce qui s'est produit m'a frappé avec tant de force que j'ai commencé à trembler de tous mes membres. Nous étions en train de prier quand soudain, de façon inattendue, j'ai commencé à sentir la présence de l'Esprit Saint de Dieu. Je me suis dit alors que ce que je ressentais ne pouvait être vrai ! Dieu n'était pas censé être là ! Tout ce que m'avait enseigné ma tradition religieuse, et tout ce que j'avais appris à d'autres personnes, excluait la présence de Dieu à la messe catholique ! Mes convictions théologiques excluaient la présence de l'Esprit Saint de Dieu à la messe catholique.

Ce matin-là, après la messe, j'ai dit à ma femme : « Je n'assisterai plus jamais à une messe ! Je n'aime pas du tout ce que j'ai ressenti pendant la messe ! »

Quelques semaines plus tard un autre membre de notre groupe de discussion biblique « m'a pris par la main » afin que je l'accompagne à la messe à Saint Pierre. Une fois encore, j'ai été accablé pendant la messe par cette sensation de la présence de Dieu. J'imagine que ce que je ressentais était quelque peu semblable aux réactions de l'apôtre Pierre quand l'Esprit Saint est tombé sur Corneille et sa maison avant qu'il ait pu terminer son sermon (Ac 10.44). Pierre avait sûrement dû se demander comment Dieu pouvait donner son Esprit aussi rapidement à ce Romain, ce soldat. Pierre n'avait pas eu le temps nécessaire pour « corriger » ce qu'il pouvait y avoir de « peu orthodoxe » dans les croyances de ce païen. Les Saintes Écritures n'indiquent même pas si Corneille a eu le temps de « se repentir » et de « se convertir ». Tout comme pour Pierre dans sa relation avec Corneille, Dieu était arrivé à l'improviste pour me surprendre par sa grâce manifestée envers un « étranger ».

À ce stade, je me dois de vous rappeler que je suis d'origine protestante évangélique conservatrice. Ma tradition religieuse m'avait appris à ne faire confiance ni aux impressions, ni à ce que je ressentais. Ainsi, quand un conflit est né entre ce que je « ressentais » et ce que je « savais être vrai », j'ai automatiquement préféré le discernement de mon esprit. En même temps, j'étais profondément troublé. À la fin de ma deuxième expérience à la messe, je me suis senti poussé à demander un rendez-vous avec le prêtre de la paroisse pour voir si je ne pouvais pas tirer au clair quelques-unes de mes questions.

C'est ainsi que, l'après-midi suivant, j'ai rencontré le père Norbert dans son bureau. Pendant les trois ou quatre heures que nous avons passées ensemble, j'ai partagé avec lui l'histoire que vous venez d'entendre. Il m'a écouté avec bienveillance, et par la suite, il a partagé son propre témoignage avec moi. Après lui avoir posé quelques questions spécifiques sur les doctrines au sujet desquelles nos traditions de foi chrétienne divergent, nous avons passé quelques minutes dans la prière.

Cet entretien avec le père Norbert n'a servi qu'à accroître ma confusion. J'ai continué à sentir que j'étais en présence d'un homme en qui demeurait l'Esprit du Dieu vivant. En écoutant son témoignage je pouvais identifier des moments spécifiques de conversion dans sa vie, et son dévouement à notre Seigneur Jésus-Christ m'est apparu dans toute sa profondeur. En même temps, je dois dire qu'il adhérait à des croyances que je ne pouvais accepter. Comment cela était-il possible ? Ma compréhension était-elle la bonne ? De temps en temps j'avais le sentiment que nos avis convergeaient, tandis qu'à d'autres moments je constatais que nous étions issus de deux mondes complètement différents.

Dans le but de trouver une solution à cette énigme, j'ai demandé au père Norbert si nous pouvions nous retrouver une fois par semaine afin de prier ensemble. C'est ainsi que nous nous sommes retrouvés et avons prié ensemble presque chaque mercredi matin pendant trois ans et demi ! Parfois nous priions pendant 15 ou 20 minutes ; quelquefois ce temps de partage et de prière prenait toute la matinée.

Il est triste que je doive admettre qu'il m'a fallu trois ans et demi pour me laisser défaire par Dieu de mes préjugés religieux. Le premier obstacle a été de reconnaître le père Norbert comme mon frère en Christ. Cet obstacle a été surmonté plutôt rapidement. En faisant plus amplement connaissance avec le père Norbert, j'étais témoin de la vitalité de sa foi et de la consistance de sa soumission totale à l'Esprit et aux Saintes Écritures. Ces matinées passées ensemble m'ont convaincu qu'il avait une relation personnelle avec le Sauveur. Elles ont été aussi pour moi l'occasion d'approfondir mon propre cheminement à la suite du Christ. Mais j'étais toujours troublé par la question de savoir si, tout en restant dans son église, le père Norbert pouvait être considéré comme un disciple obéissant du Christ. Les paroles de Paul Billheimer m'ont aidé à comprendre qu'il s'agit là en réalité d'une question entre le père Norbert et Christ, et non entre le père Norbert et moi :

> Si vous êtes né de nouveau (Jn 3.3) vous êtes un membre du Corps de Christ et un fils de mon Père céleste. En tant que membre de la même famille, vous êtes mon frère, que vous le sachiez ou non. Pour ma part, ceci est vrai, que vous soyez charismatique ou anti charismatique ; que vous croyiez que tout le monde devrait parler diverses langues ou que vous estimiez que parler diverses langues est une doctrine du diable ; que vous croyiez que les dons spirituels sont d'actualité dans l'Église aujourd'hui, ou qu'au contraire vous croyiez qu'ils ont cessé à la fin de l'ère apostolique ; que vous soyez Arminien et croyiez que le Saint Esprit régénère le cœur du pécheur après que celui-ci ait

répondu librement par la foi, ou que vous pensiez que la foi est la conséquence de la nouvelle naissance et non l'inverse ; que vous n'acceptiez que la Bible Louis Segond, ou que vous préfériez une version plus moderne ; que vous croyiez à la régénération baptismale, ou que vous ne croyiez dans aucune ordonnance ; que vous pratiquiez l'immersion, l'aspersion, le baptême des enfants ou seulement celui des adultes ; que vous pratiquiez le lavage des pieds, ou non ; que vous soyez méthodiste, baptiste, presbytérien, de l'Église de Christ, mennonite, amish, adventiste, épiscopalien, catholique, ou que vous n'apparteniez à aucune dénomination chrétienne; que vous croyiez dans l'ordination des femmes, ou uniquement dans l'ordination des hommes ; que vous croyiez que le samedi est le véritable sabbat et doit être considéré comme sacré, ou que pour vous les jours de la semaine sont indifférents ; que vous mangiez de la viande, ou que vous soyez végétarien ; que vous buviez du café, du thé et des sodas, ou seulement de l'eau, des jus de fruits, et du lait ; que vous portiez une perruque, ou que vous gardiez votre crâne dégarni ; que vous vous teigniez les cheveux, ou non ; quel que soit votre sensibilité politique ; que la couleur de votre peau soit blanche, noire, rouge, marron ou jaune ; et s'il y a d'autres questions sur lesquelles nous pourrions ne pas être d'accord. Si vous êtes né de nouveau, nous sommes membres de la même famille et faisons partie du même corps spirituel. Je peux penser que quelques-unes de vos croyances sont complètement farfelues, mais si j'aime Dieu comme Il me le demande, je ne vous rejetterai pas (Billheimer 1981, 114).

Au fur et à mesure que s'approfondissait ma relation avec le père Norbert, grandissait en moi la certitude que je pouvais rencontrer de vrais disciples de Jésus-Christ là où je ne m'y attendais pas. Se pourrait-il que Jésus-Christ ait fait allusion à cette réalité lorsqu'il a dit à ses disciples : « J'ai encore d'autres brebis, qui ne sont pas de cet enclos ; celles-là aussi, il faut que je les amène ; elles écouteront ma voix et il y aura un seul troupeau, un seul berger » (Jn 10.16).

J'ai dû apprendre, à travers un long processus, parfois pénible, et souvent complexe, que je ne pouvais baser ma relation avec le père Norbert ni sur des compréhensions théologiques communes, ni sur des pratiques liturgiques similaires, ni sur une lecture identique des textes bibliques, ni sur une vision semblable de l'instrumentalité de l'*ecclésia*-institution dans la vie du croyant. Ce cheminement posait de manière incontournable un certain nombre de questions : Quelle valeur devrais-je accorder à la foi et au témoignage chrétien du catholicisme ? Puisque le père Norbert, et sans doute d'autres, sont entrés dans une relation personnelle, intime, et salvifique avec le Christ au sein de cette église, est-ce que je peux la traiter de déficiente ou d'infidèle à l'Évangile[3] ? Quelles relations devrais-je entretenir avec ces frères et sœurs, issus d'une autre tradition chrétienne que la mienne, et avec leur église ? Étant donné le fait que dans un souci de sauvegarder l'orthodoxie et l'orthopraxie biblique de la foi, la majorité des protestants évangéliques n'entretiennent pas de rapports avec les catholiques, et qu'ils se méfient des démarches œcuméniques, entrer dans une relation de découverte et de dialogue avec les catholiques et le catholicisme en vaut-il la chandelle ? Une telle démarche ne risquerait-elle pas d'être mal perçue par les membres de ma propre église ? Et, puisque je milite pour les conversions et en faveur des adhésions personnelles au Christ, même parmi ceux qui ont déjà reçu le baptême, ma démarche ne risquerait-elle pas d'être comprise par les catholiques comme une tentative d'infiltration dans une communauté paroissiale ou un mouvement de l'église afin d'y attirer des adeptes ? De plus, je savais que je ne changerais ni mon église d'appartenance et plus largement la mouvance protestante évangélique, ni l'Église catholique dans ses prétentions à être seule fidèle à l'Église fondée par les apôtres de Jésus-Christ. Alors, pourquoi entrer dans une relation de dialogue et de découverte avec les catholiques et leur église si la majorité de mes coreligionnaires agissent autrement ?

Quelques principes tirés de ce témoignage

Dans le cadre de ce chapitre, je ne peux pas vous expliquer comment ma femme Diane et moi avons répondu à toutes ces questions. Permettez-moi de vous dire simplement que nous avons été amenés à vivre notre foi, et

---

3. Je dois faire remarquer qu'encore aujourd'hui, la conviction demeure pour beaucoup de catholiques que le catholicisme est le christianisme et que l'Église catholique est l'Église. Les groupes soi-disant chrétiens qui en sont séparés ne peuvent être que des « sectes ». L'œcuménisme aidant, les Églises luthériennes et réformées ne sont plus considérées comme telles aussi facilement qu'autrefois. Mais les protestants évangéliques continuent trop souvent à porter ce handicap. Voir « l'Église et les sectes » par Mgr Jean VERNETTE dans *l'Église Catholique en France 1997*, édité par la Conférence des Évêques de France, Paris, Cerf, où sont exprimées des inquiétudes « à propos de groupes à sensibilité évangélique », 1999, p. 321.

notre témoignage pour Christ, en nous associant aux catholiques, tout en affichant clairement notre identité et nos convictions en tant que protestants évangéliques. Nous avons été conduits à agir comme des protestants évangéliques, disciples de Jésus-Christ, qui vivent leur foi au sein d'une communauté catholique, et nous avons choisi de nous mettre délibérément à son service. Cette décision est fondée sur la conviction que l'évangélisation du monde dépend en quelque sorte de l'unité visible des disciples de Jésus-Christ (cf. Jn 17.20-21), et sur le choix du Christ qui, depuis toujours possédait la condition divine, mais qui a de lui-même renoncé à tout ce qu'il avait, afin de prendre la condition de serviteur pour nous apporter le salut (cf. Ph 2.5-8). Cela veut dire concrètement que nous avons continué à évangéliser nos voisins et amis, mais que nous n'avons jamais fondé une Église protestante évangélique. Au lieu de cela, nous avons accompagné nos convertis dans un cheminement de discipolat et de réinsertion dans leur église d'origine, l'Église catholique. Pendant une trentaine d'années nous avons aidé des « catholiques athées, éloignés de leur église » à devenir des « catholiques disciples du Christ qui redécouvrent leur église », et d'autres « bons catholiques » à approfondir leur obéissance au Christ et à accompagner d'autres sur la voie du discipolat.

L'espace ne me permet pas, non plus, de vous exposer toutes les péripéties d'une telle démarche missionnaire. Il me reste juste assez de place pour tirer quelques leçons de notre cheminement et vous proposer une dernière réflexion théologique qui légitime ce type de rapports synergétiques entre chrétiens appartenant à des traditions différentes.

À partir de ce témoignage, j'aimerais rapidement faire trois observations :

1. Premièrement, je constate notre tendance humaine à rejeter toute autre expérience chrétienne que la nôtre. Nous la considérons comme unique dans sa fidélité à la Parole de Dieu. C'était mon cas au début de ce cheminement. À cette époque, je considérais seulement les croyants et les églises qui reflétaient mes sensibilités religieuses et les exprimaient de la même façon que dans ma tradition. Je considérais que ceux-là seuls étaient vraiment fidèles à la révélation divine. C'était largement par ignorance. Je n'avais, à cette époque, qu'une lecture du catholicisme basée sur des siècles d'accusations d'infidélité, et d'excommunications réciproques. Je n'avais aucune expérience du catholicisme, aucune relation personnelle avec un catholique pratiquant dont j'admirais le dévouement au Christ. Cela me mène à ma deuxième observation.

2. À partir de ce témoignage nous pouvons constater l'importance de rencontrer personnellement les membres des autres familles chrétiennes.

3. Troisièmement, certains chrétiens rejettent toute collaboration avec d'autres par peur de se compromettre ou de perdre leur identité confessionnelle. C'était notre crainte lorsque nous avons commencé à fréquenter les milieux catholiques. En fait nous avons expérimenté le contraire. C'est quand nous nous sommes trouvés en situation de dialogue et d'action commune avec les catholiques que nous avons réellement pu nous rendre compte de nos particularités. Le fait de vivre notre foi, en tant que protestants évangéliques en milieu catholique, nous poussait sans cesse à approfondir notre consécration au Christ et à voir sous un jour nouveau les actes de piété que nous avions reçus de notre propre tradition.

C'est ici qu'une méditation sur la façon dont l'Esprit Saint nous accompagne montre sa valeur, car elle révèle comment Dieu vit et agit en synergie avec nous.

L'Esprit Saint comme modèle de l'accompagnement personnel

Dans ce qui suit, je tirerai des leçons à partir de l'action de Dieu, l'Esprit Saint, pour éclairer comment nous pouvons accompagner dans le discipolat quelqu'un qui n'appartient pas à notre famille chrétienne. Je suis conscient du fait qu'il y a des activités de l'Esprit divin qui ne peuvent pas être copiées dans notre accompagnement des autres. Par exemple, Lui seul est capable de guider les disciples de Jésus dans la vérité (Jn 16.12-15). Lui seul peut les rendre capables de témoigner du Christ (Jn 15.26-27 ; 20.21-23). Il existe, cependant, plusieurs domaines dans lesquels il est approprié de modeler notre accompagnement des autres d'après l'exemple de l'Esprit Saint. Je crois que le plus fondamental parmi eux se trouve dans la description que fait Jésus-Christ de l'action de l'Esprit en tant que Paraclet.

Le mot *Parakletos*, souvent écrit Paraclet en français, met à l'épreuve le traducteur de l'Évangile de Jean[4]. Les traductions les plus importantes le traduisent comme « consolateur » (Louis Segond, Colombe, Darby),

---

4. Le terme *paracletos* comme désignation de l'Esprit Saint se trouve uniquement dans l'Évangile de Jean (14.16, 26 ; 15.26 ; 16.7).

« Quelqu'un pour vous venir en aide » (Bible en français Courant), « Quelqu'un pour vous conseiller et vous défendre » (Bible Parole Vivante), « Défenseur de sa cause » (Bible du Semeur). Le mot grec contient tous ces sens, puisqu'il décrit une personne qui est appelée à aider quelqu'un (Mounce 1993, 353). Paraclet est le mot grec qui est parfois utilisé pour décrire un avocat qui, devant le tribunal, « se range du côté » de son client. De la même façon je propose que nous, qui cherchons à faire des disciples de Jésus, pouvons accompagner des croyants qui ne partagent pas nos doctrines, nos traditions, nos méthodes, nos orientations, en entrant intentionnellement en relation avec eux afin de stimuler leur foi en Christ, les soutenir dans leur obéissance à son enseignement, et les encourager à accompagner d'autres dans le discipolat. Devant la diversité des traditions chrétiennes qui marquent la vie de nos contemporains, je maintiens qu'il est approprié pour nous d'agir de façon « paraclétique », en accompagnant ceux qui appartiennent à des traditions ecclésiales diverses pendant un temps plus ou moins long, en partenariat avec l'Esprit Saint, afin de les aider à « porter du fruit qui demeure » (Jn 15.8).

Je n'essaie pas de formuler une approche simpliste. Au lieu de cela, je développerai trois principes généraux qui doivent, je crois, gouverner une approche paraclétique[5]. (1) Une approche paraclétique sera *respectueuse* : elle prendra au sérieux la narration qui est en train d'être écrite dans la vie de ceux qui suivent Jésus dans d'autres milieux. (2) Une approche paraclétique sera *participative* : elle consistera fondamentalement à entrer dans ce que Dieu est déjà en train de faire dans la vie de cette personne. (3) Une approche paraclétique sera *intentionnelle* : elle aura une trajectoire, une visée, un but et un objectif.

Pour commencer . . .

Une approche paraclétique sera *respectueuse*

Quand l'Esprit Saint nous enseigne (Jn 14.26 ; 15.13), qu'il nous rappelle la vie et l'enseignement de Jésus et nous aide à les comprendre, il le fait d'une manière qui ne viole pas notre personne. Il ne s'impose pas dans une approche qui efface notre histoire. Au lieu de cela, il se place à nos côtés d'une manière qui nous encourage à regarder profondément *dans* et *à travers* les

---

[5]. Pour ce qui suit, je m'appuie sur les réflexions au sujet du mentor spirituel proposées par Keith R. Anderson et Randy D. Reese (1999).

événements de nos vies afin de discerner les actions passées et présentes de Dieu. Il ne sous-estime ni n'ignore les déviances pécheresses de notre être. Mais en même temps qu'il nous conduit dans toute la vérité (Jn 16.13), il le fait comme notre consolateur, notre conseiller, et notre secours, celui qui nous aide à faire face à nos défaillances et nos échecs avec respect et une réelle honnêteté.

De la même façon, une approche paraclétique de l'accompagnement personnel se fonde sur la conviction que l'activité de Dieu dans la vie de celui qui reçoit cet accompagnement précède celui-ci. Si vous œuvrez à partir de ce paradigme, vous considérez que Dieu est en train d'écrire une histoire dans la vie des personnes que vous rencontrez et qui n'appartiennent pas à votre tradition de foi. Vous ferez très attention à cette histoire, et vous y reconnaîtrez l'action de Dieu. Cela veut dire que vous n'essayerez ni d'effacer ni de réécrire cette histoire. Vous comprendrez qu'un aspect de votre rôle d'accompagnateur est d'aider ceux que vous accompagnez à voir de plus en plus clairement le développement de cette narration de l'œuvre divine dans leur expérience. On peut même affirmer que l'efficacité de votre accompagnement sera vraisemblablement liée à votre capacité à dépasser les rites et pratiques religieuses qui sont immédiats et visibles, pour en quelque sorte « lire, et découvrir, entre les lignes » ce que Dieu est en train de faire en profondeur dans l'expérience de la personne que vous accompagnez.

Apprendre à apprécier la vérité qui est incorporée dans l'histoire sacrée de ceux qui se réclament du Christ mais qui ne le suivent pas « avec nous », n'est pas chose facile pour les évangéliques. Notre expérience de Dieu s'enracine dans une histoire marquée par le courant fondamentaliste et une interprétation des Écritures Saintes qui justifient notre séparation avec les personnes avec lesquelles nous ne sommes pas d'accord[6]. La difficulté que j'ai rencontrée dans ma démarche avec le père Norbert provenait peut-être de mon héritage théologique.

J'ai débarqué en France en ignorant tout ce que Dieu était déjà en train de faire dans ce pays à travers les communautés de foi réformées, luthériennes et catholiques. Je ne connaissais ni l'histoire, ni l'impact du témoignage des baptistes, des frères, des mennonites, des méthodistes, des pentecôtistes et autres églises libres dans ce pays. En d'autres termes, je suis parti pour la France avec le sentiment naïf et arrogant que j'étais porteur

---

6. Quelques-uns des textes qui sont employés pour justifier cette position sont : 2 Corinthiens 6.14-18 ; Romains 16.17 ; Galates 1.8-9 ; Éphésiens 5.11 ; 2 Timothée 3.1-5 ; Tite 3.10.

de la communication la plus légitime du christianisme que les Français pouvaient rencontrer. J'étais convaincu de la validité de ma relation avec Christ, et persuadé que ceux que je rencontrais et qui n'exprimaient pas leur relation à Dieu de la même façon que moi, ne jouissaient pas de la même profondeur de communion avec le Père. De plus, le fait que, parmi ceux qui avaient été baptisés en tant qu'enfants beaucoup n'avaient jamais été réellement évangélisés, me faisait croire que leurs communautés de foi étaient peu efficaces dans la communication de l'enseignement du Christ et la formation des disciples de Jésus. Bref, quand je suis arrivé en France, je ne croyais pas que j'avais besoin d'être en relation significative avec les membres des autres communautés de foi de ce pays. Il m'a fallu des années pour apprendre l'importance de faire des disciples de Jésus d'une manière qui honore ma propre histoire avec Christ tout en respectant la validité de l'histoire de l'autre.

Aujourd'hui, je suis convaincu que notre accompagnement dans le discipolat doit être attentif à ce que Dieu a déjà fait dans la vie de la personne que nous accompagnons avant que nous ne « débarquions » dans leur vie. Puisque Dieu est toujours activement à l'œuvre dans notre monde par son Esprit, et d'autant plus dans les familles chrétiennes, notre accompagnement doit prendre au sérieux son activité dans les traditions différentes de la nôtre[7]. Si nous ignorons l'histoire, l'appel à faire des disciples de Jésus, et le destin que nous partageons les uns avec les autres, cela ne peut que difficilement avoir lieu. De plus, notre accompagnement ne peut pas s'appuyer sur une attitude arrogante, que ce soit une attitude de supériorité ou l'idée que Jésus nous appartient. Il doit plutôt y avoir une « cruciformité » ou, si vous préférez, une *kénose*, un dépouillement de soi, qui nous laisse ouvert à la possibilité d'être corrigé et transformé nous-mêmes dans ce processus de cheminement. C'était le cas, par exemple, avec l'apôtre Pierre qui a joué un rôle important dans la conversion de Corneille (Ac 10) mais qui avait été lui-même « converti » en réalisant que « Dieu ne fait pas de favoritisme » (Ac 10.34-35). Il ne s'agissait pas d'une « conversion facile » pour Pierre puisqu'il s'agissait

---

7. Tilden Edwards propose l'une des meilleures définitions de la tradition chrétienne que j'aie jamais lue : « La tradition chrétienne est l'expérience vécue et éprouvée ainsi que la réflexion sur cette expérience d'un ensemble de personnes qui sont unies dans le temps par un engagement de s'approprier l'enseignement et la vie de Jésus-Christ » (1980, 35).

d'une transformation de ses opinions religieuses, opinions de longue date[8]. Cette « conversion » l'obligeait à changer entièrement, à avoir une autre perspective sur la façon dont Dieu agit. C'est pourquoi certains théologiens suggèrent que, dans cette rencontre, Pierre a subi une transformation beaucoup plus bouleversante et difficile que celle expérimentée par Corneille (Park 2005, 151).

Deuxièmement, . . .

Une approche paraclétique sera *participative*

Lorsque l'Esprit Saint a été donné à la Pentecôte, il a lancé la communication de l'Évangile avec puissance et conviction. De cette façon, il participait avec la communauté que Jésus avait appelée, préparée et instituée comme ses témoins. En fait, la mission de Dieu dans le monde est entièrement participative du fait qu'elle est « la mission du Fils et de l'Esprit par le Père, mission qui inclut l'Église » (Moltmann 1977, 64). De la même façon, quand, dans le discipolat, nous nous trouvons en situation d'accompagner une personne qui appartient à une communauté de foi différente de la nôtre, nous devons nous poser plusieurs questions. Que fait Dieu dans cette situation ? Comment la formation que j'ai reçue dans la foi peut-elle aider la personne que je suis appelé à accompagner ? Comment puis-je aider cette personne à mieux intégrer et faire prospérer la communauté de foi à laquelle elle appartient ?

Agir de manière paraclétique ne nie pas ni ne diminue l'importance des traditions chrétiennes (Congar 1963). Cela n'inclut pas le rejet des contraintes de la tradition et de la communauté. Au contraire. Accompagner quelqu'un de façon paraclétique veut dire reconnaître que la tradition, ou *paradosis*, est une notion du Nouveau Testament. L'apôtre Paul parle de ce qu'il avait « transmis » aux Corinthiens (1 Co 15.3-5) concernant Jésus. Il exhorte aussi

---

8. Kenneth Bailey note que le mot employé dans Actes 10.19 qui décrit Pierre qui reçoit la vision lui ordonnant de rendre visite à cette famille non juive est une variante du verbe grec *thymos*, qui figure une fois dans les Évangiles où il est employé pour décrire la « colère » de l'assemblée dans la synagogue qui s'est levée pour précipiter Jésus du haut d'un escarpement de la montagne pour le précipiter dans le vide (Lc 4.28). Il ajoute que l'unique emploi de la forme verbale dans le Nouveau Testament se trouve dans le récit des mages qui quittèrent Bethléem sans dire à Hérode où se trouvait l'enfant Jésus (Mt 2.16). Dans ce texte le verbe est traduit par « [. . .] il se mit dans une grande colère ». Alors, tandis que les versions françaises traduisent Actes 10.19 par « Pierre *réfléchissait* encore à la vision », Bailey suggère qu'il s'agissait bien plus que d'une réflexion paisible ou d'une contemplation passive. Il affirme que ce terme serait mieux compris s'il était traduit par : Pierre fut « très irrité », ou « furieux » à cause de la vision (2008, 45).

l'*ecclésia* à Thessalonique à « [tenir] ferme et [retenir] les enseignements » qu'il leur avait « transmis, soit oralement, soit par [sa] lettre » (2 Th 2.15). Même les particularités de la vie comme disciple de Jésus doivent être comprises dans le cadre de la tradition religieuse : « Nous vous recommandons, frères et sœurs [. . .] de vous éloigner de tout frère qui mène une vie désordonnée et ne suit pas les instructions [la tradition] reçues de nous » (2 Th 3.6). Au lieu de rejeter les traditions ecclésiales de la personne que vous accompagnez dans le discipolat, une approche paraclétique reconnaît que les Écritures Saintes sont toujours lues à travers les yeux d'une tradition particulière, et que ceux qui suivent Christ agissent selon certaines traditions qui doivent être honorées.

L'accompagnement de l'autre dans le respect de ses traditions ne veut pas dire que vous les embrassiez personnellement. Mais dans ce type d'accompagnement, vous créez un environnement dans votre accompagnement permettant la découverte, l'exploration et la croissance dans une atmosphère de paix. Si vous critiquez la tradition religieuse de celui que vous accompagnez, il se sentira obligé de la défendre. Dans un tel climat, il ne peut pas grandir. Nos traditions et nos pratiques ecclésiales doivent se corriger et se compléter mutuellement. Mais cela ne peut pas se faire dans un climat de méfiance ou de conflit. De plus, vous devez reconnaître que la fidélité au Christ ne veut pas nécessairement dire que la personne que vous accompagnez vous ressemble (Guder 2000, 90). Cet accompagnement vous poussera aussi à examiner les réalités, les limites et les ambiguïtés de votre propre tradition religieuse. Dans ce processus, l'Esprit Saint utilisera la personne que vous accompagnez, et ses traditions ecclésiales, pour vous former davantage à l'image de votre Maître.

Aucune de nos histoires à la suite de Jésus n'est stagnante. Quand vous accompagnez quelqu'un afin d'apprendre ensemble comment ressembler davantage au Christ, votre compréhension de l'Évangile et de votre propre appel s'approfondit. Au lieu d'aborder l'héritage chrétien de l'autre à partir d'une herméneutique de méfiance, une approche paraclétique crée une occasion d'écouter Dieu, les Écritures Saintes, et vos témoignages particuliers de façon à ouvrir de nouveaux horizons faits de sens et d'action.

Enfin, . . .

Une approche paraclétique sera *intentionnelle*

Si dans cet accompagnement d'une personne qui appartient déjà à une communauté de foi, nous ne cherchons pas à la faire entrer dans notre communauté, alors, quel pourrait être le but, la trajectoire, ou l'objectif de cet accompagnement ? Tout au long de ce livre, j'ai insisté sur le fait que notre seul but valable est d'accompagner les autres sur le chemin du discipolat à la suite de Jésus. Nous cherchons délibérément et sans détour à stimuler celui/celle que nous accompagnons, par nos actes et par nos paroles, vers de nouveaux niveaux d'obéissance au Christ. Il s'agit d'une relation d'entraide dans un processus de croissance et de maturation spirituelle. Ce processus dure toute la vie. C'est un chemin très personnel de *metanoia* et de soumission au Christ. C'est un cheminement par lequel on cherche de plus en plus à être à l'image de Jésus et à reproduire cette image dans la vie de quelqu'un d'autre. Mais c'est également la reconnaissance que chacun d'entre nous est unique et suit un chemin particulier de soumission et d'engagement qui n'est pas une simple « copie » de l'expérience des autres.

Parce qu'une approche paraclétique de l'accompagnement à la suite de Jésus met notre histoire en dialogue avec l'histoire que Dieu est en train d'écrire dans les autres communautés de foi, elle peut révéler à chacun ce qu'il y a d'unique dans son témoignage à Jésus-Christ. On peut dire que cette sorte d'unité dans notre diversité est essentielle à notre témoignage. C'est pourquoi je persiste à dire que l'accompagnement personnel dans le discipolat doit se faire au cœur de notre poursuite de l'unité, et que l'unité entre les disciples de Jésus-Christ doit être une priorité dans notre discipolat.

Questions de réflexion

1. Vous est-il déjà arrivé de trouver un disciple de Jésus dans un contexte où vous ne l'attendiez pas ? Comment avez-vous réagi face à cette découverte ?

2. Que pensez-vous de l'idée d'accompagner quelqu'un dans le discipolat sans chercher à l'intégrer dans votre communauté de foi ? Comment votre entourage pourrait-il réagir à un tel comportement ?

3. Pourquoi, selon vous, Jésus a-t-il lié notre mission à notre unité en tant que disciples ?

Bibliographie

ALDRICH, Joseph C., 1981, *Life-Style Evangelism: Crossing Traditional Boundaries to Reach the Unbelieving World,* Portland, Multnomah Press.

ANDERSON, Keith R. et REESE, Randy D., 1999, *Spiritual Mentoring: A Guide for Seeking and Giving Direction,* Downers Grove, InterVarsity Press.

ANDERSON, Neil T., 1990, « Finding Freedom in Christ », in C. Peter WAGNER et Douglas PENNOYER, sous dir., *Wrestling With Dark Angels,* Ventura, Regal Books, p. 125-159.

ARNOLD, Duane W. et FRY, C. George, 1988, *Francis: A Call to Conversion,* Grand Rapids, Cantilever Books.

AUDISIO, Gabriel, sous dir., 1990, *Les Vaudois des origines à leur fin (XIIe-XVIe siècles),* Turin, A. Meynier.

BAILEY, Kenneth E., 2008, *Jesus Through Middle Eastern Eyes: Cultural Studies in the Gospels,* Downers Grove, InterVarsity Press Academic.

BAKER, Ian Martin, 1974 (mars), « Forum Discipleship », *New Wine.*

BARCLAY, William, 1975, *The Gospel of John* (Vol. 1), Philadelphia, Westminster Press.

BARNA, George, 2001, *Growing True Disciples,* Colorado Springs, Waterbrook Press.

Barna. s.d., *www.barna.org,* Consulté le 17 décembre 2011 sur http://www.barna.org/transformation-articles/252-barna-survey-examines-changes-in-worldview-among-christians-over-the-past-13-years.

BARTH, Karl, 1956, *Church Dogmatics* Vol. IV (1), London, T. & T. Clark.

BASHAM, Don, 1974 (mars), « Forum: Discipleship », *New Wine,* p. 27.

BEASLEY-MURRAY, George R., 1954, *Baptism in the New Testament,* Londres, Macmillan.

BEASLEY-MURRAY, J. H., 1987, *John,* Dallas, Word.

BECKWITH, R. T., 1988, « Saint », in Sinclair B. FERGUSON, David F. WRIGHT et J. I. PACKER, sous dir., *New Dictionary of Theology,* Downers Grove, InterVarsity Press, p. 609-610.

BENETREAU, Samuel, 1997 (mars/avril), « Paul et l'enseignement de Jésus », *Fac-Réflexion* 40-41, p. 4-19.

BESSE, George, 2014, *La Revue réformée,* (P. Wells, sous dir.) Consulté en mai 2014 sur http://larevuereformee.net/

BEVERE, John, 2002, *Under Cover: The Promise of Protection Under His Authority,* Nashville, Thomas Nelson.

BILLHEIMER, Paul, 1981, *Love Covers: A Viable Platform for Christian Unity*, Fort Washington, Christian Literature Crusade.

BJORK, David E., 1997, *Unfamiliar Paths: the Challenge of Recognizing the Work of Christ in Strange Clothing*, Pasadena, William Carey Library.

BJORK, David E. et MARCH, Stephen John, 2006, *As Pilgrims Progress: Learning How Christians Can Walk Hand in Hand When They Don't See Eye to Eye*, San Diego, Aventine Press.

BLOCHER, Henri, 1988, *Révélation des origines*, Lausanne, Presses Bibliques Universitaires.

BLUM, E. A., 1981, « 2 Peter », in F. E. GAEBELEIN, sous dir. *The Expositor's Bible Commentary*, Grand Rapids, Zondervan, p. 255-289.

BORTHWICK, Paul, 2012, *Western Christians in Global Mission: What's the Role of the North American Church?*, Downers Grove, InterVarsity Press.

BOSCH, David, 1995, *Dynamique de la mission chrétienne: Histoire et avenir des modèles missionnaires*, Lomé/Paris/Genève, Haho/Karthala/Labor et Fides.

BRESCIA Gaudence (de), Gaudentius, *De lect. evang.*, P.L., t. XX, col. 890.

BROWN, Colin, 1979, « Redemption », in Colin BROWN, sous dir., *Dictionary of New Testament Theology* (Vol. 3), Grand Rapids, Zondervan, p. 212-213.

BROWN, Raymond E., 1966, *The Gospel According to John* (Vol. 2), New York, Doubleday.

BROWN, Raymond E., 1997, *An Introduction to the New Testament*, Londres, Yale University Press.

BRUNNER, Emil, 1952, *The Misunderstanding of the Church*, London, Lutterworth.

BUBECK, Mark, 1975, *The Adversary*, Chicago, Moody Press.

BUCKINGHAM, Jamie, 1990 (janvier/février), « The End of the Discipleship Era », *Ministries Today*, p. 46-48.

BULLINGER, E. W., 1995, *Figures of Speech Used in the Bible*, Grand Rapids, Baker Book House.

BURGE, G. M., 1992, « Glory », in Joel B. GREEN, Scot MCKNIGHT et I. Howard MARSHALL, sous dir., *Dictionary of Jesus and the Gospels*, Downers Grove, InterVarsity Press, p. 268-270.

BURGESS, Stanley M. et VAN DER MAAS, Eduard M., 2002, « The Shepherding Movement », in Stanley M. BURGESS et Eduard M. VAN DER MAAS, sous dir. *The New International Dictionary of Pentecostal and Charismatic Movements*, Grand Rapids, Zondervan, p. 212-213.

BURROWS, William R., 1981 (1980), *New Ministries: The Global Context*, Maryknoll, Orbis Books.

CARSON, D. A., 1984, « Matthew », in Frank E. GAEBELEIN, sous dir., *The Expositor's Bible Commentary* (Vol. 8), Grand Rapids, Zondervan Publishing House, p. 1-599.

Catéchisme ou abrégé de toutes les vérités de la religion chrétienne, 1815, Londres, G. Auld.

CHADWICK, Henry, 1984, *Early Christian Thought and the Classical Tradition*, New York, Oxford University Press.

CLARK, Stephen, 1972, *Building Christian Communities*, Notre Dame, Ave Maria Press.

CLINTON, J. Robert, 1989, *Leadership Emergence Theory*, Altadena, Barnabas Resources.

CLINTON, J. Robert, 1993, *Leadership Perspectives: How to Study the Bible For Leadership Insights*, Altadena, Barnabas Publishers.

CLINTON, J. Robert et CLINTON, Richard W., 1991, *The Mentor Handbook: Detailed Guidelines and Helps for Christian Mentors and Mentorees*, Altadena, Barnabas Publishers.

COLEMAN, Robert, 1972, *The Master Plan of Evangelism*, Grand Rapids, Fleming H. Revell.

CONGAR, Yves, 1963, *La Tradition et les traditions: Essai théologique*, Paris, Fayard.

CONGAR, Yves, 1984, *La Parole et le Souffle*, Paris, Desclée.

Congrégation pour la doctrine de la foi, 2014 (14 juin), Disponible sur: http://www.vatican.va/roman_curia/congregations/cfaith/documents/rc_con_cfaith_doc_20071203_nota-evangelizzazione_fr.html.

COPPES, L. J., 1980, « Adar », in R. Laird HARRIS, L. A. GLEASON et Bruce K. WALTKE, sous dir., *Theological Wordbook of the Old Testament*, Chicago, Moody Press, 13.

CORY, Lloyd, sous dir., 1977, *Quote Unquote*, Wheaton, Victor Books.

CROSS, F. R., 1961, « The Priestly Tabernacle », in David Noel Freedman et George Ernest Wright, sous dir., *The Biblical Archeologist Reader*, Garden City, Anchor Books, p. 225-227.

DANBY, Herbert, 1933, *The Mishna*, Oxford, Oxford University Press.

DANIÉLOU, Jean, 1957, *Les manuscrits de la mer Morte et les origines du christianisme*, Paris, Editions du Cerf.

DANIEL-ROPS, 1965, *L'histoire de l'Eglise du Christ* (Vol. II), Paris, Librairie Fayard.

Département de Théologie Spirituelle de la Sainte Croix, 2014 (11 septembre), *Les chrétiens dans le monde*, récupéré sur http://www.vatican.va/spirit/documents/spirit_20010522_diogneto_fr.html

DEMPSEY, Ron D., 1997, *Faith Outside the Walls: Why People Don't Come and Why the Church Must Listen*, Macon, Smyth & Helwys.

DENNIS, Marie, NAGLE, Joseph, MOE-LOBEDA, Cynthia et TAYLOR, Stuart, 2003, *St Francis and the Foolishness of God*, Maryknoll, Orbis Books.

DICKASON, C. Fred, 1987, *Demon Possession & the Christian*, Wheaton, Crossway Books.

DOCKERY, D. S., 1992, « Baptism », in Joel B. GREEN, Scot MCKNIGHT et I. Howard MARSHALL, sous dir., *Dictionary of Jesus and the Gospels*, Downers Grove, InterVarsity Press, p. 55-58.

DULLES, Avery, 1987, *Models of the Church*, New York, Image Books.

DUNN, J. D., 1962, « Baptism », in J. D. DOUGLAS, sous dir., *New Bible Dictionary*, Downers Grove, InterVarsity Press, p. 121-123.

EDWARDS, Tilden, 1980, *Spiritual Friend: Reclaiming the Gift of Spiritual Direction*, New York, Paulist Press.

EIMS, Leroy, 1980, *The Lost Art of Disciple-Making*, Grand Rapids, Zondervan Publishing House.

ENGLE, James F. et NORTON, Wilbert, 1982, *What's Gone Wrong With the Harvest?*, Grand Rapids, Zondervan.

FLINN, Frank K., 1999, « Conversion: The Pentecostal and Charismatic Experience », in Christopher LAMB et Darrol BRYANT, sous dir. *Religious Conversion: Contemporary Practices and Controversies*, New York, Cassell, p. 51-74.

FOSTER, Richard J., 1899, *Celebration of Discipline*, New York, Harper & Row.

FURNISH, Victor P., 1989, « The Jesus-Paul Debate: From Baur to Bultmann », in A. J. WEDDERBURN, sous dir., *Paul and Jesus, Collected Essays*, London, Sheffeld Academic Press, p. 47-48.

GILLILAND, Dean S., 1983, *Pauline Theology & Mission Practice*, Lagos, Tryfam Printers Ltd.

GOMA, David, 2014, *Centre du Réveil Chrétien*, consulté le 27 juin 2014, sur http://www.crcfrance.com/pages/index.php?action=fiche&id=68

GEIGER, Eric, Michael KELLEY et NATION, Philip, 2012, *Transformational Discipleship: How People Really Grow*, Nashville, B & H Publishing Group.

GESENIUS, Wilhelm, 1952, *Hebrew and English Lexicon of the Old Testament*, Sous dir. Francis Brown, New York, Oxford University .

GREBE, K., 1997, *www.cabtal.org*, récupéré sur www.cabtal.org/pdf/RTApaper.pdf. et www.mission-amf.org/include/upload/doc/francophonie.pdf

GREEN, Michael, 1968, *The Second Epistle General of Peter and the General Epistle of Jude*, London, Tyndale.

GREEN, Michael, 2001 [1970], *Evangelism in the Early Church*, Eugene, Wipf and Stock Publishers.
GREEN, Julien, 1983, *Frère François*, Paris, Editions du Seuil.
GROSSOUW, W., 1958, « La glorification du Christ dans le quatrième Evangile », in M. E. BOISMARD, sous dir., *L'Evangile de Jean: Études et problèmes*, Bruges, Desclée, p. 135-140.
GRUDEM, Wayne, 1994, *Systematic Theology: An Introduction to Biblical Doctrine*, Grand Rapids, Zondervan Publishing House.
GUDER, Darrell L., 2000, *The Continuing Conversion of the Church*, Grand Rapids, Eerdmans.
HADAS-LEBEL, Mireille, 1986, *Histoire de la langue hébraïque*, Paris, P.O.F.
HARRIS, R. Laird, ARCHER, Gleason L. et WALTKE, Bruce K., sous dir., 1980, *Theological Wordbook of the Old Testament* (Vol. 1), Chicago, Moody Press.
HARRISON, V., 1991, « Perichoresis in the Greek Fathers », *St Vladimir's Theological Quarterly* 35 (1), p. 53-56.
HAWKINS, Greg L. et PARKINSON, Cally, 2007, *Reveal: Where Are You?*, Chicago, Willow Creek Association.
HAWTHORNE, G. F., 1992, « Amen », in Joel B. GREEN, Scot McKNIGHT et I. Howard MARSHALL, sous dir., *Dictionary of Jesus and the Gospels*, Downers Grove, InterVarsity Press.
HEIDEMAN, Eugene. P., 1996, « Proselytism, Mission, and the Bible », *International Bulletin of Missionary Research*, 20 (1), p. 10-12.
HENDRICKS, Howard G., 1995, *As Iron Sharpens Iron: Building Character in a Mentoring Relationship*, Chicago, Moody Press.
HENRICHSEN, Walter A., 1974, *Disciples are Made-Not-Born*, Wheaton, Victor Books.
HESSELGRAVE, David J., 1982, *Communicating Christ Cross-Culturally*, Grand Rapids, Baker.
HOEKENDIJK, Johannes C., 1967, *The Church Inside Out*, Londres, SCM Press.
HOLL, Adolf, 1980, *The Last Christian*, Garden City, Doubleday.
HOUSTON, James, 1999, « Make Disciples, Not Just Converts: Evangelism Without Discipleship Dispenses Cheap Grace », *Christianity Today* 43 (12).
HULL, Bill, 2006, *The Complete Book of Discipleship: On Being and Making Followers of Christ*, Colorado Springs, NavPress.
HULL, Bill, 2010, *The Disciple-making Church: Leading a Body of Believers on the Journey of Faith*, Grand Rapids, BakerBooks.
HUNSBERGER, George R., 2008, « Is There a Biblical Warrant for Evangelism? », in Paul W. CHILCOTE et Laceye WARNER, sous dir., *The Study of Evangelism:*

Exploring a Missional Practice of the Church, Grand Rapids, Eerdmans, p. 59-72.

HUNTER, George G., 1992, *How to Reach Secular People*, Nashville, Abingdon Press.

JALLA, 2003, *Pierre Valdo* (Vol. 1), Chailly-Montreux, Editions Vida.

JOHNSON, Luke Timothy, 1999, *Living Jesus: Learning the Heart of the Gospel*, San Francisco, HarperSanFrancisco.

JOHNSTON, J. G., 2014 (19 septembre), *Discipleship: Stepping Stones to Developing Your Church's Strategy*, Nashville, LifeWay Christian Resources, récupéré sur www.lifeway.com

JOSÈPHE, F., 2013, *Guerre des Juifs* (Vol. 5), Sous dir. T. Reinach, Traduction Harmand, Paris, Hachette.

JOSÈPHE, F., 2014, *Histoire ancienne*, Paris, Editions Paléo.

JULIEN, Tom, 1976, *Études sur l'Épitre aux Éphésiens*, Lugny, Editions CLE.

KAISER, Walter C., 1978, *Toward an Old Testament Theology*, Grand Rapids, Zondervan.

KAPITAO, D., s.d., « Accomplir la grande mission à travers l'implantation d'église », http://eatt-rhema.over-blog.org/article-accomplir-la-grande-mission-a-travers-l-implantation-d-eglise-47188076.html, consulté le 23 août 2013.

KITTEL, G., 1976, « kerusso », in G. KITTEL, sous dir., *Theological Dictionary of the New Testament*, Vol. 3, Traduction G. W. Bromiley, Grand Rapids, Eerdmans.

KOCH, Kurt, 1978, *Occult Bondage and Deliverance*, Grand Rapids, Kregel.

KRAFT, Charles H., 1989, *Christianity With Power*, Ann Arbor, Servant Books.

KRAFT, Charles H., 1991, *Communicate With Power*, Manila, OMF Literature Inc.

KRAFT, Charles H., 1994, « Dealing With Demonization », in Charles H. KRAFT et Mark WHITE, sous dir., *Behind Enemy Lines: An Advanced Guide to Spiritual Warfare*, Ann Arbor, Servant Books, p. 79-120.

KRAFT, Charles H., 1997, *I Give You Authority*, Grand Rapids, Baker Book House.

KUYPER, A., 1931, *Stone Lectures*, Grand Rapids, Eerdmans.

Lausanne Committee for World Evangelization, 2005, *Making Disciples of Oral Learners*, Lima, International Orality Network.

LAMBERT, Steven, 2003, *Charismatic Captivation: Authoritarian Abuse and Psychological Enslavement in Neo-Pentecostal Churches*, Chapel Hill, Real Truth Publications.

LATOURETTE, Kenneth S., 1975, *A History of Christianity: Beginnings to 1500* (Vol. 1), San Francisco, HarperOne.

LEIGHTON, T., 2008, (7 novembre), *coveringandauthority.com*, récupéré sur Covering And Authority: http://coveringandauthority.com/covering-andapostolic-authority/scriptures-used-in-covering-theology/heb-1317-obey-your-leaders-and-submit-to-them/

LE GOFF, Jacques, sous dir., 1968, *Hérésies et sociétés dans l'Europe préindustrielle, XIème - XVIIIème siècle*, Paris-La Haye, Mouton.

LENOIR, Frédéric, 2008, *Petit traité d'histoire des religions*, Paris, Plon.

LÉON-DUFOUR, Xavier, 1963, *Les Évangiles et l'histoire de Jésus*, Paris, Editions du Seuil.

L'EPLATTENIER, Charles, 1993, *L'Evangile de Jean*, Genève, Labor et Fides.

LEWIS, J. P., 1980, « qahal », in R. Laird HARRIS, Gleason L. ARCHER et Bruce K. WALTKE, sous dir., *Theological Wordbook of the Old Testament* (Vol. 2), Chicago, Moody Press, p. 790.

LIEDERBACH, Mark et REID, Alvin, 2009, *The Convergent Church: Missional Worship in an Emerging Culture*, Grand Rapids, Kregel.

LLOYD-JONES, D. Martyn, 1972, *Preaching and Preachers*, Grand Rapids, Zondervan Publishing House.

LONGPRÉ, Ephrem, 1966, *François d'Assise et son expérience spirituelle*, Paris, Beauchesne.

LOUW, Johannes P. et NIDA, Eugene A., 1989, *Greek-English Lexicon of the New Testament: Based on Semantic Domains* (2ᵉ édition, Vol. 1), New York, United Bible Societies.

LUSBY, F. S., 1987, « Laity », in Mircea ELIADE, sous dir., *The Encyclopedia of Religion* (Vol. 8), New York, Macmillan Publishing Company, p. 425-429.

MACARTHUR, John, 1990, *Back to Basics*, Chicago, Moody Press.

MANDRYK, Jason, 2010, *Operation World*, Colorado Springs, Biblica Publishing.

MCCLUNG, J. L., 1990, « Pentecostal/Charismatic Understanding of Exorcism », in C. Peter WAGNER et Douglas PENNOYER, sous dir., *Wrestling With Dark Angels*, Ventura, Regal Books, p. 195-214.

MCDOWELL, Josh et BELLIS, David, 2006, *The Last Christian Generation*, Holiday, Green Key Books.

MCKNIGHT, Scot, 2002, *Turning to Jesus: The Sociology of Conversion in the Gospels*, Louisville, Westminster John Knox Press.

MERMET, Gérard, 2001, *Pour comprendre les Français : Francoscopie*, Paris, Larousse.

MERTON, Thomas, 1999, *Thoughts in Solitude*, New York, Farrar, Straus & Giroux.

MEYER, I., 1988, « Vérité/Certitude », in P. EICHER, sous dir., *Dictionnaire de théologie*, Paris, Editions du Cerf, p. 815-818.

MILNE, Bruce, 1993, *The Message of John: Here is your King!*, Downers Grove, InterVarsity Press.

MOLINIER, Nicolas, 2007 (juin), « A propos de l'histoire du signe de la croix », Article publié sur http://orthodoxie.com et accessible sur http://orthodoxie.com/propos-de-lhist/

MOLTMANN, Jürgen, 1977, *The Church in the Power of the Spirit: A Contribution to Messianic Ecclesiology*, London, SCM.

MOORE, S. David, 2003, *The Shepherding Movement: Controversy and Charismatic Ecclesiology*, London, T. & T. Clark International.

MOORE, T. M., 2010 (30 juin), « Are You Jesus? », *breakpoint.org*, consulté le 28 juin 2014, sur www.breakpoint.org/the-center/columns/viewpoint/15463-are-you-jesus

MONASTIER, Antoine, 1847, « Pierre Valdo – origine du nom "vaudois" », in Antoine MONASTIER, sous dir., *Histoire de l'Église vaudoise depuis son origine et des Vaudois du Piémont jusqu'à nos jours*, Paris, Delay, récupéré sur http://www.info-bible.org/livres/Histoire.Eglise.Vaudoise.1/08.htm, consulté le 8 septembre 2014.

MOUNCE, William D., 1993, *The Analytical Lexicon to the Greek New Testament*, Grand Rapids, Zondervan.

MUNGER, Robert Boyd, 2002, *Mon coeur, la demeure de Christ*, Québec, Editions Berekia.

MURPHY, Ed, 1990, « We Are at War », in C. Peter WAGNER et Douglas PENNOYER, sous dir., *Wrestling With Dark Angels*, Ventura, Regal Books, p. 49-72.

MURPHY, Ed, 1992, *Handbook of Spiritual Warfare*, Nashville, Nelson.

NEILL, Stephen, 1990 [1964], *A History of Christian Missions*, New York, Penguin Books.

NELSON, Alan E., 1994, *Broken in the Right Place: How God Tames the Soul*, Nashville, Thomas Nelson Publishers.

NIEBUHR, H. Richard, 1959, *The Kingdom of God in America*, New York, Harper Brothers.

NIXON, R. E., 1994, « Glory », in J. D. DOUGLAS, sous dir., *New Bible Dictionary* (2e édition), Downers Grove, InterVarsity Press, p. 423-424.

NUNN, Philip, 2007 [1990], *Working Abroad: Today's Tentmaking Challenge*, récupéré sur www.philipnunn.com, Disponible en français sur le site: *Évangéliser à l'étranger en gagnant sa vie: le défi actuel du « faiseur de tentes »*.

OSWALT, J. N., 1980, « kabed », in R. Laird HARRIS, Gleason L. ARCHER et Bruce K. WALTKE, sous dir., *Theological Wordbook of the Old Testament* (Vol. 1), Chicago, Moody Press, p. 426-428.

PARA-MALLAM, G., 2013 (juillet), « Living out the Message », *SPAN* (1), p. 1-2.

PARGOIRE, J., 1900, « Les homélies de saint Jean Chrysostome en juillet 399 », *Echos d'Orient* (1146-9447), p. 151-162.

PARK, Joon-Sik, 2005, « Evangelism and the Practice of Hospitality », in W. Stephen GUNTER et Elaine ROBINSON, *Considering the Great Commission: Evangelism and Mission in the Weslean Spirit*, Nashville, Abingdon Press, 147-158.

Pew Foundation, 2011, www.pewforum.org, consulté en janvier 2012, sur www.pewforum.org/...and.../sub-saharan-africa-executive-summary-fr.pdf

PHALIPPOU, René, 2005, « Le traitement de l'actualité dans La Onzième Heure, "organe d'action évangélique" des Assemblées de Dieu en France », in Jean-Yves CARLUER, sous dir., *L'évangélisation: Des protestants évangéliques en quête de conversions*, sous la direction, Charols, Editions Excelsis, p. 87-115.

PHILLIPS, Keith, 1981, *The Making of a Disciple*, Old Tappan, Fleming H. Revell Company.

PIPPERT, Rebecca Manley, 1979, *Out of the Saltshaker and Into the World*, Downers Grove, InterVarsity Press.

Pliny the Younger, 1990, *Correspondence with Trajan from Bithynia (Epistles X)*, Warminster, Wiltshire, Aris & Phillips.

POPE, Randy, 2013, *Insourcing: Bringing Discipleship Back to the Local Church*, Grand Rapids, Zondervan.

POSTERSKI, Donald C., 1989, *Reinventing Evangelism: New Strategies for Presenting Christ in Today's World*, Downers Groves, InterVarsity Press.

PUTMAN, Jim, HARRINGTON, Bobby William et COLEMAN, Robert E., 2013, *Discipleshift: Five Steps That Help Your Church to Make Disciples Who Make Disciples*, Grand Rapids, Zondervan.

RAKOTOARISON, Sylvain, 2014 (8 septembre), *Charles Péguy, la rigueur intellectuelle et l'audace dans l'action (2)*, récupéré sur AGORAVOX: http://mobile.agoravox.fr/culture-loisirs/culture/article/charles-peguy-la-rigueur-155470

RAINER, Sam, 2009 (18 janvier), *Ten Questions for Formulating a Discipleship Process*, consulté le 19 septembre 2014, sur Sam Rainer: Leading the Established Church: http://samrainer.com/2009/01/ten-questions-for-formulating-a-discipleship-process/

RAMM, Bernard, 1963, *Them He Glorified: A Systematic Study of the Doctrine of Glorification*, Grand Rapids, Eerdmans.

REDDIN, Opal. L., 1990, « The Holy Spirit and Power: A Wesleyan Understanding, Response », in C. Peter WAGNER et F. Douglas PENNOYER, sous dir., *Wrestling With Dark Angels*, Ventura, Regal Books, p. 184-193.

SANTINI, Luigi, 1999, *De Pierre Valdo à l'Eglise vaudoise* (Vol. 1), Genève, Labor et Fides.

SCHNEIDER, Reinhold, 1953, *François d'Assise,* Paris, Editions Beauchesne.
SIEMENS, R. E., 1999 [1981], "Tentmakers Needed for World Evangelization", in Ralph D. WINTER et Steven C. HAWTHORNE, sous dir., *Perspectives on the World Christian Movement,* Pasadena, William Carey Library, p. 733-741.
SIMPSON, C., 1974 (mars), « Making Disciples », *New Wine,* p. 4-8.
SINGLEHURST, Laurence, 1995, *Sowing, Reaping, Keeping,* Leicester, Crossway Books.
SMEETON, Donald. D., 1980, « Evangelical trends in Europe, 1970-1980 », *Evangelical Missions Quarterly* 16 (4), p. 211-216.
SMITH, D. K., 1999 (janvier), « Reviewing the Place of Western Missionaries for the Third Millennium », *Evangelical Missions Quarterly* 35 (1), p. 56-61.
SPINDLER, M., 2001, « Baptême et mission », in Ion BRIA, Philippe CHANSON, Jacques GADILLE, Marc SPINDLER, sous dir., *Dictionnaire oecuménique de missiologie: Cent mots pour la mission,* Paris/ Genève/ Yaoundé: Cerf/ Labor et Fides/ Clé, p. 34-37.
STAAL, Jan-Hein, 2014 (19 mars), *L'unité entre les chrétiens est-elle possible?,* consulté le 21 septembre 2014, sur Brunstag.org: http://www.brunstad.org/fr/edification-chretienne/lunite-entre-les-chretiens-est-elle-possible
STEDMAN, Ray C., 1992, *The IVP New Testament Commentary Series: Hebrews.* Downers Grove, InterVarsity Press.
STEIN, Robert H., 1978, *The Method and Message of Jesus' Teachings,* Philadelphia, The Westminster Press.
STENDAHL, Krister, 1976, *Paul Among Jews and Gentiles and Other Essays,* Philadelphia, Fortress Press.
STOLTZFUS, Tony, 2005, *Leadership Coaching: The Disciplines, Skills and Heart of a Christian Coach,* Virginia Beach, Transformational Leadership Coaching, récupéré sur www.Coach22.com
STONE, Bryan, 2007, *Evangelism after Christendom: The Theology and Practice of Christian Witness,* Grand Rapids, BrazosPress.
STOTT, John R. W., 1995, *La lettre aux Ephésiens,* Mulhouse, Editions Grâce et Vérité.
TERRY, J. O., 2008, *Basic Bible Storying: Preparing and Presenting Bible Stories for Evangelism, Discipleship, Training, and Ministry,* Fort Worth, Church Stating Network.
TERTULLIEN, 1914, *Apologétique,* Traduction J.-P. Waltzing, Paris, Librairie Bloud et Gay, consulté le 11 septembre 2014, sur http://www.tertullian.org/french/apologeticum.htm
THOMPSON, Augustine O. P., 2012, *Francis of Assisi: A New Biography,* Ithaca, Cornell University Press.

THOUZELLIER, C., 2010, *Hérésie et hérétiques*, Rome, Storia E. Letteratura.
TOURN, Giorgio, 1980, *The Waldensians: The First 800 Years*, Traduction C. P. Merlino, Torino, Claudiana Editrice.
TUTTLE Jr., Robert G., 2006, *The Story of Evangelism: A History of the Witness to the Gospel*, Nashville, Abingdon Press.
UNGER, Merrill F., 1977, *Unger's Bible Dictionary* (27ᵉ édition), Chicago, Moody Press.
UNGER, Merrill F., 1977, *What Demons Can Do to Saints*, Chicago, Moody Press.
VAUS, Will, 2004, *Mere Theology: A Guide to the Thought of C. S. Lewis*, Downers Grove, InterVarsity Press.
VERNETTE, Mgr Jean, « l'Église et les sectes », in Conférence des Évêques de France, sous dir., *l'Église Catholique en France 1997*, Paris, Cerf, 1999.
VIGUIER, Philippe, 2014, *À Demain - L'homme face à la gloire de Dieu*, récupéré sur Un poisson dans le net: http://unpoissondansle.net
WALLS, Andrew F., 1996, *The Missionary Movement in Christian History: Studies in the Transmission of Faith*, Maryknoll, Orbis Books.
WEBB, Keith E., 2012, *The Coach Model for Christian Leaders*, Active Results LLC, récupéré sur www.activeresults.com
WEBBER, Robert E., 2001, *Journey to Jesus*, Nashville, Abingdon Press.
WEBBER, Robert E., 2003, *Ancient-Future Evangelism*, Grand Rapids, Baker Books.
WHITE, Tom, 1990, *The Believer's Guide to Spiritual Warfare*, Ann Arbor, Servant.
WILKINS, J. M., 1992, « Discipleship », in Joel B. GREEN, Scot MCKNIGHT et I. Howard MARSHALL, sous dir., *Dictionary of Jesus and the Gospels*, Downers Grove, InterVarsity Press, p. 182-189.
WILKINS, Michael, 1988, *The Concept of Disciple in Matthew's Gospel as Reflected in the Use of the Term "Mathetes"*, Boston, E. J. Brill.
WILKINS, Michael, 1992, *Following the Master*, Grand Rapids, Zondervan.
WILLAIME, Jean-Paul, 2002, « Le protestantisme », in Giuseppe ANNOSCIA, sous dir., *Encyclopédie des religions*, Paris, Universalis, p. 435-439.
WILLARD, Dallas, 1988, *The Spirit of the Disciplines: Understanding How God Changes Lives*, San Francisco, HarperSanFrancisco.
WILLARD, Dallas, 2009, Conférence donné le 24 mars, cité dans Bill Hull, *The Disciple-making Church: Leading a Body of Belivers on the Journey of Faith*, Grand Rapids, BakerBooks, 2010, p. 14.
WILLIS Jr., Avery T. et SNOWDEN, Mark, 2010, *Truth that Sticks: How to Communicate Velcro Truth in a Teflon World*, Colorado Springs, NavPress.
WILSON, William, 1987, *New Wilson's Old Testament Word Studies*, Grand Rapids, Kregel Publications.

WILSON-HARTGROVE, Jonathan, 2010 (janvier), « New Monasticism and the Resurrection of American Christianity », *Missiology: An International Review XXXVIII* (1), p. 13-19.

WINTER, Ralph, 1995, *The Two Structures of God's Redemptive Mission*, Pasadena, William Carey Library.

WOOD, A. S., 1978, « Ephesians », in F. E. GAEBELEIN, sous dir., *The Expositor's Bible Commentary* (Vol. 11), Grand Rapids, Zondervan Publishing House, p. 3-92.

WOOD, R., 2010 (décembre), *Mission Frontiers - the online magazine of the U.S. Center for World Mission*, récupéré sur www.missionfrontiers.org/

WRIGHT, Christopher J. H., 2006, *The Mission of God: Unlocking the Bible's Grand Narrative*, Downers Grove, InterVarsity Press Academic.

WRIGHT, N. T., 1994, *Following Jesus : Biblical Reflections on Discipleship*, Grand Rapids, Eerdmans.

WUEST, Kenneth S., 1966, *Ephesians and Colossians in the Greek New Testament* (Vol. 1), Grand Rapids, Eerdmans.

Index des références bibliques

Ancien Testament

Genèse
1.28 52
2.7 46
2.24 151
3 161
3.8 . . . . 117, 118
3.23-24 117
12.5 22
13.2 22
22.8 121
22.13 121
28.3 179
31.1 116
35.11 179
39 110
45.13 116
48.4 179
49.6 179

Exode
12.11-13 121
19.4-6 118
20.4-5 170
24.13 65
25.8 119
29.38-42 121
29.46 119
32-34 118
33 118
33.1-5 118
33.13 76
33.16 118
34.29-35 85
40.34 119
40.34-38 121

Lévitique
26 118
26.11-13 117

Nombres
21.4-9 124
21.6 124
21.8 124
22.4 179

Juges
8.22-32 109
20.2 179

1 Samuel
4 116
4.21-22 116
15.23 168
17.47 179

2 Samuel
11-12 111
13 111
14 111
15 111

1 Rois
2.3 179
8.10-11 119
20 77
20.1-4 77

1 Chroniques
21 110
25.8 64

2 Chroniques
5.13-14 119
26 110

Job
30.28 179

Psaumes
11.4 116
25.4 76
26.5 179
27.4 122
27.11 76
51 169
51.6 165
67.2-3 76
86.11 76
103.12 166
119.35 76
139 116
139.23-24 . . . . 165, 166
143.8 76

Proverbes
3.34 83
5.14 179
10.17 151
11.24 151
16.18 168
18.2 151
18.13 146
20.5 151
20.6 151
21.16 179
26.2 164
27.17 . . . . 108, 144

Ecclésiaste
2.26 81
4.9-10 70

Ésaïe
8.7 116
8.16 65
42.8 84
50.4 65
53.7 121
54.13 65
58.6-12 151

Jérémie

6.13	58
11.19	121
13.23	65
23.16	59
23.26	59
23.30	58

Ézéchiel

1.27	117

Michée

3.5, 11	58
9.4-6	79

Nouveau Testament

Matthieu

1.1-2	73
2.16	227
3.1-17	47
3.7-10	51
3.13-17	45
4	160
4.1-11	90
4.8	119
4.18-22	47
4.19	46, 72, 152, 213
4.21	200
5.1	60
5.17-20	60
5.23-24	167
5.24-25	49
5.26	59
5.29-30	49
5.34-37	49
5.38-42	49
5.44	49
5.46	138
5.47	138
6.1-7	90
6.1-18	49
6.9	129
6.14-15	167
6.19-21	151
6.27	138
6.28	138
6.29	119
6.33	49, 152
7.1	49
7.3	138
7.6	49
7.7-8	49
7.12	49
7.15	49
7.15-23	51
7.16	138
7.17-20	8
7.22-23	83, 163
7.29	43
8.26	138
8.31	155
9.4	138
9.5	138
9.15	138
10.1	43, 60
10.24	47, 67
10.26-28	49
10.29	116
10.37	68
10.39	128
10.40	46
10.41	17
10.42	59
11.7	139
11.16	139
11.16-19	62
12.11	139
12.29	139
12.31	59
12.34	139
12.48	139
12.49-50	130
13.23	51
14.31	139
15.3	139
15.4	49
15.24	46
15.34	139
16.6	49
16.9	139
16.13	139
16.15	139
16.16-17	179
16.16-19	179
16.18	14
16.24	168
16.25	128
16.26	139
17.1-9	123
17.17	139
17.20	59
18.1	60
18.10	49
18.12	139
18.13	59
18.15	49
18.20	67, 151, 177, 179, 190
18.34-35	166
18.35	167
19.6	49
19.17	139
19.21	174
20.21	139
20.22	139
20.32	139
21-22	49
21.25	139
21.28	139
21.31	59
21.42	139
21.43	51
22.18	140
22.19-21	50
22.37-40	60
22.42	140
23.1	60

Index des références bibliques 245

23.17 140	4.35-41 . . . . 40, 42	2.49 . . . . 74, 141
23.19 140	4.40 140	3.9 51
23.33 140	5.9 140	3.15-18 47
24.1-3 60	5.21-43 42	3.21-23 45
24.4 163	5.27-32 42	3.23-38 73
24.23-25 163	5.30 140	4 160
25.41 155	5.39 140	4.14-9.50 75
26.10 140	7.18 140	4.16-22 73
26.18 39	8.12 140	4.16-30 . . . . 74, 75
26.23 195	8.17-18 141	4.18 46
26.28 49	8.21 141	4.18-19 74
26.36-56 129	8.31 90	4.25-27 73
26.39 129	8.35 128	4.28 227
26.40 140	9.2-10 123	4.43 74
26.53 140	9.5 138	5.1-11 . . . . 47, 75
26.54 140	9.12 141	5.27-32 73
26.55 140	9.33 141	5.30-32 74
27.46 140	9.37 46	6.12 90
28.16-20 41	10.3 141	6.13 74
28.18-19 5	10.18 141	6.36 166
28.18-20 . . . . . ii, 2, 14, 54, 71	10.51 141	6.38 151
28.19 . . . . 45, 47, 50, 213	12.15 141	6.40 . . . . 67, 150, 200
28.19-20 . . . . 54, 73, 152, 190	12.37 133	6.43-49 51
28.20 . . . . 50, 55, 96, 99, 162	13.2 141	6.46 141
	13.31 42	7.11-17 . . . . 42, 73
Marc	14.22-25 151	7.36 73
1.9-10 45	14.32-50 129	7.36-50 73
1.15 39	14.36 90	7.50 76
1.16-20 47	16.15 204	8.9 74
1.19 200		8.14-15 51
1.21-28 42	**Luc**	8.25 141
1.22 42	1.1-4 96	8.40-56 73
1.35 90	1.5-20 76	8.48 76
2.8 140	1.14-17 74	9.1-2 162
2.10 42	1.31-35 74	9.23 . . . . 80, 150
3.9 133	1.38 77	9.24 128
3.13-15 17	1.45 76	9.28-36 123
3.13-19 46	1.46-55 74	9.37-43 73
3.20 133	1.52-53 73	9.37-45 40
3.34-35 130	1.68-79 74	9.46 126
4.1 90	2.9-14 74	9.48 46
4.20 51	2.30-32 74	9.49-50 211
4.21 140	2.32 73	9.51 75
4.30 140	2.34-35 74	9.51–19.44 75
	2.41-52 90	9.51-56 73

9.54 74	22.14 90	4.34-38 51
9.57 75	22.15 49	4.37 8
9.58 90	22.15-20 151	4.54 125
10 162	22.24 126	5.6 142
10.9 162	22.27 142	5.8-37 90
10.13-15 75	22.31-34 160	5.24 59
10.16-20 74	22.39-53 129	5.30 . . . . 46, 130
10.23 74	22.41-42 90	5.36-38 46
10.26 141	22.53 160	5.39 180
10.29-37 73	23.31 142	5.41 . . . . 122, 126
10.36 141	23.39-43 73	5.44 142
10.38-42 . . . . 75, 135, 145	24.17 142	5.47 142
11.1 74	24.36-49 75	6.2 125
11.20 162	24.38 142	6.5 142
11.27 130	24.41 142	6.29 46
11.37 73	24.44-49 74	6.38 130
11.40 141	24.46-47 75	6.57 46
12.14 141	24.51 75	6.61 142
12.15 83		6.67 142
12.25 141	**Jean**	6.70 142
12.57 141	1.1 63	7.6 39
13.6-9 51	1.14 . . . . 61, 120, 122, 127	7.16 46
13.16 74	1.18 . . . . 63, 117, 122	7.18 . . . . 122, 126
13.31-35 74	1.19-34 47	7.19 142
13.34-35 75	1.29 121	7.23 142
14.1 73	1.32-34 45	7.28 59
14.12-13 73	1.38 142	7.29 46
14.12-14 49	2.1-11 122	8.10 142
14.26 74	2.4 142	8.16 . . . . 46, 59
15.8 141	2.11 125	8.18 63
15.11-32 73	2.13 121	8.31-32 . . . . 72, 150, 164
16.11 141	2.13-22 121	8.32 166
17.17 141	2.18-22 122	8.36 171
17.19 76	2.21 121	8.42 46
17.25 75	2.24 133	8.43 142
17.33 128	2.25 133	8.44 166
18.7 142	3 55	8.46 142
18.8 142	3.3 219	8.50 . . . . 122, 127
18.9-14 73	3.10 142	8.54 . . . . 122, 127
18.43 134	3.12 142	9.4 130
19.1-10 73	3.14-16 123	10.10 163
19.10 74	3.34 59	10.16 220
19.37 74	4.21-24 90	10.30 . . . . 63, 122
19.39 74	4.24 117	10.36 . . . . 46, 143
21.9 75	4.34 126	11.4 122

Index des références bibliques 247

11.9. 143	16.8. 212	9.2. 75
11.26. 143	16.12-15. 223	9.6. 75
11.33. 143	16.13. . . . . 95, 166, 225	9.16. 75
11.38-44. 42	16.13-14. 40	10 226
11.40. 122	16.13-15. 98	10.19. 227
11.41-42. 151	16.23-24. 150	10.34-35. 226
12.12. 124	17.1. 127	10.43. 76
12.23-32. 124	17.4. 130	10.44. 218
12.24. . . . . 51, 127	17.5. . . . . 122, 127	11.19-21. 22
12.25. 128	17.6-26. 131	13.1. 22
12.26. 128	17.10. 132	13.16-41. 28
12.27-28. 129	17.20-21. . . . . 122, 151, 213, 222	13.46. 75
12.28. . . . . 126, 127		14.21-23. 34
12.37. 125	18.4. 143	14.22. 75
13.12. 143	18.7. 143	15.32-41. 25
13.31. 126	18.11. 143	16.7. 99
13.31-32. 127	18.23. 143	16.14. 23
13.34-35. . . . . 9, 151	18.33-38. 56	17.16-34. 28
14.6. 63	18.34. 143	18.2-4. 26
14.9. . . . . 61, 63	18.37. 63	19 178
14.9-10. . . . . 122, 143	20.15. 143	19.9. . . . . 32, 75
14.12. 162	20.19-22. 98	19.21. 75
14.13-14. 150	20.21. . . . . 131, 162	19.23. 75
14.15. 50	20.21-23. . . . . 45, 223	20.17. 33
14.16. . . . . 98, 159, 223	20.22. 46	20.28. . . . . 22, 33
14.16-17. 146	21.5. 143	20.31. 32
14.18. 40	21.15-16. 50	20.31-35. 24
14.21. . . . . 50, 150	21.17. 143	20.33-35. 27
14.26. . . . . 40, 98, 146, 223, 224	21.22. 143	20.34-35. 33
	Actes	20.35. 30
14.30. . . . . 160, 164	1.1-2. 44	21.16. 95
15.1-8. 51	1.1-3. 45	22.4. 75
15.1-16. 8	1.2-3. 75	23.11. 75
15.2. 51	1.8. 71	24.14. 75
15.5. 63	1.9. . . . . 75, 99	24.22. 75
15.7. 150	1.11. 75	24-26. 28
15.8. . . . . 7, 50, 51, 116, 224	2.1-4. 99	25.10. 75
	2.42. 136	27.24. 75
15.13. 224	2.46. 35	**Romains**
15.15. 107	3.21. 75	2.4. 167
15.15-16. 71	5.1-11. 109	4.25. 39
15.16. . . . . 50, 52	5.12-14. 161	5.1-11. 82
15.26. . . . . 40, 98, 223	5.26. 195	6.3-4. 150
15.26-27. 223	8.4. 22	6.4-10. 39
16.7. . . . . 40, 98, 223		

6-7 108	6.9-10 30	10.5 150
7.23-25 57	6.13 151	11 25
8.1 57	6.19 122	11.2-4 163
8.4-14 151	8.1 83	11.7-11 25
8.9 . . . . 99, 180	8.5-6 43	11.8-9 . . . . 25, 26
8.10-11 39	9 . . . . 25, 28	11.12 25
8.16 159	9.6 24	11.14 163
8.28 86	9.12 27	12.14-16 25
8.29 . . . . 72, 152	9.22 28	13.11 200
9.8 52	10.31 . . . . 51, 115	**Galates**
10.9 . . . . 44, 79	10.31–11.1 30	1.4 57
12.2 72	11.1 . . . . 30, 67, 100	1.8-9 225
12.3 151	11.17-18 . . . . 16, 196	1.11-12 96
12.8 . . . . 22, 151	11.20 . . . . 16, 196	1.18 96
12.10 169	11.23-25 151	1.23 96
12.16 151	11.33 . . . . 16, 196	2.11-16 108
12.19 167	11.34 . . . . 16, 196	2.20 . . . . 57, 78, 100
13.1-5 168	12.3 44	3.2 100
13.1-12 151	12.28 22	4.19 72
13.14 169	13 151	5.1 . . . . 169, 171
15.20 101	14.23 . . . . 16, 196	5.13 . . . . 151, 171
16.3 . . . . 35, 101	14.26 . . . . 16, 196	5.16 151
16.5 35	14.31 100	5.19 151
16.17 . . . . 100, 225	14.35 100	5.22 8
16.23 23	15.3-5 227	5.25 151
1 Corinthiens	15.25-28 43	6.1 200
1.10 200	15.31 128	**Éphésiens**
1.12 126	15.54-55 57	1.5-6 51
1.13 9	16.19 35	1.10 39
1.27 197	**2 Corinthiens**	1.10-12 51
2.1-16 180	2.10-11 166	1.17 84
2.2 215	2.14 171	2.5-8 199
2.16 97	3.13 85	2.6 166
3.1 82	3.17-18 85	2.8-9 81
3.6 8	3.18 64	2.20 179
3.11 179	4.6 . . . . 85, 132	3.7-8 200
3.16 122	4.11-12 128	3.19-20 132
4.1 22	5.16 96	4.1-15 196
4.2-5 151	5.17 81	4.11 22
4.6 100	5.17-21 151	4.11-12 200
4.12 24	5.18-19 57	4.14 82
4.14-16 67	6.11 145	4.20 100
5.7 121	6.14-18 225	4.22-24 152
6.4 22	9.6 8	4.25 165

Index des références bibliques

4.27 . . . . 160, 169	2.10 43	**Tite**
4.28 30	2.14-15 57	1.5 22
4.32 166	2.15 43	3.1 30
5.11 225	3.17 28	3.4 100
5.21 . . . . 70, 107, 145	3.22 197	3.10 225
6.1-3 168	3.23 30	3.13 23
6.5-9 30	4.15 35	**Philémon**
6.12 160	**1 Thessaloniciens**	12 35
Philippiens	1.10 57	**Hébreux**
1.3-11 31	2.9 . . . . 24, 26	2.8 160
1.6 147	2.9-12 30	2.14-15 57
1.19 99	3.10 200	4.15 160
1.27-30 . . . . 30, 31	4.3 151	5.7-8 160
2.3 169	4.11 30	5.13 82
2.3-4 151	5.12 . . . . 22, 106	7.5 195
2.3-5 108	5.14 209	7.27 195
2.3-8 151	**2 Thessaloniciens**	10.9-10 90
2.4 148	2.2 163	10.17 166
2.5-8 . . . . 70, 90, 222	2.15 228	10.24-25 151
2.9 42	3.6 228	13.5 83
2.10 43	3.7-8 24	13.7 22
2.11 44	3.7-9 26	13.17 . . . . 22, 106, 151
2.14-16 31	3.7-10 . . . . 30, 35	13.21 200
3.7-10 30	3.8 26	13.24 22
3.7-21 31	3.8-9 30	**Jacques**
3.10-12 80	**1 Timothée**	1.5 146
3.10-13 84	2.1-4 168	1.19 . . . . 146, 151
3.17 . . . . 30, 100	2.11 100	2.14-17 151
3.20 48	3.3 83	4.1 169
4.6-7 150	5.4 100	4.6 83
4.8-9 150	5.13 100	4.6-10 168
4.9 . . . . 67, 100	**2 Timothée**	5.4 70
4.11 100	1.10 57	5.16 169
4.15-16 25	2.1 200	**1 Pierre**
4.15-19 26	2.2 . . . . 33, 66, 151, 152, 163	1.3 52
4.19 151	3.1-5 225	1.4 57
Colossiens	3.7 100	2.2 . . . . 8, 136
1.7 100	3.10 101	2.11 169
1.9-10 14	3.10-14 67	2.13-16 168
1.10 51	3.14 100	2.18-21 168
1.13 82	4.7 112	2.23 167
1.25 200	4.18 57	3.1-2 168
1.27 . . . . 64, 85, 132, 197		5.1-10 168
2.6-7 150		

5.5 83
5.5-6 151
5.8 169
5.10 200

2 Pierre
1.2-11 146
1.3 82
3.18 . . . . 8, 81, 84

1 Jean
1.1-3 96
1.5-7 165
1.8 . . . . 163, 166
1.9 169
3.9 52
5.4-5 171
5.19 164

Jude
1.12 51

Apocalypse
2.10 151
2.13 151
12.7 155
12.9 . . . . 155, 160
14.1 79
17.14 121

Langham Partnership est un organisme chrétien international et interdénominationnel qui poursuit la vision reçue de Dieu par son fondateur, John Stott -

promouvoir la croissance de l'église vers la maturité en Christ en relevant la qualité de la prédication et de l'enseignement de la Parole de Dieu.

Notre vision est de voir des églises des pays en développement équipées pour la mission, croissantes en maturité en Christ, par le ministère de pasteurs et de responsables qui croient, qui enseignent et qui vivent la Parole de Dieu.

Notre mission est de renforcer le ministère de la Parole de Dieu de trois manières:
- par la mise en place de mouvements nationaux pour la prédication biblique
- en encourageant la rédaction et la distribution de livres évangéliques
- en améliorant l'éducation théologique évangélique

en particulier dans les pays où les églises ont de faibles ressources.

Notre ministère

Langham Preaching collabore avec des responsables nationaux en vue de la création de mouvements de prédication biblique dirigés par les nationaux eux- mêmes. Ces mouvements, qui naissent progressivement un peu partout dans le monde, rassemblent non seulement des pasteurs mais aussi des laïcs. Nos équipes de formateurs venus de beaucoup de pays différents proposent une formation pratique qui comporte plusieurs niveaux, suivie d'une formation de facilitateurs locaux. La continuité est assurée par des groupes de prédicateurs locaux et par des réseaux régionaux et nationaux. Ainsi nous espérons bâtir des mouvements solides et dynamiques, constitués de prédicateurs entièrement consacrés à la prédication biblique.

Langham Literature fournit des livres évangéliques et des ressources électroniques à des leaders et futurs leaders dans le monde majoritaire. Des pasteurs mais aussi des étudiants en théologie et des bibliothèques reçoivent des bourses, peuvent acheter des livres à bas prix et bénéficient aussi de distributions gratuites. Nous encourageons aussi la rédaction de livres évangéliques originaux dans de nombreuses langues nationales. Dans ce but nous proposons des ateliers de formation pour de futurs écrivains et éditeurs, nous trouvons des sponsors pour de nouvelles initiatives d'écriture, nous encourageons la traduction, nous soutenons les maisons d'éditions évangéliques et nous investissons dans quelques projets majeurs comme le récent *Commentaire Biblique Contemporain* qui est un commentaire de la Bible en un volume rédigé par des auteurs africains pour l'Afrique.

Langham Scholars soutient financièrement des doctorants évangéliques du monde majoritaire dans le but de les voir retourner dans leurs pays d'origine pour former des pasteurs et d'autres chrétiens nationaux en leur proposant un enseignement biblique et théologique solide. Cette branche de Langham cherche donc à équiper ceux qui en équiperont d'autres. Langham Scholars travaille aussi en partenariat avec des séminaires dans le monde majoritaire afin de renforcer l'éducation théologique évangélique sur place. De ce fait, un nombre croissant de « Langham Scholars » (le nom « Scholars » signifie « boursiers ») peut aujourd'hui suivre des programmes doctoraux de haut niveau au cœur même du monde majoritaire. Une fois leurs études terminées, ces « Langham Scholars » vont non seulement former à leur tour une nouvelle génération de pasteurs mais exercer une grande influence par leurs écrits et par leur leadership.

Pour plus d'informations, consultez notre site: langham.org

www.ingramcontent.com/pod-product-compliance
Lightning Source LLC
Chambersburg PA
CBHW070729160426
43192CB00009B/1376